经济管理学术文库·经济类

中国企业对外直接投资对出口产品质量的影响研究

Research on the Impact of
China's Outward Foreign Direct Investment on
Export Product Quality

刘玉伟／著

经济管理出版社
ECONOMY & MANAGEMENT PUBLISHING HOUSE

图书在版编目（CIP）数据

中国企业对外直接投资对出口产品质量的影响研究／刘玉伟著. —北京：经济管理出版社，2023.10

ISBN 978-7-5096-9397-1

Ⅰ.①中… Ⅱ.①刘… Ⅲ.①企业—对外投资—直接投资—影响—出口产品—产品质量—研究—中国 Ⅳ.①F279.23②F752.62

中国国家版本馆 CIP 数据核字（2023）第 203674 号

组稿编辑：杨　雪
责任编辑：杨　雪
助理编辑：王　慧
责任印制：黄章平
责任校对：王淑卿

出版发行：经济管理出版社
　　　　　（北京市海淀区北蜂窝 8 号中雅大厦 A 座 11 层　100038）
网　　址：www.E-mp.com.cn
电　　话：（010）51915602
印　　刷：唐山昊达印刷有限公司
经　　销：新华书店
开　　本：710mm×1000mm /16
印　　张：12.75
字　　数：250 千字
版　　次：2023 年 12 月第 1 版　　2023 年 12 月第 1 次印刷
书　　号：ISBN 978-7-5096-9397-1
定　　价：78.00 元

前　言

改革开放 40 多年来，中国出口贸易持续高速增长，为中国经济快速增长做出了积极贡献。然而，作为世界货物贸易第一大国，中国在全球价值链分工中的地位仍处于中低端，出口"大而不强"，依靠传统比较优势维持出口增长越发难以为继，因此，促进产品出口由"总量增长"转向"高质量增长"尤为重要。提高出口产品质量既是推进贸易高质量发展的重要内容，也是实现中国由制造大国向制造强国转变的客观要求。已有研究在讨论如何促进出口产品质量提升时，主要聚焦于需求、供给、技术等直接影响因素，对国际投资等间接因素的分析并不多，对对外直接投资（OFDI）因素的分析更是相对较少。随着"走出去"战略的深入实施，对外直接投资迅猛发展，对中国扩大对外开放水平、提升企业生产效率、提高产品出口质量具有重要意义。因此，深入研究 OFDI 如何为出口产品提质、增效、赋能具有较强的现实意义。

近年来，关于 OFDI 和出口产品质量的研究逐渐从宏观层面深入到微观层面。从微观企业维度出发进行研究，能够更精准地分析 OFDI 影响出口产品质量的传导机制。基于此，本书立足企业 OFDI 视角，意在剖析企业出口产品质量提升的动力，厘清 OFDI 促进出口产品质量提升的微观机制，丰富对外直接投资出口效应相关研究。本书尝试回答以下问题：中国制造业企业 OFDI 和出口产品质量呈现出怎样的特征事实？OFDI 是否会促进出口产品质量提升？这种影响在不同类型 OFDI 之间是否具有差异？企业 OFDI 通过哪些机制影响出口产品质量？

为解决以上问题，本书进行了以下研究：第一，在理论机制部分，梳理了对外直接投资影响出口产品质量的相关研究，并基于 Melitz（2003）、Anwar 和 Sun（2018）的异质性企业模型，从理论上分析了企业 OFDI 对出口产品质量的影响。第二，不仅从行业差异、区位差异、企业异质性三个角度分析了 OFDI 影响出口产品质量的理论机理，而且基于 Antoniades（2015）、Melitz 和 Ottaviano（2008）的内生质量选择模型，刻画了企业 OFDI 通过自主创新效应、产业集聚效应、全球价值链嵌入效应和中间品进口效应促进出口产品质量提升的传导机制。第三，使用 2000~2013 年中国工业企业数据库、中国进出口海关数据库和境外投资企业（机构）名录进行了数据匹配，识别出了样本期间的 OFDI 企业，在 Khandelwal 等

(2013)的"KSW"方法的基础上测算了企业层面出口产品质量。第四,基于测算结果,采用固定效应模型、广义矩估计模型、倾向得分匹配倍差法模型检验OFDI对出口产品质量的直接影响与异质性影响。第五,利用中介效应模型,以自主创新、产业集聚、全球价值链嵌入和中间品进口作为传导机制进行了实证分析,并进一步检验了各传导机制在不同投资动机和企业生命周期下的中介作用,从而更好地理解和分析OFDI对出口产品质量的影响。

基于上述理论与实证研究,本书得出以下结论:

第一,在样本初始期,中国制造业企业OFDI增速较为缓慢,从2003年开始OFDI呈现"爆发式"增长。从行业角度来看,技术密集型企业OFDI数量最多,劳动密集型企业次之。从地区角度来看,东部地区OFDI数量显著高于其他地区,长三角城市群OFDI数量最多,关中平原城市群OFDI数量最少。从投资区位来看,中国OFDI在区位分布上存在极大的不平衡性,投资主要分布在亚洲国家和地区,并呈现显著的集聚特征。从企业类型来看,民营企业OFDI增速较高,外资企业OFDI次之,而国有企业OFDI增速始终相对平缓;高生产率企业OFDI项目数始终高于低生产率企业,但低生产率企业OFDI年均增速高于高生产率企业;资本密集型企业OFDI在总体上高于劳动密集型企业OFDI;市场寻求型和技术寻求型企业OFDI呈现出逐年递增的趋势,资源寻求型企业OFDI增速较缓。

第二,企业出口产品质量在样本期间呈现出波动上升的趋势。从行业角度来看,技术密集型行业出口产品质量最高,资源密集型行业出口产品质量最低,各行业出口产品质量核密度峰值均偏右侧。从地区角度来看,高出口产品质量主要集中在东部沿海地区,西部地区出口产品质量较低。从出口目的国(地区)来看,中国对发达国家(地区)的出口产品质量呈下降的趋势,而对发展中国家(地区)的出口产品质量呈逐渐上升的趋势。从企业类型来看,外资企业出口产品质量最高,其次是民营企业,国有企业在样本期内波动较大;高生产率企业出口产品质量年均值高于低生产率企业;金融危机对劳动密集型企业出口产品质量的影响较大,而对资本密集型企业的影响存在滞后性;加工贸易企业出口产品质量的波动程度大于一般贸易企业。

第三,企业OFDI对出口产品质量提升具有显著的促进作用,随着时间的推移,提升效果逐渐增强。本书利用2000~2013年中国微观企业数据进行实证检验,结果发现,OFDI有助于出口产品质量提升,这种提升效果具有显著的滞后性,滞后效果表现为先上升再下降后又上升的状态,且在滞后5年时企业OFDI对出口产品质量的提升效果最为显著;对外直接投资对低分位数企业出口产品质量的影响效果最大,而对高分位数企业出口产品质量的影响较小,即OFDI对企业出口产品质量的作用效果并不是完全对称的条件分布。

第四，OFDI 对出口产品质量提升的积极影响因行业异质性、区位异质性和企业异质性而具有明显差异。从行业异质性来看，高技术行业 OFDI 显著促进了出口产品质量提升，而低技术行业 OFDI 和中技术行业 OFDI 对出口产品质量的影响不显著。从区位异质性来看，依据母国投资来源：东部地区 OFDI 有助于出口产品质量提升，中部地区 OFDI 对出口产品质量影响效果不稳健，而西部地区 OFDI 并不能促进出口产品质量提升。依据东道国投资区位，企业对不同地区投资所产生的出口产品质量提升效应存在差异，投向非 OECD 国家、发展中国家、"一带一路"沿线国家、制度环境较差国家 OFDI 的对出口产品质量提升具有正向影响。从企业异质性来看，依据企业所有制，民营企业 OFDI 有助于出口产品质量提升，国有企业 OFDI 对出口产品质量的影响为负且不显著，中外合资企业 OFDI 有助于出口产品质量提升，而外商独资企业 OFDI 对出口产品质量的影响系数为正但不稳健。依据企业生产率，高生产率企业 OFDI 有助于出口产品质量提升，低生产率企业 OFDI 不利于出口产品质量提升。本书对生产率进行十等分后发现，每十分位劳动生产率对出口产品质量的影响呈现"M"型波动趋势。依据要素密集度，资本密集型企业 OFDI 对出口产品质量的提升效果优于劳动密集型企业 OFDI。

第五，本书通过对 OFDI 影响出口产品质量的机制进行分析发现，OFDI 能够通过自主创新效应、产业集聚效应、全球价值链嵌入效应和中间品进口效应影响出口产品质量的提升。本书中的中介效应检验结果显示：①自主创新、产业集聚、全球价值链嵌入和中间品进口能够作为 OFDI 促进出口产品质量提升的重要渠道，但产业集聚发挥的作用较小。②区分企业不同投资动机后，自主创新、产业集聚、全球价值链嵌入、中间品进口在技术寻求型 OFDI 促进出口产品质量提升的过程中均具有中介效应；产业集聚和价值链嵌入在市场寻求型 OFDI 促进出口产品质量提升的过程中具有中介效应；四个中介变量在资源寻求型 OFDI 促进出口产品质量提升过程中不存在中介效应。③区分企业生命周期后的回归结果显示，在企业成长期，自主创新、全球价值链嵌入和中间品进口在 OFDI 促进出口产品质量提升过程中具有中介效应；在企业成熟期，自主创新、产业集聚、全球价值链嵌入在 OFDI 提升出口产品质量提升的过程中具有中介效应；在企业衰退期，仅全球价值链嵌入在 OFDI 提升出口产品质量提升的过程中起到了中介作用，而在企业初创期，四个中介变量均不具备中介效应。

据此，本书提出如下政策建议：对于政府而言，一是应积极引导 OFDI 企业向资本密集型行业和技术密集型行业进行投资；二是各省应因地制宜开展具有针对性的对外直接投资活动；三是应积极引导企业有效规避东道国制度环境等因素产生的投资风险。对于企业而言，一是应主动融入全球创新网络，为技术创新寻求"新动力"；二是应提高 OFDI 企业在母国的集聚优势，优化对外直接投资发展方向；三是应积极向全球价值链高端嵌入，拓宽技术获取渠道，并适度加大对高质量中间品进口的力度，在对外直接投资的同时进行中间品采购的全球布局。

目　录

1 引 言

1.1 研究背景与意义

1.1.1 研究背景

随着"走出去"战略的深入实施，对外直接投资(Outward Foreign Direct Investment，OFDI)发展迅猛，成为中国对外经济合作的重要手段。1997~2020年，中国 OFDI 流量从 25.62 亿美元增长至 1537.1 亿美元，OFDI 存量从 224.44 亿美元增长至 25806.6 亿美元，实现规模性增长。尽管 2016~2019 年中国 OFDI 理性调整期间流量有所下滑，但 2020 年中国 OFDI 逆势增长，流量首次跃居世界第一，投资份额占据全球 20.2%。截至 2020 年末，中国境内投资者在国(境)外共设立 OFDI 企业 4.5 万家，遍布世界 189 个国家(地区)，OFDI 企业资产总额达 7.9 万亿美元[①]。近年来，中国 OFDI 呈现出一些新特点：第一，2020 年，中国境内投资者行业构成中，制造业占比高达 31.9%，成为对外直接投资中最活跃的主体。第二，自 2014 年起，中国对"一带一路"沿线国家投资逐年增加，逐渐成为中国 OFDI 新亮点。2020 年，中国对沿线 63 个国家进行了对外直接投资，设立境外企业超过 1.1 万家，投资流量 225.4 亿美元。第三，截至 2020 年末，尽管非金融类 OFDI 存量中，国有企业占比 46.3%，是对外直接投资的主力军，但民营企业在中国对外直接投资中表现活跃，OFDI 步伐逐渐加快，占比已经达到 29.9%，是中国"走出去"不可忽视的力量。

与此同时，中国对外贸易持续高速增长，已然成为世界贸易大国。从图 1-1 可以看出，2009 年中国出口贸易额占世界出口贸易额比重首次超过德国，成为世界第一大出口国，并自此保持世界第一出口大国地位。2013 年，中国在货物贸易总额上首次超过美国，成为世界第一大货物贸易国。2018 年，中国出口和进口贸易额占全球贸易额的比重分别为 12.8% 和 10.8%，全球超过一半国家将中

---

①　资料来源于《2020 年度中国对外直接投资统计公报》。

国视为最大贸易伙伴。然而，从全球价值链分工地位来看，中国大多承担产品生产加工环节，处于全球价值链中低端，出口产品技术水平较低，与发达国家（地区）的差距较大，尚未达到贸易强国的标准。长期以来，在中国劳动力等要素禀赋优势下，中国企业用工成本较低，劳动密集型制造业具有显著的比较优势，在经济全球化机遇下，中国凭借这一优势积极融入全球分工体系，促进中国经济快速增长。但是，这种人口红利等带来的比较优势并不足以支撑中国制造业在全球价值链地位上的跨越，技术等高端要素的欠缺遏制了中国出口产品质量和出口附加值的提升，拉大了中国与发达国家之间出口产品质量的差距，导致中国制造业长期徘徊于全球价值链中低端位置，较多参与国际分工的中低附加值环节，出口呈现"大而不强"的局面。随着人口红利逐渐消失，劳动力等要素成本价格上升，中国仍然依靠传统比较优势维持出口数量增长将难以为继。如何由"总量增长"转向"高质量增长"，由低出口产品质量转向高出口产品质量，成为现阶段中国亟待解决的难题。

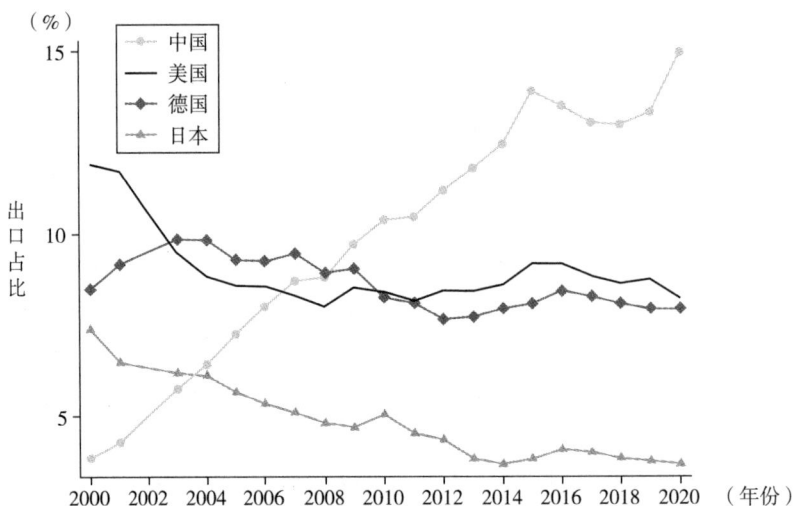

图 1-1 2000~2020 年主要国家出口额在世界出口额中的比重

资料来源：笔者根据联合国商品贸易统计数据库（UN Comtrade）计算所得。

为提高出口产品质量，我国制定了《中共中央　国务院关于推进贸易高质量发展的指导意见》。提高出口产品质量既是推进贸易高质量发展的重要内容，也是实现中国由制造大国向制造强国转变的客观要求，对实现中国经济"由高速增长阶段转向高质量发展阶段"具有重要意义。改革开放以来，中国企业 OFDI 高速增长，OFDI 能否对企业出口产品质量产生影响？会产生怎样的影响？这种影响在不同类型 OFDI 之间是否存在差异？中国 OFDI 通过哪些机制影响出口产品质量？对以上问题展开研究，一方面有助于我们正确认识和客观评价我国对外直接投资活动，另一方面能够为企业如何改善自身状况，更好地利用和转化 OFDI 带来的效益提供一定的参考。

1.1.2 研究意义

(1)理论意义

首先，本书进一步拓展了 OFDI 的出口效应研究。一方面，现有研究就对外直接投资出口效应多从 OFDI 规模、投资形式、投资方向对出口的影响等方面展开，而本书在既有 OFDI 分类上，结合企业异质性，从行业层面、投资区位层面、企业异质性层面检验不同类型 OFDI 对出口产品质量的影响。另一方面，在对外直接投资与出口的关系研究中，学者们主要关注 OFDI 对出口规模、出口结构和出口技术水平的影响，对出口产品质量的研究相对较少。本书研究企业对外直接投资对出口产品质量的影响，可以从出口角度反映对外直接投资的母国经济效应等问题，从而丰富对外直接投资出口效应的研究。

其次，"提升出口产品质量"是与"出口高质量发展"同等重要的话题。长期以来，出口产品质量的研究聚焦于需求、供给、技术等直接影响因素，近年来，促进出口产品质量提升的相关研究从直接影响因素逐渐拓展到间接影响因素方面。但已有研究在讨论如何促进出口产品质量提升时，对国际投资等间接因素的分析并不丰裕，尤其是关于对外直接投资因素的分析相对较少。因此，对于对外直接投资高速增长的中国来说，从 OFDI 视角探究出口产品质量提升的理论机制尤为重要。本书尝试为国际直接投资与国际贸易的关系研究提供新视角，并为"贸易高质量发展"目标提供理论支撑。

最后，本书对出口产品质量影响因素的研究不仅拓宽到了间接影响因素方面，而且拓展到了微观企业层面。从微观企业层面研究出口产品质量的影响因素具有重要的理论意义，有助于更好地探究外部因素对出口产品质量提升的传导机制。因此，本书基于 Melitz(2003)、Anwar 和 Sun(2018)的异质性企业模型，从理论上分析对外直接投资对企业出口产品质量的影响机制。其次，基于新新贸易理论，说明企业 OFDI 对出口产品质量异质性影响的理论机制。借鉴 Antoniades (2015)、Melitz 和 Ottaviano(2008)的内生质量选择模型，探寻企业 OFDI 影响出口产品质量提升的传导机制，并使用 2000~2013 年中国微观层面企业数据对传导机制进行检验，从企业 OFDI 视角出发，为中国制造业企业出口产品质量提升提供了一定的微观解释。

(2)现实意义

首先，本书的研究为更好地利用对外直接投资促进贸易高质量发展提供了参照。本书验证了企业对外直接投资有助于出口产品质量提升的观点，并对影响机制进行了检验。在一系列对外直接投资政策的支持下，中国 OFDI 呈现出高速增长态势，但 OFDI 企业仍然存在内部经营亏损、资源整合能力较弱等问题。在中国致力于更高水平对外开放格局的关键时期，探究如何通过 OFDI 促进国际研发合作、整合全球资源，对促进国内技术升级、产品质量提升、贸易高质量发展具有重要的现实意义。本书通过研究 OFDI 对出口产品质量的影响，并从异质性视角研究差异化企业对外直接投资，能够在一定程度上解释如何更好地利用 OFDI 促进贸易高质量发展，以期为中国优化 OFDI 结构、企业适时调整对外直接投资活动提供合理性依据。

其次，本书的研究对优化出口结构、提升出口竞争力具有很强的现实意义。中国虽然是出口大国，但并非出口强国，中国的出口产品基于比较优势，多为劳动密集型产品，即便高技术产业出口呈现上升趋势，但仍然集中在以加工为主的劳动密集环节。与此同时，中国人口红利逐渐消失，企业用工成本不断上升，劳动等传统要素禀赋优势弱化，以技术创新为主的新比较优势尚未成型，导致中国出口面临巨大挑战，中国要由出口大国向出口强国转变，优化出口贸易结构和提升出口产品质量便成为必由之路。本书研究企业 OFDI 对出口产品质量的影响，揭示了不同类型 OFDI 影响出口产品质量的差异，分析了企业 OFDI 通过哪些传导机制促进出口产品质量提升，从对外直接投资视角给出了促进出口高质量发展的政策建议。

1.2　研究内容与结构安排

1.2.1　研究内容

围绕企业 OFDI 对出口产品质量的影响这一主题，本书使用微观企业数据，主要从以下四个方面进行研究：

第一，总结分析中国企业 OFDI 和出口产品质量的特征事实。在对企业 OFDI 进行事实分析时，本书选择中国商务部统计的境外投资企业(机构)名录数据库与工业企业数据库、中国进出口海关数据库进行数据匹配，分别从 OFDI 总体层面、投资行业、投资区位、企业异质性(所有制差异、生产率差异、要素密集度差异、投资动机差异)等方面展开了分析。本书在对企业出口产品质量进行特征事实描述时，首先，采用 Khandelwal 等（2013）的需求信息回归推断法（KSW 方法）测算企业层面的出口产品质量，并根据时间发展趋势对测算结果进行总体分析；其次，从行业层面、地区层面、企业异质性（所有制差异、生产率差异、要素密集度差异、贸易方式差异）层面进一步分析其差异化特征；最后，在对企业 OFDI 和出口产品质量特征事实分别进行描述后，绘制企业是否从事对外直接投资的出口产品质量核密度图以分析二者的内在联系，从而形成对企业 OFDI 和出口产品质量关系的初步认知。

第二，从理论上分析了企业 OFDI 对出口产品质量的影响，并实证检验了 OFDI 促进出口产品质量提升的作用大小。从对外直接投资影响出口产品质量相关理论出发，梳理对外直接投资理论和国际贸易理论与出口产品质量的相关论述。基于 Melitz（2003）企业异质性模型和 Anwar 和 Sun（2018）的方法，构建企业对外直接投资影响出口产品质量的数理模型，并通过对样本数据进行实证分析，检验 OFDI 促进出口产品质量提升的作用效果。

第三，基于特征事实分析视角，研究了企业 OFDI 对出口产品质量的异质性影响，并实证检验了 OFDI 在不同特征事实下对出口产品质量提升效果的差异。首先，从行业差异、区位差异（母国投资来源、东道国投资区位）、企业异质性（所有制差异、生产率差异、要素密集度差异）三个角度论证了企业对外直接投资对出口产品质量的异质性影响；其次，通过实证检验 OFDI 在不同行业、不同区位、不同企业特征下对出口产品质量提升效果的差异，并对存在的差异性做出合理解释，以期为优化企业 OFDI 和促进出口产品高质量发展提供参考。

第四，分析并检验 OFDI 促进出口产品质量提升的传导机制。首先，在现有理论和研究的基础上，借鉴 Antoniades（2015）、Melitz 和 Ottaviano（2008）的内生质量选择模型，构建一般均衡模型并进行数理推导，发现 OFDI 主要通过自主创新效应、产业集聚效应、全球价值链嵌入效应和中间品进口效应促进出口产品质量提升；其次，对四个传导机制进行中介效应检验，比较不同传导机制的中介效应大小；再次，考虑到企业不同投资动机和处于不同生命周期阶段的差异性，进一步检验四个传导机制在企业不同投资动机和所处生命周期阶段差异下的中介效应，深入理解 OFDI 对出口产品高质量发展的作用；最后，结合理论分析和实证研究，从 OFDI 角度提出优化企业出口产品质量、促进出口产品高质量发展的政策建议。

1.2.2 结构安排

依据研究内容，本书将从以下八个部分进行研究，具体结构安排如下：

第一部分是引言。引言部分主要介绍了对外直接投资影响出口产品质量相关研究的研究背景和研究意义、研究内容和结构安排、研究方法和技术路线、可能存在的创新点和研究的不足之处。

第二部分是文献综述。本部分主要梳理 OFDI 与出口产品质量的相关研究文献，并对现有研究文献的贡献和不足进行简要评述。首先，梳理 OFDI 的概念界定、对外直接投资分类与影响因素、对外直接投资的影响效应相关文献，说明对外直接投资存在的逆向技术溢出效应与出口效应。其次，回顾出口产品质量的概念界定，总结和评述目前出口产品质量测度方法的优点和不足，并从需求因素、供给因素和其他因素三个方面归纳学者对出口产品质量影响因素的研究，从而为本书提供基础概念支撑。最后，归纳近年来有关对外直接投资对出口产品质量影响研究的相关进展，从研究视角、作用机制、影响渠道方面进行总结，从而为本书中的研究提供切入点。

第三部分是对外直接投资影响出口产品质量的理论分析。首先，对国际直接投资理论、国际贸易理论与出口产品质量的相关论述进行梳理，为构建 OFDI 影响出口产品质量的数理模型提供理论支撑。其次，基于 Melitz（2003）、Anwar 和 Sun（2018）的异质性企业模型，从理论上分析企业 OFDI 对出口产品质量产生的影响。再次，结合本书使用的样本数据特点，从行业差异、区位差异（母国投资来源、东道国投资区位）、企业异质性（所有制差异、生产率差异、要素密集度差异）三个角度分析企业 OFDI 对出口产品质量的异质性影响。最后，借鉴 Antoniades（2015）、Melitz 和 Ottaviano（2008）的内生质量选择模型，刻画企业 OFDI 通过自主创新效应、产业集聚效应、全球价值链嵌入效应和中间品进口效应影响出口产品质量提升的理论机制。综上所述，本部分主要是在探讨理论机制的基础上，提出本书待实证检验的研究假设。

第四部分是对外直接投资与出口产品质量的测算及特征事实。首先，使用 2000~2013 年中国微观企业数据，对中国企业 OFDI 发展情况进行分析，具体从总体层面、投资行业、投资区位、企业异质性角度对企业 OFDI 呈现的不同特征进行事实分析。其次，采用 Khandelwal 等（2013）的需求信息回归推断法测算企业层面出口产品质量，并根据测算结果从行业层面、地区层面、东道国层面和企业异质性层面进行事实比较分析。最后，使用核密度曲线对企业 OFDI 和出口产品质量的关系进行初判。本部分主要是从多个维度对企业 OFDI 和出口产品质量的发展现状、特征以及演进趋势进行事实描述和比较分析，为下一步实证分析做铺垫。

第五部分是对外直接投资对出口产品质量影响的实证分析。由于中国工业企业数据库与中国进出口海关数据库数据非常繁杂，首先，本部分对数据进行了清洗整理、指标平减、控制变量计算等一系列工作，然后对样本数据进行匹配，得到制造业企业非平衡面板数据。其次，基于第三部分的理论分析，构建了对外直接投资影响出口产品质量的固定效应模型（FE）、考虑存在动态影响的广义矩估计模型（GMM）、考虑由于遗漏变量而产生内生性问题的倾向得分匹配倍差法（PSM-DID）模型，检验企业 OFDI 对出口产品质量的影响程度。最后，本部分采用改变出口产品质量估计方法和使用分位数回归，检验 OFDI 对出口产品质量的影响是否稳健，得出本书的核心结论，为下一步异质性检验和机制检验提供实证支撑。

第六部分是对外直接投资对出口产品质量的异质性影响检验。首先，本部分以第三部分理论机理中的异质性分析为依据，从异质性视角对企业 OFDI 影响出口产品质量的机制进行实证检验。OFDI 在不同分组下对出口产品质量的影响可能不同，因此本部分延续了第四部分特征事实分析视角，在行业异质性、区位异质性（母国投资来源、东道国投资区位）、企业异质性（所有制差异、生产率差异、要素密集度差异）视角下采用分组回归检验企业 OFDI 对出口产品质量的异质性影响，并对回归结果产生的差异性进行分析。其次，考虑到回归结果可能因遗漏变量等因素产生内生性问题，本书同时使用 PSM-DID 进行实证检验，以确保回归结果稳健可靠。

第七部分是对外直接投资对出口产品质量的影响机制检验。本部分以第三部分数理模型与传导机制模型为理论基础，使用中介效应模型对自主创新、产业集聚、全球价值链嵌入和中间品进口在 OFDI 影响出口产品质量提升过程中起到的中介作用进行检验，并对四个传导机制可能存在的异质性进行中介效应分析。为详细检验上述机制在 OFDI 促进出口产品质量提升过程中起到的中介作用，本书进一步区分企业投资动机和企业生命周期阶段，对四个传导机制进行再检验，从而更深入地探究四个影响机制在企业不同投资动机和不同生命周期阶段所起到的作用。

第八部分是研究结论与政策启示。本部分对上述理论分析、特征事实和实证研究结果进行总结与归纳，并在此基础上从政府层面与企业层面分别提出有利于优化对外直接投资和促进出口产品高质量发展的合理建议。

1.3 研究方法与技术路线

1.3.1 研究方法

一是理论分析与实证分析相结合。在理论分析方面，本书在国内外文献的基础上，提出 OFDI 提升出口产品质量的理论机制和传导机制。首先，基于 Melitz（2003）、Anwar 和 Sun（2018）的异质性企业模型，刻画企业 OFDI 影响出口产品质量的理论机制。其次，基于新新贸易理论与已有文献研究，说明行业差异、区位差异、企业异质性差异下 OFDI 对出口产品质量的异质性影响理论机制。最后，借鉴 Antoniades（2015）、Melitz 和 Ottaviano（2008）的内生质量选择模型，说明企业 OFDI 通过自主创新效应、产业集聚效应、全球价值链嵌入效应和中间品进口效应促进出口产品质量提升的影响机制。在影响机制分析的基础上，构建了 OFDI 影响出口产品质量的计量模型，使用微观企业数据，对上述理论机制进行检验，在实证检验过程中使用的方法有：最小二乘法（OLS）、固定效应模型（FE）、广义矩估计（差分 GMM 和系统 GMM）、分位数回归、倾向得分匹配倍差法（PSM-DID）、中介效应模型。

二是比较分析法。为了探寻不同类型企业 OFDI 影响出口产品质量的不同规律，本书从不同行业（高、中、低技术行业等）、不同投资来源（东、中、西部地区等）、不同投资区位（OECD 国家和非 OECD 国家等）、不同企业所有制（国有、民营、外资企业等）、不同要素密集度（劳动密集型企业、资本密集型企业）、不同生产率（高生产率企业、低生产率企业等）、不同投资动机（市场寻求型、技术寻求型、资源寻求型）、不同企业生命周期（初创期、成长期、成熟期、衰退期）等方面对企业进行划分，并比较分析不同类型 OFDI 企业在影响出口产品质量过程中的不同规律。使用比较分析法，可以更加全面了解企业 OFDI 与出口产品质量的演变特征以及 OFDI 对出口产品质量的影响，进而更有针对性地提出政策建议。

三是静态分析与动态分析相结合。本书在分析对外直接投资与出口产品质量的特征事实时，不仅在时间节点上进行静态分析，而且在对制造业行业出口产品质量进行分析时同时使用环比增长率进行动态比较分析。此外，本书在分析 OFDI 对出口产品质量的影响时将静态分析和动态分析相结合，研究发现，出口产品质量的提升不仅与当期 OFDI 有关，还会受到上期出口产品质量的影响。同时，由于企业 OFDI 往往具有持续性，其对出口产品质量的影响可能会受到前期投资活动的影响。因此，本书采用静态分析与动态分析相结合，不仅分析了不同时点 OFDI 与出口产品质量的静态特征，而且分析了 OFDI 与出口产品质量随时间变化的关系，以期从时间维度更加完整、系统地研究 OFDI 对出口产品质量的影响，从而使研究结果更加可信与稳健。

1.3.2　技术路线

本书的技术路线如图 1-2 所示。

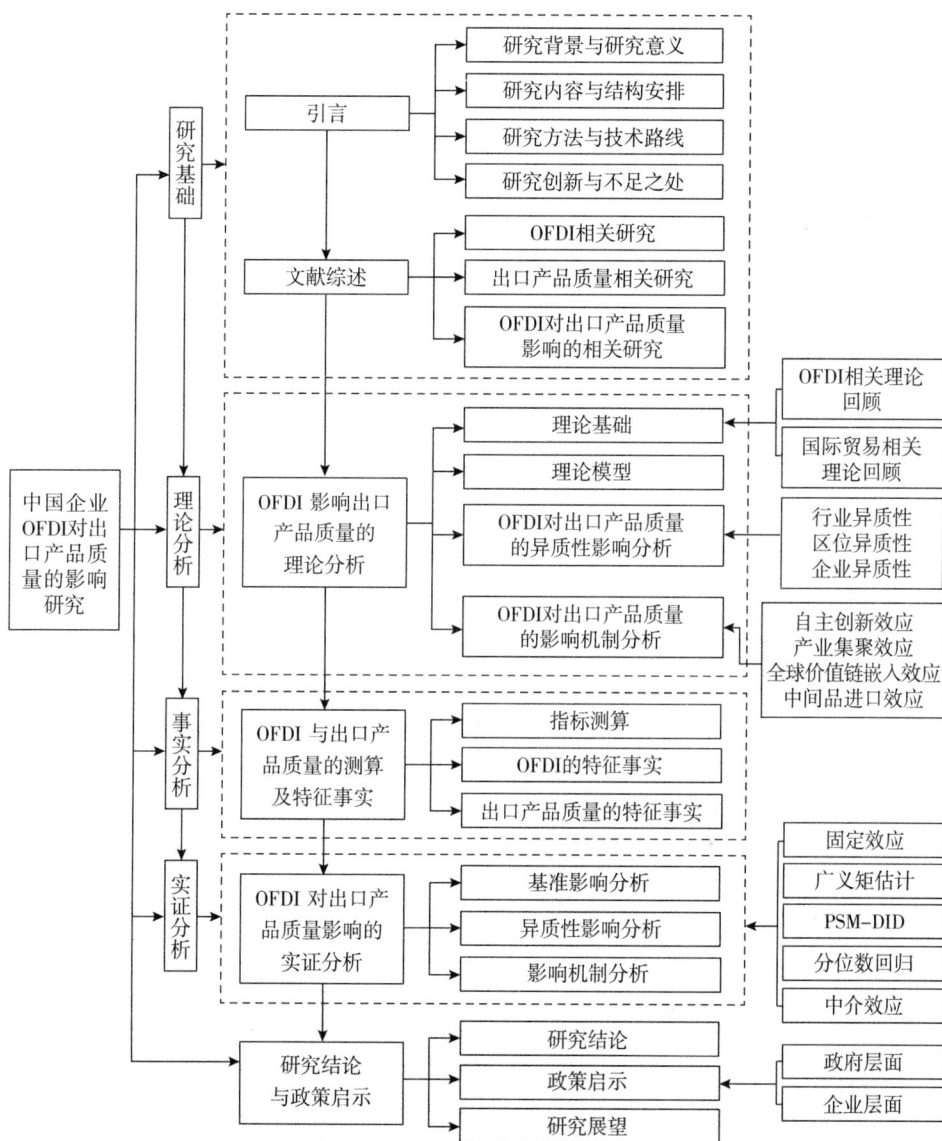

图1-2 本书的技术路线

1.4 研究创新与不足之处

1.4.1 创新之处

本书从OFDI视角出发,探究促进制造业企业出口产品质量提升的动力来源,厘清 OFDI 促进出口产品质量的理论机制，并对影响机制等进行一系列实证分析。相比于现有研究，本书的创新之处有以下三点：

第一，在研究视角方面，本书把企业对外直接投资与出口产品质量结合起来，丰富了出口产品质量相关研究。关于对外直接投资与企业出口关系的研究，现有文献主要集中在对外直接投资与出口的替代与互补关系上，以及对外直接投资对出口技术水平的影响研究。本书系统研究了企业 OFDI 对出口产品质量的影响，尤其是从异质性角度较为全面地考察了不同类型对外直接投资对出口产品质量的影响。

第二，在理论研究方面，本书以异质性企业贸易理论为基础，探究对外直接投资对出口产品质量是否具有影响、影响的差异性以及影响的具体机制。本书在 Melitz（2003）、Anwar 和 Sun（2018）的异质性企业模型的基础上，引入企业 OFDI，试图从理论上分析 OFDI 对出口产品质量的影响，丰富了 Anwar 和 Sun（2018）的单一劳动投入要素的假定。为探究企业 OFDI 影响出口产品质量的传导机制，本书放松了 Bellone 等（2016）提出的模型中成本函数的设定，尝试将企业自主创新、产业集聚、全球价值链嵌入和中间品进口纳入同一框架，建立数理模型说明 OFDI 通过自主创新效应、产业集聚效应、全球价值链嵌入效应和中间品进口效应促进出口产品质量提升的理论机制，更深入地揭示了企业 OFDI 对出口产品质量的影响机制。

第三，在经验研究方面，本书从企业层面研究中国对外直接投资对出口产品质量的影响，并使用微观企业数据进行相关实证检验。近年来，对外直接投资和出口质量的研究从宏观层面拓宽到了微观层面，从微观层面研究 OFDI 与出口产品质量提升具有重要意义，能够更好地探究企业 OFDI 对出口产品质量的具体影响程度。例如，本书通过分位数回归发现，企业 OFDI 对出口产品质量的影响为非对称条件分布，随着分位数的上移，OFDI 对出口产品质量的影响逐渐减弱。本书在对影响机制进行中介效应检验时，从企业投资动机和企业生命周期视角对影响机制进行中介效应检验，从而对影响机制的研究更加具体化。

1.4.2　不足之处

一是对外直接投资影响出口产品质量的传导机制理论推导不足。本书将传导机制纳入同一数理模型进行分析，从自主创新效应、产业集聚效应、全球价值链嵌入效应和中间品进口效应四个角度探讨了对外直接投资与出口产品质量的关系，并没有将企业 OFDI 纳入数理模型进行分析。由于目前有关对外直接投资与出口产品质量提升的研究文献欠缺微观理论分析，没有直接适用于本书的理论模型，因此在建立模型时先对传导机制影响出口产品质量的过程进行数理推导，对企业 OFDI 如何通过传导机制影响出口产品质量提升仍以逻辑分析为主，采用文字论述。另外，现有研究针对企业 OFDI 对出口产品质量影响的机制分析相对较少。本书在现有研究的基础上，尝试从自主创新效应、产业集聚效应、全球价值链嵌入效应和中间品进口效应几个方面来进行分析检验，但并不意味对外直接投资仅可以通过这四个机制对出口产品质量产生影响，其影响机制有待进一步深化。

二是数据质量的不足。本书中的数据来源于中国工业企业数据库、中国进出口海关数据库和境外投资企业（机构）名录。囿于统计内容和统计时间的局限，本书无法获得 OFDI 企业具体投资规模、海外子公司经营状况等财务指标，这使得本书对外直接投资相关数据不具有完备性。在匹配过程中，由于中国工业企业数据库只统计了规模以上企业，因此本书在匹配境外投资企业（机构）名录时会有大量非规模以上对外直接投资企业缺失，这虽不会对研究结论造成根本性影响，但是部分数据的缺失可能会带来样本选择偏差问题。另外，本书使用的数据存在一定的时效性问题，虽然微观企业数据包含详细的企业信息，具有明显的数据优势，但是囿于数据的可获得性，目前使用的数据只截至 2013 年，缺乏近几年的数据，这也是现有研究普遍存在的不足之处。此外，本书参照现有文献处理方式，在进行研究时只涉及中国制造业企业数据，没有使用国家层面数据进行研究，随着数据质量的提升，本书的研究有待进一步完善。

三是企业层面出口产品质量指标测算的不足。本书使用 Khandelwal 等（2013）的需求信息回归推断法测算企业层面出口产品质量，这种方法既包含了产品的价格信息，也考虑了产品质量因素，克服了单位价值法的局限性，被学者广泛使用。但是，该方法仅考虑了企业需求层面因素，忽略了供给层面的影响，并且测算的出口产品质量无法跨时跨国比较。Feenstra 和 Romalis（2014）将需求函数和引力模型相结合，构建了同时包含供给和需求两个因素的理论模型测算出口产品质量，但是这种方法仅适用于宏观层面出口产品质量的测算，微观层面由于数据等原因无法进行测算。余淼杰和张睿（2017）在 Feenstra 和 Romalis（2014）测算出口产品质量框架的基础上，同时考虑供给和需求两个因素，把出口产品质量从产品价值中提取出来，推导出企业层面出口产品质量表达式，这种测算方法更为准确。但是这种方法也存在局限性，仅能对中国 2000~2006 年一般贸易企业出口产品质量进行测算，而无法测算加工贸易企业出口产品质量。因此，本书对企业层面出口产品质量的测算方法还需要进一步探索和优化。

2 文献综述

本书主要研究企业 OFDI 影响出口产品质量的机制，梳理和评述相关文献，可以在充分了解相关前沿理论与研究成果的基础上，为本书中的研究提供有益参考和创新视角。本书从以下三方面对国内外相关文献进行梳理和总结：一是对外直接投资相关研究，具体从对外直接投资的概念界定、分类和影响效应三方面进行文献归纳；二是出口产品质量相关研究，对出口产品质量的概念界定、测算方法以及影响因素三方面的文献进行回顾，通过分析和总结对外直接投资影响出口产品质量的相关文献，指出其可供借鉴之处及其对本书研究思路与方法的启发意义；三是对相关文献进行总结和简要评述。

2.1 对外直接投资相关研究

2.1.1 对外直接投资概念界定

在国际分工背景下，金融资本或资产(有形、无形资产)通过跨国公司的形式参与到国际生产分工中。按照资本的不同流向，国际投资可分为投资的流入或流出，国外资本流入到本国的投资，即为外商直接投资(Foreign Direct Investment，FDI)；本国流向外国的投资，即为对外直接投资(Outward Foreign Direct Investment，OFDI)。对外直接投资的本质是以跨国公司为主体的生产资本或资产的跨国流动(Altuzarra et al.，2018)，具有控制东道国子公司经营活动的特征。母国投资企业通过跨国公司将资产投资至境外，以在东道国生产经营、与东道国企业联合开发、设立研发机构的形式，获取高额利润、自然资源和先进技术，在投资过程中会面临制度环境、国际投资争端、地缘政治等风险(Minhas and Remmer，2018；蒋冠宏和蒋殿春，2012)。

由于研究视角不同，国内外关于对外直接投资的概念并没有统一的界定。国际货币基金组织(International Monetary Fund，IMF)认为，一国(地区)投资者对境外企业生产经营施加有效影响和制约并长期获得收益的投资即为对外直接投资。经济合作与发展组织(Organization for Economic Co-operation and Development，

OECD)认为,一国(地区)通过获取境外企业生产经营话语权的方式与东道国子公司建立长期利益关系的投资属于对外直接投资。联合国贸易和发展会议组织(United Nations Confe-rence on Trade and Development, UNCTAD)认为,一国(地区)投资主体与另一国(地区)企业建立长期利益和控制关系的投资属于对外直接投资。中国商务部公布的《中国对外直接投资统计公报》中关于对外直接投资的定义为:国内企业以现金、实物或无形资产等方式拥有境外企业 10% 及以上股权的投资,即为对外直接投资。从学者关于对外直接投资的定义来看:Kojima(1978)认为,对外直接投资是企业"内部资源"(资本、有形或无形资产以及管理经验)的国家或地区间转移;Lougheed(1999)认为,一国企业在东道国设立分支机构或对东道国企业具有控制权即为对外直接投资。然而,母公司拥有海外子公司多少股权即为对外直接投资,不同机构或组织并没有统一标准,国际货币组织(IMF)以 25% 及以上股权为标准,中国和美国为 10% 及以上,法国为 20% 及以上,德国为 25% 及以上(聂名华,1999;Ruan et al., 2019)。

本书使用中国商务部发布的《中国对外直接投资统计公报》中对外直接投资的定义,并遵循《中国对外直接投资统计公报》中的表述,将对外直接投资(Outward Foreign Direct Investment)按英文首字母简称为 OFDI。同时,根据学者广泛使用的方法,本书把样本期内存在过一次及以上 OFDI 行为的企业认定为 OFDI 企业,否则为非 OFDI 企业(葛顺奇和罗伟,2013;蒋冠宏和蒋殿春,2014b;毛其淋和许家云,2014a;李磊等,2016;田巍和余森杰,2017)。

表 2-1 为 OFDI 分类方式,从投资形式来看,OFDI 分为绿地投资、跨国并购和战略联盟;从投资方向来看,OFDI 分为水平型投资和垂直型投资;从投资动机来看,OFDI 分为非经营型、贸易销售型、研发加工型和多元化型;从东道国发展水平来看,OFDI 分为顺梯度投资和逆梯度投资;从参与价值链分工程度来看,OFDI 分为顺分工梯度投资和逆分工梯度投资。

表 2-1　对外直接投资分类

分类标准	投资类型	详细内容	相关文献
投资形式	绿地投资	母公司利用已有技术知识在东道国新建子公司	Zedtwitz 等(2004)、Raff 等(2009)、周茂等(2015)、许立伟和王跃生(2018)、蒋冠宏和曾靓(2020)等
	跨国并购	母公司通过购买东道国企业部分或全部股份或资产	
	战略联盟	子公司与东道国企业建立合作	
投资方向	水平型投资	服务于东道国市场	Helpman 等(2004)、Yeaple(2005)、刘海云和毛海欧(2016)等
	垂直型投资	在东道国生产,服务于东道国之外的市场	

续表

分类标准	投资类型	详细内容	相关文献
投资动机	非经营型	在境外拥有咨询服务、办事处等非经营类企业	Buckley 等（2007）、Ramasamy 等（2012）、葛顺奇和罗伟（2013）、毛其淋和许家云（2014b）、蒋冠宏和蒋殿春（2014a）、刘青等（2017）等
	贸易销售型	在境外拥有从事贸易和销售类型企业	
	研发加工型	在境外拥有从事产品技术研发、加工制造类型企业	
	多元化型	在境外企业同时拥有贸易销售和研发加工类型的企业	
东道国发展水平	顺梯度投资	对发展中国家（地区）投资	刘海云和聂飞（2015）、吴先明和黄春桃（2016）等
	逆梯度投资	对发达国家（地区）投资	
价值链分工程度	顺分工梯度投资	价值链分工高端国流向价值链分工低端国的投资	Antràs 和 Yeaple（2014）、毛海欧和刘海云（2018）等
	逆分工梯度投资	价值链分工低端国流向价值链分工高端国的投资	

对外直接投资的衡量方法存在多种形式，国际货币基金组织、经济合作发展组织、联合国贸易和发展会议组织、中国商务部等机构在统计对外直接投资时，主要使用流量和存量进行衡量。宏观层面的相关研究也较多使用该指标进行实证分析，例如：白洁（2009）、刘宏和张蕾（2012）使用存量数据检验对外直接投资的逆向技术溢出效应；蒋冠宏和蒋殿春（2012）检验 OFDI 的区位选择；顾雪松等（2016）使用中国流量数据检验 OFDI 的出口效应；还有一些学者使用中国省际层面数据检验对外直接投资的逆向技术溢出效应（李梅和柳士昌，2012；沙文兵，2012）。微观企业层面的相关研究中，学者们主要使用美国企业研究所和美国传统基金会设立的中国全球投资跟踪数据库（杨连星等，2021）、Zephyr 全球并购交易数据库（王永钦等，2014）、中国上市公司年报中"长期股权投资"（欧阳艳艳等，2020）作为衡量对外直接投资的指标。在缺少境外分支机构数据的发展中国家对外直接投资研究中，大多数学者采用构建虚拟变量的方法来衡量企业对外直接投资（田巍和余森杰，2012；毛其淋和许家云，2014a；蒋冠宏和蒋殿春，2014b；Cozza et al.，2015；刘宏等，2020b；余森杰和高恺琳，2021；黄远浙等，2021；孙楚仁等，2021）。本书在研究企业 OFDI 对出口产品质量的影响时，也采用了构建虚拟变量的方法。

2.1.2 对外直接投资影响因素相关研究

20 世纪 60 年代以来，西方经济学家开始关注企业 OFDI，并提出了理论对此进行解释。Hymer(1976)提出的垄断优势理论认为,OFDI 的特征在于控制境外企业的经营活动,企业进行 OFDI 必须拥有竞争优势,并在不完全市场保持这种竞争优势。在 Hymer(1976)的基础上,Kindleberger(1969)将市场不完全作为企业 OFDI 的决定因素,认为产品市场不完全、资本和要素市场不完全、规模经济和政府关税等贸易限制措施造成的市场扭曲决定了企业对外直接投资。Vernon(1966)提出的产品生命周期理论认为,企业 OFDI 是伴随着产品生命周期进行的,对企业出口具有替代关系。Dunning(1977)的国际生产折衷理论认为,企业 OFDI 是由企业自身所拥有的所有权优势、内部化优势和区位优势所决定的。以往研究针对 OFDI 影响因素主要从垄断优势理论等传统国际投资理论引发,新近研究开始关注经济因素与非经济因素的综合考量(刘文勇,2020)。

(1)基于投资引力模型的影响分析

引力模型的基本思想来源于物理学,是指物体间引力与质量正相关,与距离负相关。Tinbergen(1962)将引力模型拓展到双边贸易的研究上来,发现双边贸易额与两国 GDP 成正比,与两国距离成反比。由于引力模型能够较好地解释贸易问题,不少学者开始将引力方程引入对外直接投资的研究中,并发现引力模型具有很强的解释力(蒋冠宏和蒋殿春,2012;王晓颖,2018;刘永辉和赵晓晖,2021)。

在使用引力模型研究对外直接投资时,学者们主要考虑的是引力变量的选择问题,国家禀赋(王晓颖,2018)、双边距离(毛海欧和刘海云,2018)、投资政策(邓富华等,2019)、商业环境(王培志和孙利平,2020)等变量经常被使用。其中,东道国营商环境(Klapper et al.,2019)、投资便利化(刘永辉和赵晓晖,2021)、金融发展(张友棠和杨柳,2020)、国家风险(Buckley et al.,2007)、制度环境(陈怀超等,2021)解释力较强,并与实际情况基本保持一致。还有学者对引力模型进行改进。例如,Meeusen 和 Broeck(1977)提出的随机前沿分析法,严佳佳等(2019)使用的时变随机前沿引力模型,都是为了实证结果更贴近现实。

在引力模型视角下,一些学者对区位因素的影响分析更加深入。刘永辉和赵晓晖(2021)认为,中东欧国家位于欧洲中心,具有明显的区位优势,促进了中国对中东欧国家的直接投资。张友棠和杨柳(2020)研究发现,“一带一路”地区国家劳动力丰裕,文化语言相近,显著促进了中国对该地区的直接投资。当母国在东道国建立子公司后,母国与东道国的空间距离缩短、运输成本下降、文化相近,这减少了企业的管理成本,区域分布越临近,OFDI 的经济效应越大。严佳佳等(2019)研究发现,OFDI 潜力较高的东道国主要集中在内陆,OFDI 空间溢出效应使得投资相邻区域会产生相互支持的作用,这一点与 Fu(2016)的研究相似。Fu(2016)将发展中国家之间 OFDI 称为“南南对外直接投资”,这类投资不但促进了东道国经济发展，而且进一步加强了发展中国家之间的团结与信任。程惠芳和阮翔(2004)将中国对 32 个国家和地区的对外直接投资按照引力大小分为"引力巨大型""引力型""引力一般型""引力不足型"四组，其中前两种类型投资主要集中在中国周边。程衍生(2019)在考察中国对 53 个国家直接投资的区位选择问题时发现，中国 OFDI 更倾向于同一文化圈的地区，这样更容易获得东道国的认同。邸玉娜和由林青(2018)研究中国对"一带一路"国家的区位选择时发现，中国对"一带一路"国家投资主要集中在东盟和俄罗斯。东盟国家自然资源禀赋优势明显，对中国企业 OFDI 行为具有显著影响(王晓颖，2018)。虽然投资区位过于集中容易增加投资风险，但是集中的投资区位反映了中国企业 OFDI 市场寻求与资源寻求的自我选择，同时也受文化、制度等因素的影响(吴先明和黄春桃，2016；刘青等，2017)。

(2)基于制度因素的影响分析

对外直接投资受到了东道国制度因素的显著影响(Buckley et al.，2007；王永钦等，2014)，主要表现在知识产权制度(刘文勇，2020)和营商环境(Klapper et al.，2019)等方面。

知识产权已经成为提升国家竞争力的核心要素(黄友星等，2021)。已有大量研究发现 OFDI 流向受到了东道国知识产权制度的影响，但仍存在较大争议。一部分学者认为，企业 OFDI 倾向于流向知识产权制度严格的国家，这样企业不仅可以减少被模仿和知识技术泄露的概率，还可以降低拥有较多知识产权的 OFDI 企业的维权成本(Papageorgiadis 等，2019)。拥有完善知识产权制度的东道国会吸引企业到该国生产，因为这些企业的所有权会得到保护。只有完善的制度才能降低不确定性，保护具有知识产权的 OFDI 企业的权利(Nicholson，2007)。另一部分学者认为，技术获取型 OFDI 企业更倾向于选择知识产权制度薄弱的国家(Yoo and Reimann，2017)，这些东道国以低知识产权保护强度来吸引依靠模仿创新或者拥有较少知识产权的跨国公司进行投资。过高的知识产权强度会造成外资进入壁垒，可能造成企业以技术许可而非对外直接投资身份进入东道国(Nicholson，2007)。同时，母国完善的知识产权保护制度会使企业以技术转让获得收益，对企业对外直接投资造成挤出效应，不利于母国对外直接投资的发展。由此，Hong 等(2019)认为，知识产权保护强度与企业对外直接投资呈现"U"型关系，发展中国家(地区)在知识产权保护强度较弱阶段，吸引的对外直接投资主要以拥有较少知识产权和依靠模仿创新的企业为主，随着知识产权保护强度的不断提高，这些企业逐渐退出该国，转向知识产权保护较低的国家，当东道国知识产权保护强度达到一定阈值时，需要高强度知识产权保护的对外直接投资企业开始涌入，并与东道国知识产权保护强度同向增长。还有一部分学者认为，知识产权保护与对外直接投资并没有明确的关系，两者之间可能需要中介变量的影响，如企业创新能力的中介作用，或两者存在非线性关系(Papageorgiadis et al.，2019；杨忠敏等，2019)。对流向低技术行业和服务行业的对外直接投资来说，企业更关注的是东道国市场和成本，而并非知识产权制度(武娜和刘晶，2013)，拥有难以被模仿的知识技术的对外直接投资企业，也不会过多关注东道国知识产权制度。

营商环境是东道国制度质量的重要组成部分，东道国良好的营商环境可以有效吸引跨国公司进行投资(王永钦等，2014；Klapper et al.，2019)。OFDI 企业对东道国营商环境的选择具有"趋利""避害"的倾向(刘文勇，2020)，"趋利"是指跨国公司更倾向于对投资环境优越、市场规范和政治风险较低的国家进行投资，这样不仅能降低企业在东道国成立子公司的成本，便于企业进入或退出东道国(Klapper et al.，2019)，而且还可以通过合理的税收水平、良好的契约环境和便利的投资保护制度降低企业的经营成本和市场的不确定性。在营商环境优越的东道国，生产率较高的 OFDI 企业倾向进行绿地投资，而利润率较高的投资企业倾向于选择合资或并购(蒋冠宏，2017)。"避害"是指由于母国在制度上存在效率低下、相关机构不完善等因素，造成企业在国际贸易中处于被动地位，不具有竞争优势，为避免母国营商环境带来的损失而选择进行对外直接投资(刘文勇，2020)。如果一国社会腐败现象严重、政府效率低下、制度软环境不完善，企业运营将面临巨大风险，会增加企业的逃逸性对外直接投资(陈培如等，2017)。Doh(2017)、杨柳和潘镇(2020)得出了相似的结论，母国制度发展越慢，营商环境越不同步，作为对限制性的回应，企业越倾向 OFDI。所谓营商环境不同步是指，即使母国在某一制度领域进行了改善，但其他方面如果没有进行同步改善，那么母国总体的营商环境可能并没有发生变化。但是，很多企业进行对外直接投资更倾向于营商环境较差的国家(Ramasamy et al.，2012)，甚至表现出不规避政治风险的特征(Buckley et al.，2007)。不少学者对此进行了分析，蒋冠宏和蒋殿春(2012)从投资动机视角解释了这一行为，市场寻求型和资源寻求型企业更倾向于对营商环境较差的国家进行投资，这些国家更容易发生寻租行为，并且进行资源寻求的企业主要为国有企业，对市场的容忍度较高；而劳动寻求型和战略资产寻求型企业对市场容忍度较低，需要良好的营商环境，更倾向于对营商环境较好的国家进行投资。

2.1.3 对外直接投资影响效应相关研究

(1)对外直接投资的逆向技术溢出效应

跨国公司在东道国进行直接投资时，对当地技术和经济存在正向的外部性，但跨国公司并不能获得这些外部性带来的收益，技术溢出的本质是企业的技术自发扩散的过程(Blomstrm 和 Kokko，1998)。与技术溢出相反，逆向技术溢出是指母国企业通过对外直接投资在东道国设立子公司或与东道国企业进行合作，以获得东道国先进技术，再通过跨国公司回流至母公司，以提高母国企业研发创新能力。目前，已有大量研究证明 OFDI 逆向技术溢出效应的存在。例如，Potterie 和 Lichtenberg(2001)针对 13 个工业化国家的研究、Kogut 和 Chang(1991)、Branstetter (2006)针对日本跨国企业的研究、Driffield 和 Love(2003)针对英国制造业的研究、Damijan 等(2017)针对欧盟九个中东欧新成员国的研究、Chen 等(2020)针对中国企业对外直接投资的研究，均证实了逆向技术溢出的存在，并认为其显著提升了母国的创新能力。总结来看，跨国公司主要通过技术研发、回流、吸收三个机制来实现逆向技术溢出。

首先，母国通过跨国并购(吴先明和苏志文，2014；苏莉和冼国明，2017)、绿地投资(薛军等，2021)和战略联盟(Zedtwitz 等，2004；Raff 等，2009)的形式，获取先进技术、机器设备和技术人员等资源。海外并购可以显著提升企业的创新水平(冼国明和明秀南，2018)。跨国并购是后发企业突破技术瓶颈，实现技术追赶的有效形式。后发企业在按照传统技术引进、消化吸收路线进行技术升级的过程中，在逐渐接近前沿技术时，便会遇到核心技术难以突破的瓶颈，为保证企业的可持续发展，通过并购发达国家(地区)企业，以实现技术融合和升级，提高企业的国际竞争力(吴先明和苏志文，2014)。李蕊(2003)通过统计数据和案例分析发现，母公司通过跨国并购可以直接获得东道国企业先进技术，能够有效提升母公司技术研发水平。其次，企业可以通过绿地投资的形式在东道国设立研发机构，实现对东道国先进技术的吸收(蒋冠宏和蒋殿春，2017)。进行绿地投资的企业比跨国并购企业更具有生产效率(薛军等，2021)，绿地投资可以近距离接近东道国研发创新资源。在竞争激烈的海外市场，为增强竞争力而进行技术升级可以提高企业投资创新效应，并且绿地投资更容易吸收东道国的人力资源，获得东道国技术和知识外溢。无论是在绿地投资还是在跨国并购的选择上，皮建才等(2016)研究发现，当母国企业与东道国企业技术差距较小时，企业通常选择以绿地投资的方式进入东道国，当技术差距较大时，母国企业则会以跨国并购的形式进入东道国。蒋冠宏和蒋殿春(2017)研究发现，企业出口越多，越倾向于选择绿地投资；企业生产率越高，越倾向于选择跨国并购。孙灵希和储晓茜(2018)对 2003~2015 年上市公司数据实证研究后发现，企业进行跨国并购后全要素生产率得到了有效提高，而进行绿地投资的企业全要素生产率并未有明显变化，原因可能是中国企业绿地投资目的地多集中在发展中国家(地区),而并购主要在发达国家(地区),二者逆向技术溢出效应不同。最后,企业可以采用战略联盟的形式进行对外直接投资(Zedtwitz et al.,2004),通过与发达国家(地区)企业进行合作,建立战略技术联盟,实现研发资源共享、研发成本分摊、风险共担、利益共享,以促进企业技术的提升。在合作过程中,跨国公司通过示范模仿、产业关联和人员流动等机制实现自身技术水平的提升(李梅和柳士昌,2012),不仅可以弥补自身技术水平的不足,还可以有效缓解母国企业面临的资金压力(孙灵希和储晓茜,2018)。

东道国子公司是跨国公司技术和知识存量的重要来源(吴昌南和曾小龙,2013)。跨国公司可以通过人员流动(李梅和柳士昌,2012;Cozza et al.,2015;苏汝劼和李玲,2021)和资产转移(Choudhury 和 Khanna,2014)等逆向溢出传递至母公司。为获得竞争优势,母公司会有意识地通过跨国公司建立知识数据库,以从雇佣员工中获得默会知识,即知道却难以言传的知识,同时也会通过派遣人员的方式获取东道国的特定知识。外派人员不仅需要向子公司提供管理经验,更重要的是向母公司传递东道国信息,子公司与母公司之间的人员流动会产生知识溢出,并随着员工培训进一步扩大(宋跃刚和杜江,2015)。同时,跨国公司在东道国获得的先进机器设备、专利、专有技术、管理经验等资产通过贸易的方式转移至母公司,实现逆向技术溢出。崔新健和章东明(2020)基于系统动力学与仿真研究,探讨了情景、技术、渠道和动力因素对跨国公司逆向技术溢出初阶段和终阶段过程的影响,研究发现逆向技术溢出初阶段受这四种因素的影响更大,短期来看,跨国公司想要快速实现逆向技术溢出,应在初阶段增加主体的动力,并建立正式渠道。

如果子公司技术研发是母公司通过对外直接投资获取逆向技术溢出的外部因素,那么母公司吸收能力则是企业实现逆向技术溢出的内部因素(王峰等,2019)。吸收能力是指企业对新的外部知识能否理解、消化、吸收并运用到企业研发创新上来,进而提升企业创新能力,已有大量文献证实了 OFDI 逆向技术溢出受企业吸收能力的影响。在吸收能力代理变量的选取上,学者通常选择研发投入、技术差距、人力资本和金融发展规模等作为代理变量检验吸收能力对 OFDI 逆向技术溢出的影响(王峰等,2019)。Griffith 等(2006)认为,母国企业吸收能力越强,OFDI 逆向技术溢出效果越好。李梅和柳士昌(2012)、孔群喜等(2019)使用金融发展水平作为吸收能力代理变量时研究发现,当地区金融发展水平低于某一门槛时,OFDI 逆向技术溢出不显著或为负向影响,不同地区金融发展水平不尽相同,导致各地区获得的逆向技术溢出具有显著差异。

(2)对外直接投资的出口效应

在对外直接投资与出口的关系研究中,学者主要关注了 OFDI 对出口规模

(蒋冠宏和蒋殿春，2014b)、出口结构(陈俊聪和黄繁华，2013)和出口技术水平
(Kojima，1978；Antràs 和 Yeaple，2014；杨连星和刘晓光，2016)的影响。

在 OFDI 对出口规模的影响研究中，学者主要讨论了 OFDI 与出口是替代还
是互补关系。Vernon(1966)的产品生命周期理论等传统国际投资理论支持了
OFDI 对出口具有替代关系。Brainard(1992)认为，企业选择 OFDI 还是出口取决
于规模经济和交易成本，当企业在东道国生产的规模经济越显著，出口成本越高
时，企业更倾向于选择 OFDI，进而替代出口。毛其淋和许家云(2014a)认为，从
事生产销售的跨国公司可能会对母国企业出口产生替代作用，如果跨国公司除了
在东道国销售之外还向周边国家进行出口，会进一步替代母国企业的出口。蒋冠
宏和蒋殿春(2014b)研究发现，OFDI 并不必然替代母国企业出口，如果 OFDI 企
业在东道国生产所用的中间品仍需向母国进口时，那么 OFDI 将会促进企业出口，
反之则会替代出口。顾雪松等(2016)从产业结构差异视角得出了相同的结论，认
为当东道国和母国产业结构差异较小时，对外直接投资倾向于在东道国进行生
产，使用当地生产资料替代母国出口。王恕立和向姣姣(2014)研究发现，企业
OFDI 出口效应具有显著的国别差异，企业在发达国家(地区)投资对出口的影响
呈现替代效应但不显著，当东道国与中国发展水平相近时，企业 OFDI 与出口呈
现互补关系，但滞后一年才呈现替代效应。不同投资方式对出口的影响不尽相
同，水平型 OFDI 可能替代企业出口，垂直型 OFDI 可能促进企业出口(Lipsey
等，2000)。闫周府等(2019)进一步研究发现，水平型 OFDI 对商品出口的促进
作用大于垂直型 OFDI，在对商品按照要素密集度分组后发现，垂直型 OFDI 对劳
动密集型产品的出口效应不确定。

大量研究支撑了 OFDI 对出口的互补作用(Grossman 和 Helpman，1991；蒋冠
宏和蒋殿春，2014b；郎丽华和刘新宇，2016；田巍和余淼杰，2017；苏二豆和
薛军，2020)。OFDI 对企业出口规模和出口概率均有促进作用(毛其淋和许家云，
2014a)。从东道国收入水平来看，向高收入国家进行 OFDI 有助于企业出口，而
对中低收入国家和避税地投资对出口的促进作用不明显(王恕立和向姣姣，
2014)。张纪凤和黄萍(2013)则认为企业无论是投向发达国家(地区)还是发展中
国家(地区)，均有助于企业出口。从投资动机来看，商贸服务型 OFDI 对企业出
口的促进作用更显著(蒋冠宏和蒋殿春，2014b；苏二豆和薛军，2020)。毛海欧
和刘海云(2019)认为，中国对共建"一带一路"国家的投资对出口起到了互补作
用，对非沿线国家的投资与出口的互补作用则不明显。

边际产业转移理论和产品生命周期理论均指出，母国通过对外直接投资将边
际产业或低端产业转移至东道国，以实现母国产业结构和出口结构的转型升级

（Vernon，1966；Kojima，1978）。国内外学者进行了大量研究证实了这一观点，但 OFDI 对出口结构的影响会因投资来源、投资区位不同而产生差异，东部地区 OFDI 对出口结构的提升作用显著高于中部和西部地区（李夏玲和王志华，2015）。企业可通过逆梯度 OFDI 获取战略资源，并作为稀缺要素投入到母国生产中，母国顺—逆梯度 OFDI 同时存在能够加大高新技术产品的出口比重，促进国内出口结构优化（隋月红和赵振华，2012）。陈俊聪和黄繁华（2013）通过中国省际数据研究发现，OFDI 是优化国内出口结构的一条有效路径，企业通过 OFDI 吸收国外先进技术资源，促进企业向价值链高端攀升，进而促进出口结构的优化升级。

OFDI 对出口技术水平的影响受到了国内外学者的广泛关注，大量文献证明 OFDI 逆向技术溢出可有效提升出口技术水平（Kogut 和 Chang，1991；Antràs 和 Yeaple，2014；张海波，2014；杨连星和刘晓光，2016）。蔡冬青和周经（2012）研究表明，OFDI 与出口技术水平具有显著的正相关关系。陈俊聪和黄繁华（2013）通过建立数理模型研究发现，吸收能力的增强可显著提升 OFDI 的出口技术提升效应，OFDI 已成为提升出口技术复杂度的重要加速器。叶娇等（2017）认为，OFDI 对出口技术水平的影响受企业投资动机的影响，非经营类企业 OFDI 对出口技术水平没有起到提升作用，研发加工类 OFDI 对出口技术水平的提升效果最大，毛海欧和刘海云（2018）也得出了相似结论。从投资区位来看，投向发达国家（地区）OFDI 显著提升了出口技术水平，而对发展中国家（地区）的投资抑制了出口技术的提升（张海波，2014）。毛海欧和刘海云（2018）基于 WIOD 数据研究发现，对外直接投资的技术效应对中国出口技术含量提升效果最大，而规模效应的提升作用最小，相较于资本品，OFDI 更能提升中间品出口技术含量。

2.2 出口产品质量相关研究

2.2.1 出口产品质量概念界定

对出口产品质量进行定义，首先需要理解质量的含义。Garvin（1984）认为，质量既包括产品的耐用性和兼容性等客观特征，也包括品牌信任度和品牌社会地位等社会性，还包括消费者从产品中获得的设计美观度、虚荣心等视觉和心理满足程度。国际标准化组织（International Organization for Standardization，ISO）的 ISO8402：2000 标准将质量定义为"一组固有特性满足要求的程度"。

Hausmann 和 Rodrik（2002）从出口技术复杂度的视角研究了出口产品差异的行为，认为出口技术复杂度是生产效率、出口产品种类和产品技术含量的综合体现，各国企业在自由贸易中逐渐形成了高收入国家生产和出售高技术含量产品，低收入国家生产低技术含量产品，国家间出口差异实质上是出口技术复杂度的差异（Schott，2008）。国内外学者使用出口技术复杂度进行研究发现，出口技术复杂度的提升有助于经济增长和出口规模的扩大，提高出口技术复杂度成为一国提升国际竞争力的主要方式（Xu，2010）。

但是，出口技术复杂度与出口产品质量有着本质的区别（施炳展和邵文波，2014）。Grossman 和 Helpman（1991）等早期研究认为，高收入国家出口高质量产品是因为具有较高的生产水平和技术水平，而低收入国家在高质量产品的生产上并不具备比较优势，Schott（2004）、Melitz 和 Ottaviano（2008）在异质性企业生产率差异上也支持了这一观点。这一解释似乎和出口技术复杂度没有明显的区别，但是技术复杂度重视产品的技术特征，强调产品间技术含量的差异，如鞋子和手机的技术含量差异，而出口产品质量强调的是同一产品内的垂直差异，如高端手机与低端手机的差异（施炳展等，2013）。

作为围绕产品质量的两个重要研究方向，出口技术复杂度与出口产品质量虽然有相似之处，但也存在着本质上的差异。由于出口技术复杂度的主流研究基于宏观层面，并且具有被学术界广泛接受的测算出口技术复杂度方法，因此学术界对出口技术复杂度的相关研究较多。而出口产品质量的测算基于出口产品层面数据，并呈现出多样性和复杂性特征，囿于出口贸易数据和方法的限制，使得出口产品质量的相关研究较少（施炳展等，2013）。本书沿用施炳展等（2013）和李坤望等（2014）对出口产品质量的定义，认为出口产品质量可以衡量同一产品下不同种类间的垂直差异。

2.2.2 出口产品质量测算方法相关研究

出口产品质量概念提出后，大量学者对如何准确测算出口产品质量进行了一系列研究，其中，微观企业层面测算方法主要有单位价值法、需求信息反馈法、供给信息加总法和其他方法（见表2-2）。由于本书基于企业视角研究对外直接投资对出口产品质量的影响，因此本节主要对微观层面三种方法的优势与不足进行梳理，为本书构建出口产品质量指标奠定基础。

（1）单位价值法

单位价值法是一种代理变量方法，即通过可观测变量作为出口产品质量的代理变量。Schott（2004）使用出口产品的货币价值比上出口数量得出企业出口产品的单位价值衡量企业的出口产品质量，同类产品中单位价值越高，出口产品质量越高。这种方法的优势是数据的可获得性强，且计算方法相对简单，早期学者普遍使用这一方法衡量出口产品质量（Hallak，2006；Chen 和 Swenson，2007）。虽然该方法可以剔除市场因素的影响，但产品价值不仅受到质量的影响，还受到生产成本、贸易政策、汇率等因素影响（Hallak 和 Schott，2011），因此使用单位价值衡量企业出口产品质量存在较大误差。Khandelwal（2010）认为，单位价值法的适用性会受到产品质量阶梯长度（即同类产品质量差异程度）的影响，只有在产品质量阶梯较长时，产品单位价值才能较好地衡量出口产品质量。对此，Xu（2010）将单位价值标准化，使用产品单位价值与该产品平均出口价值高低来表示相对产品质量大小，但该方法仍没有将产品质量从产品价值中剥离开。Hallak 和 Schott（2011）在价格理论的基础上，使用剔除产品质量因素后的价格指数对贸易净额的方程的残差衡量出口产品质量，这种方法虽然把产品质量从价格中提取出来，提高了测算的准确度，但忽略了企业生产率异质性问题（余淼杰和张睿，2017），并且对数据的要求较为严格，数据获取难度大，因此该方法并没有被广泛使用。

（2）需求信息反馈法

产品价格不仅受到质量的影响，还受到生产成本、生产效率、消费者偏好和贸易政策等的影响，为了克服单位价值法的局限性，一些学者运用"事后反推"的方法来测算出口产品质量（Khandelwal，2010；施炳展等，2013；Feenstra 和 Romalis，2014；Fan et al.，2015；黄先海等，2015）。Khandelwal（2010）认为，产品价格高低仅反映了该产品的生产成本和使用的要素价格高低，并不能有效反映产品质量高低，因此 Khandelwal 基于离散选择模型，使用美国进口十分位贸易数据，运用嵌套 Logit 方法，采用产品单位价值和相关产品数量等信息衡量出口产品质量。Khandelwal 还认为，出口产品质量并不能和出口价格等同，在出口产品价格和消费者偏好一定的情况下，出口产品质量与目的国市场份额正相关，若该产品所占有的市场份额越大，则表明该产品质量越高。施炳展等（2013）通过该方法测算了中国产品层面出口产品质量，运用嵌套 Logit 方法能够精确测算产品层面出口产品质量，但该方法对假设前提要求较高，并且相关数据获取较为困难。Khandelwal 等（2013）使用 CES 需求函数测算了企业层面出口产品质量，该方法既包含了产品的价格信息，同时也考虑了产品质量因素，克服了单位价值法的局限性。需求信息回归推断法的核心思想是，剔除影响需求的价格因素和生产成本等因素后，剩下的影响需求的质量因素即可认为是需求函数的残差项。与单位价值法相比，需求信息回归推断法克服了产品价格和生产成本等因素对出口产品质量的影响，测算方法更加精确，并且 Khandelwal 等（2013）在测算出口产品质量中所用数据相比 Hallak 和 Schott（2011）更容易获取，因此使用更加广泛。施炳展和曾祥菲（2015）使用需求信息回归推断法对中国企业进口产品质量进行了测度。苏丹妮等(2018)使用同样方法测度了中国企业层面出口产品质量。但是，该方法仅考虑了企业需求层面因素，并没有考虑供给层面的影响，在测算出口产品质量时忽略了固定效应可能存在的内生性问题，因此测算结果可能存在偏误，并且测算的出口产品质量无法跨时跨国比较。

(3)供给信息加总法

Feenstra 和 Romalis(2014)使用引力模型代表供给因素，需求函数代表需求因素，构建了同时包含供给和需求的理论模型测算出口产品质量，使出口产品质量内生化。Feenstra 和 Romalis(2014)的方法同时考虑了供给和需求两个因素，相较于 Khandelwal 等(2013)只使用需求层面信息测算出口产品质量，测算结果更加精确，但是这种方法仅适用于宏观层面出口产品质量的测算，对于微观层面出口产品质量测度并不适用。对此，在 Feenstra 和 Romalis(2014)测算方法基础上，余淼杰和张睿(2017)对企业层面出口产品质量测算方法进行推导，发现企业出口产品质量与生产率和单位价格成正比，与成本成反比。余淼杰和张睿(2017)同时考虑供给和需求两个因素，把出口产品质量从产品价值中提取出来，测算方法更为准确，但是该方法需要中间投入等企业层面信息，以及产品类别等替代弹性指标，使得该方法只能对中国 2000~2006 年一般贸易企业出口产品质量进行测算。

(4)其他方法

Schott(2008)认为，产品出口技术复杂度与出口产品质量之间具有相关性，出口技术复杂度分为产品间出口技术复杂度和产品内技术复杂度，而产品内技术复杂度就是出口产品质量。Hausmann 和 Hidalgo(2010)基于能力理论反射法，使用产品普遍性来衡量出口技术复杂度，认为产品普遍性越低，则出口产品技术复杂度越高，但出口技术复杂度与出口产品质量有着本质的区别(施炳展和邵文波，2014)。还有学者使用代理变量的方法衡量出口产品质量，例如，Verhoogen(2008)、Hallak 和 Sivadasan(2013)将企业是否具有 ISO9000 标准设为虚拟变量代替出口产品质量高低，Kugler 和 Verhoogen(2011)使用行业研发投入和广告投入占销售收入的比例衡量出口产品质量。Crozet 等(2012)使用葡萄酒评级衡量葡萄酒出口产品质量，但这些间接衡量方法不具有普遍适用性，且误差较大，因此并没有被广泛应用。

表 2-2　出口产品质量测算方法

方法	相关文献	优点	缺点
单位价值法	Schott(2004)、Hallak(2006)、Chen 和 Swenson(2007)等	数据可获得性强、计算方法相对简单	误差较大

方法	相关文献	优点	缺点
需求信息反馈法	Khandelwal（2010）、Khandelwal 等（2013）、Fan 等（2015）、施炳展等（2013）、黄先海等（2015）等	数据可获得性强	仅考虑了企业需求层面因素；具有较强的内生性；测算结果无法跨时跨国比较
供给信息加总法	Feenstra 和 Romalis（2014）、余森杰和张睿（2017）等	同时考虑供给和需求层面因素；出口产品质量内生化	仅适用于宏观层面出口产品质量测算；数据要求较高
代理变量法	Verhoogen（2008）、Hallak 和 Sivadasan（2013）、Kugler 和 Verhoogen（2011）、Crozet 等（2012）等	数据可获得性强；计算方法相对简单	间接测算，误差较大

2.2.3 出口产品质量影响因素相关研究

在出口产品质量的概念和测度方法研究较为成熟后，学者对出口产品质量的研究逐渐转向影响因素方面。通过梳理文献发现，关于出口产品质量的影响因素研究主要分为需求因素、供给因素和其他因素三方面。

（1）需求因素

学者对出口产品质量需求因素的研究主要集中在出口国经济水平与收入分配、进口国经济水平与收入分配两方面。若出口国经济水平较高，其出口产品的价格和质量更高（Khandelwal，2010）。Schott（2004）基于单位价值法测算了美国进口产品质量，发现进口产品质量与出口国人均 GDP 显著正相关。Latzer 和 Mayneris（2012）从收入分配视角对欧盟贸易数据分析发现，收入分配对出口产品质量的影响与国家收入有关，对于高收入国家来说，收入分配不平等程度与出口产品数量和质量正相关；对于低收入国家来说，国家收入分配不平等程度只影响其出口产品数量，对出口产品质量没有影响。

需求结构与偏好模式受到国家收入水平的影响，人均收入水平相似的国家之间贸易更频繁（Hallak，2006）。Choi 等（2009）对卢森堡贸易数据的研究、Bastos 和 Silva（2010）对葡萄牙企业贸易数据的研究、Crino 和 Epifani（2012）对意大利制造业企业数据的研究均发现，相比于低收入国家，企业向高收入国家出口的产品质量更高。随着出口目的国收入水平的提高，企业对该国出口的产品价格和质量均会提高（Bekkers et al.，2012）。从进口国收入分配差距来看，收入分配差距对个人边际消费倾向产生影响，进而影响进口国的消费需求。Bekkers 等（2012）通过对 2000~2004 年 100 多个国家双边贸易数据研究发现，进口国收入不平等程度与进口产品质量负相关，但 Flach 和 Janeba（2017）认为进口国收入分配不平等会促进出口国的出口产品质量提升。国家经济发展水平不同，收入分配差距对进口需求的影响具有显著差异，对高收入国家来说，收入分配不平等程度越大，该国进口需求越高；而对低收入国家来说，收入分配不平等程度越大，该国进口需求越小（赵锦春和谢建国，2013）。杜威剑和李梦洁（2015）利用中国工业企业数据和中国海关出口数据研究发现，出口目的国对产品质量选择取决于该国收入分配不平等程度，这会间接影响出口国出口产品质量的提升，若该国不平等程度较高，企业会选择性地向该国出口低质量产品，这一现象在发展中国家（地区）更为显著。

（2）供给因素

关于影响出口产品质量的供给因素方面，学者主要从企业生产率（Bastos and Silva，2010；Gervais，2015；余淼杰和张睿，2017）、研发创新能力（施炳展和邵文波，2014；曲如晓和臧睿，2019；刘宏等，2020b）、要素密集度（Schott，2004；Hallak，2006；施炳展等，2013）、中间品进口（Bas and Vanessa，2015；马述忠和吴国杰，2016；许家云等，2017）等因素进行分析探讨。

高生产率企业生产成本较低，企业可通过降低产品价格提升出口竞争力（Melitz，2003）。企业生产率通过降低企业成本和提高产品质量影响企业产品出口价格（Gervais，2015）。首先，企业生产率越高，其边际成本越低，企业就可以设定更低的产品价格；其次，高生产率企业选择高质量中间投入品和高素质劳动力，进而以高价出售高质量产品（Kugler and Verhoogen，2011；Fan et al.，2015）。Mandel（2010）认为，企业生产率与出口价格的关系受到产品质量差异的影响，若产品质量差异较大，企业生产率与价格成正比；若产品质量差异较小，则两者关系成反比。Verhoogen（2008）认为，企业是否生产高质量产品取决于自身生产率水平，高生产率企业为保证高质量产品生产，会支付工人较高水平的工资，这也解释了国际贸易中南北国家贸易中南方国家收入差距增大的原因。樊海潮和郭光远（2015）基于企业视角研究发现，企业生产率提高有助于出口产品质量提升，企业生产率越高，生产技术越先进，其生产的产品质量也就越高（程凯和杨逢珉，2019）。张夏等（2020）基于企业异质性视角研究发现，企业高生产率不仅可以有效提升出口产品质量，而且能够缓解固定汇率对出口产品质量提升的阻碍作用，提高生产率是企业提升全球竞争力的根本途径。

技术创新被认为是提高出口产品质量的关键因素之一（曲如晓和臧睿，2019），企业创新能力的增强可以促进出口产品质量的提升（施炳展等，2013；张杰等，2014；Aghion 等，2018）。Schott（2004）通过美国贸易数据研究发现，出口国技术水平、资本密集度与出口产品质量呈正相关。但 Faruq（2010）同样使用美国贸易数据研究发现，企业技术创新对出口产品质量提升起到了促进作用，但资本并不能有效提升技术密集型行业的出口产品质量。王明益(2014)通过对中国出口产品质量影响因素研究得出了相似的结论，认为相比于资本密集型行业，中国研发对劳动密集型行业的出口产品质量提升效果更显著。殷德生(2011)认为，加入 WTO 以来，中国企业对发达国家(地区)出口规模扩大使得企业间竞争加剧，为提高出口竞争力，企业不得不通过模仿创新和自主创新来提升出口产品质量。企业通过研发创新不仅可以获得新技术，扩大技术密集型产品的出口，而且有助于生产效率提升，扩大资本密集型产品出口(李小平和肖唯楚，2020)。宋跃刚和郑磊(2020)研究发现，企业自主创新促进了出口产品质量的提升，在企业成长期和成熟期时促进效果更强，但在中间品进口促进出口产品质量提升的过程中存在明显的负向调节作用。施炳展和邵文波(2014)认为，提升出口产品质量的因素是企业研发效率而非研发投入，大规模研发新产品和新工艺对出口产品质量的影响效果有限，而研发效率(研发产出与研发投入的比值)的改善可以显著促进企业产品质量的提升。罗丽英和齐月(2016)基于中国制造业行业层面数据研究发现，技术研发效率进步显著促进了高技术行业出口产品质量的提升，技术转化效率进步有助于技术行业出口产品质量的提升。诸竹君等(2017)认为，出口企业产品创新能够带来出口产品质量的提升，当靠近技术前沿的企业进入出口市场后，会加强技术和工艺创新，并将新技术运用到产品的生产过程中，带来出口产品质量的提高(Aghion et al.，2018)。

当企业要素密集度符合母国比较优势时，企业生产的产品才具有比较优势(Crozet et al.，2012)。戴翔(2015)研究发现，中国仍依托劳动密集型制造业参与国际合作，劳动密集型制造业仍具有显著的比较优势。中国资本密集型高技术产品出口增加只是一种统计现象，出口的资本密集型产品仍利用密集劳动力和资源进行低端生产(张杰等，2010)，企业资本密集度越高，越违背母国比较优势，越不容易出口(施炳展和冼国明，2012)。中国企业劳动密集度较高，与中国劳动充裕这一比较优势相符合，当企业资本密集度较高时，会偏离中国比较优势，其出口产品质量较低(施炳展等，2013)。劳动力集聚对出口产品质量的提升具有显著的促进作用(孙楚仁等，2014)，企业在生产过程中增加劳动力投入能够有效提高产品工序质量，进而改善产品质量。劳动力成本上升会导致企业减少人力资本投入(Kugler and Verhoogen，2011)，进一步导致出口产品质量的下降。在完全竞争市场条件下，企业工人品质与产品质量呈正相关(Verhoogen，2008)，高级人力资本水平的提升可以有效解决劳动力供给不足对出口产品质量带来的不利影响(程锐和马莉莉，2020)，并提高企业技术创新速度和创新质量，显著促进出口产品质量提升，这种提升作用对企业出口到高收入经济体的产品质量促进效果更明显。

企业进口的中间品是国外研发投入和技术水平的一种体现形式，高质量中间品进口对企业出口产品质量提升具有显著的正向影响(许家云等，2017)。发展中国家(地区)对高质量中间品需求较高，高质量中间品进口有助于发展中国家(地区)产品质量提升(张杰等，2015)。企业进口中间品带来的研发成果和技术知识溢出有助于出口产品质量的提升(许家云等，2017；宋跃刚和郑磊，2020)，高技术水平中间品所包含的工艺和设计创新会被进口国企业通过模仿和学习而获得国际技术溢出，用于产品生产以提高产品质量。Bas 和 Vanessa(2015)通过中国数据验证了中间品贸易自由化可以通过提升中间品进口质量进而促进出口产品质量升级。李秀芳和施炳展(2016)从中间品进口多元化视角分析了出口产品质量的决定因素，研究发现中间品进口多元化有助于外资企业出口产品质量提升，对国有企业和民营企业提升作用受企业吸收能力影响。吴艳芳和王明益(2018)研究发现，进口中间品附加值高低对出口产品质量的影响具有差异，附加值高对出口产品质量起到了促进作用，而附加值低则会抑制出口产品质量提升，在区分中间品进口来源后发现，来自欧美地区的中间品比来自中国港澳台地区的中间品对出口产品质量的提升效应更大。沈国兵和于欢(2019)通过对中国企业微观数据研究发现，中间品进口能够显著促进出口产品质量提升，但中间品与资本品的进口结构失衡则会抑制出口产品质量升级，造成中国大规模进口中间品但出口产品质量仍较低的局面。中间品供给的负面冲击对加工贸易和外资企业的影响远大于一般贸易和内资企业，中间品进口减少抑制出口产品质量的提升(王雅琦等，2018)。马述忠和吴国杰(2016)研究发现，进料加工中间品进口对出口产品质量的提升作用显著高于来料加工中间品进口，一般贸易中间品进口没有促进出口产品质量的提升，但抑制效应会随着产品质量的提升而减弱。刘海洋等(2017)研究发现，在剔除加工贸易后，中间品进口对出口产品质量的提升效果更显著。部分学者研究发现，进口高质量中间品会产生挤出效应，国内企业会因资金匮乏而停止产品质量的升级，而高质量中间品进口需要较高的费用，这会进一步降低企业利润，阻碍出口产品质量升级(沈国兵和于欢，2019)。同时，企业若不具有与进口中间品相匹配的吸收能力，则不能促进出口产品质量提升(Neil et al.，2013)。

(3)其他因素

除了需求因素和供给因素，一些学者还从外商直接投资(Chen and Swenson，2007；李坤望和王有鑫，2013；Lu et al.，2017)、产业集聚(孙楚仁等，2014；苏丹妮等，2018)、制度环境(Faruq，2010；许家云等，2017)等外部因素视角探讨了出口产品质量的影响因素。

外商直接投资显著促进了出口产品质量的提升(李坤望和王有鑫，2013；Anwar and Sun，2018；曲如晓和臧睿，2019；刘宏等，2020a)。徐美娜和彭羽(2016)研究发现，FDI 通过后向溢出效应促进出口产品质量提升，上游 FDI 有助于下游高质量产品和高技术产品出口质量提升。李瑞琴等(2018)认为，上游服务业 FDI 促进了出口产品质量提升，而制造业 FDI 却抑制了出口产品质量的提升。放松服务业 FDI 管制，可以降低服务业外资进入壁垒，增加国内制造业企业可使用的服务型中间品种类和数量，使国内制造业服务化水平得到有效提高，有助于出口产品质量升级(彭书舟等，2020)。Chen 和 Swenson(2007)认为，FDI 技术溢出效应促进了出口产品质量的提升，同时外资企业进入带来的市场竞争效应造成了本土企业的退出(Lu et al.，2017)。Harding 和 Javorcik(2009)研究发现，FDI 有助于发展中国家(地区)出口产品质量的提升，而对发达国家(地区)出口产品质量并没有显著的促进作用，FDI 对出口产品质量的促进效果会因行业、贸易方式、企业所有制等的不同而产生显著差异(李瑞琴等，2018；刘宏等，2020a)。

产业集聚可通过生产网络促进企业间要素流动，降低企业生产成本，具有正的外部性(Maskell and Lorenzen，2003)。孙楚仁等(2014)通过对中国城市数据研究、刘洪铎等(2016)通过对中国省份数据研究发现，产业集聚有助于出口产品质量的提升，但提升效果会因不同企业所有制和贸易方式、区域异质性而产生差异。苏丹妮等(2018)使用 2000~2007 年中国微观企业数据研究发现，产业集聚可以显著影响企业生产率和固定成本投入效率，进而促进出口产品质量提升。不少学者研究发现，产业集聚同时具有负的外部性(沈能等，2014)。高晓娜和彭聪(2019)使用 2000~2013 年中国微观企业数据研究发现，产业集聚对出口产品质量的影响具有倒"U"型特征，当规模效应占主导时，产业集聚有助于出口产品质量提升；当集聚产生拥挤效应后，产业集聚不利于出口产品质量提升，目前中国产业集聚仍以规模效应为主，提高产业集聚水平有助于出口产品质量的提升。刘信恒(2020)通过进一步研究得出了相同的结论，产业集聚对出口产品质量的影响存在双重门槛，当集聚达到第二门槛后，产业集聚对出口产品质量起到了抑制作用。

制度环境是一国比较优势的重要来源，良好的制度环境可以有效促进出口企业进行创新活动，有助于出口产品质量的提升(Faruq，2010)。制度环境是否完善不仅直接影响着生产要素的自由流动，还会对企业融资成本造成影响，良好的制度环境可以减少企业面临寻租等不确定性(代中强等，2018)。许家云等(2017)基于中国微观企业数据研究发现，制度环境改善除了对企业出口产品质量的提升具有直接效应外，还可以间接促进中间品进口对出口产品质量的提升作用，二者在提升出口产品质量方面具有互补性。进口国制度质量对中国企业出口产品质量同样产生了重要影响。祝树金等（2019）通过构建博弈模型考察了进口国制度环境对中国企业出口产品质量的影响，研究发现进口国制度环境与出口产品质量提升呈正相关关系，进口国正式制度和非正式制度对出口产品质量的影响效果具有互补性。张晓冬等（2019）认为进口国制度环境的改善可以降低中国企业的出口风险，促进企业创意产品的出口，但促进效果会因进口国经济发展水平不同产生显著差异。除此之外，知识产权保护（许家云和张俊美，2020）、金融发展水平（张铭心等，2021）、政府补贴（张杰等，2015）、市场竞争（彭馨和蒋为，2021）等制度因素对出口产品质量的影响也受到了学者们的广泛关注。

2.3　对外直接投资对出口产品质量的影响相关研究

对外直接投资对出口规模、出口结构和出口技术水平的影响研究已较为成熟（Antràs 和 Yeaple，2014；田巍和余淼杰，2017；毛海欧和刘海云，2018）。但针对企业 OFDI 对出口产品质量的影响研究文献相对较少。杜威剑和李梦洁（2015）使用倾向得分匹配法对中国企业微观数据进行检验，研究发现 OFDI 显著促进了出口产品质量的提升，表明 OFDI 存在"产业升级效应"，但该效应会因投资区位不同而产生显著差异，向高收入国家 OFDI 产生的"产业升级效应"显著高于向低收入国家的投资。邹衍（2016）使用同样的方法得出了相似的结论，并且发现企业对外直接投资具有滞后效应，当对外直接投资滞后一年后显著促进了出口产品质量的提升，并且提升效果具有显著的递增趋势。王杰等（2016）在研究 OFDI 与企业出口行为时发现，企业在进行对外直接投资过程中会接触国外先进技术，产生的逆向技术溢出会改善企业生产工艺和流程，进而促进出口产品技术含量和质量的提升，但对企业出口数量的影响具有不确定性。李玉梅（2016）研究发现，OFDI 区位选择与企业投资动机具有直接关系，企业投资动机影响了企业出口技术水平、附加值和投资规模，从而影响了企业出口产品质量。在对东盟的 OFDI 中，纺织服装类行业和食品制造业 OFDI 动机是为了降低成本，因此这类投资并不能促进出口产品质量的提升，而汽车制造业 OFDI 动机是为了获取东道国（新加坡等）先进技术和管理经验，有助于出口产品质量提升。程凯和杨逢珉（2019）在考察 FDI 和 OFDI 对出口产品质量的影响时发现，非线性模型更适用于研究投资对出口产品质量的影响，研究结果认为 OFDI 对出口产品质量的提升效果显著大于 FDI 的提升效果。Rehman 等（2019）使用 1990~2017 年中国宏观数据研究对外直接投资与出口复杂度之间双向因果关系时发现，随着 OFDI 的增加，中国出口产品质量明显提升。封肖云（2019）基于宏观数据研究发现，OFDI 对出口产品质量提升具有促进作用，并且降低了出口产品成本；区分产品类型后发现，OFDI 对差异性产品和中间品质量具有显著的促进作用，并显著降低了该类产品的出口成本，而对同质性产品和最终产品的影响仅体现在出口成本上，并没有促进该类产品质量的提升。刘宏等（2020b）研究发现，OFDI 有助于出口产品质量提升，但影响效果会因投资异质性而产生显著差异，且企业创新在 OFDI 促进出口产品质量提升过程中起到了偏中介效应。余静文等（2021）研究发现，OFDI 主要通过集约边际上的逆向技术溢出促进出口产品质量的提升。Stiebale 和 Vencappa（2018）基于 1988～2011 年印度经济检测中心（CMIE）数据库、汤森路透公司（SDC）数据库和 Zephyr 全球并购交易数据库匹配数据，使用 PSM-DID 研究发现，企业通过并购产生的知识转移不仅可以提高生产效率，而且有助于产品质量提升。与 Stiebale 和 Vencappa（2018）相反，万淑贞等（2021）使用中国制造业进出口和并购数据研究发现，跨国并购显著抑制了出口产品质量提升，且具有一定的持续性，研究认为企业通过跨国并购实现转型升级具有一定的风险。

从研究视角来看，杜威剑和李梦洁（2015）、张凌霄和王明益（2016）、景光正和李平（2016）基于投资动机视角检验了 OFDI 对出口产品质量的影响。李玉梅（2016）、邹衍（2016）基于投资区位视角进行了相关研究。Stiebale 和 Vencappa（2018）、万淑贞等（2021）基于跨国并购视角进行了相关研究。刘宏等（2020b）、余静文等（2021）基于中介效应视角检验了中介变量的促进效应。

学者们进一步对 OFDI 影响出口产品质量的作用机制展开研究。景光正和李平（2016）认为，企业 OFDI 主要通过技术反馈、产业升级、市场深化和资源配置四个机制影响出口产品质量升级，检验发现产业升级并不能促进出口产品质量的提升。张凌霄和王明益（2016）认为，不同投资动机对出口产品质量的影响机理不同，效率寻求型 OFDI 主要通过转移"夕阳"产业促进出口产品质量的提升；市场寻求型 OFDI 主要通过实施本土化战略来提升出口产品质量；技术寻求型 OFDI 主要通过逆向技术溢出实现出口产品质量的升级；资源寻求型 OFDI 通过产业关联效应影响出口产品质量，对以上机制进行实证检验后发现只有技术获取型 OFDI 可以通过逆向技术溢出效应促进出口产品质量提升。在对外直接投资影响出口产品质量的渠道研究上，刘宏等（2020b）研究发现，企业创新是 OFDI 提升出口产品质量升级的重要渠道。余静文等（2021）认为，理论上 OFDI 可以通过中间投入品质量提升、生产技术复杂度提升和企业创新能力增强渠道促进出口产品质量的升级，实证检验后发现 OFDI 仅通过企业研发创新渠道促进了出口产品质量的提升。万淑贞等(2021)研究认为,在企业跨国并购中,目标企业知识资产会影响并购企业的研发强度进而影响企业出口产品质量,并购方出口与生产策略调整则会直接通过转移生产以替代原有出口进而影响出口产品质量。

2.4　文献评述

由于直接研究 OFDI 与出口产品质量之间关系的文献相对较少,本书着重回顾了 OFDI 和出口产品质量的国内外相关文献。通过梳理相关研究发现,学者关于对外直接投资的研究主要围绕对外直接投资的概念界定、分类和对外直接投资的影响效应三方面进行展开;对出口产品质量的研究主要围绕出口产品质量的概念界定、出口产品质量的测算方法和影响因素三方面内容进行。

由于研究视角的不同,现有研究关于对外直接投资并没有统一的定义,国际货币基金组织、经济合作发展组织、联合国贸易和发展会议组织、中国商务部均对对外直接投资进行了概念界定,主要区别在于母国投资者对境外子公司控制关系和利益关系方面。由于本书研究的是中国企业对外直接投资对出口产品质量的影响,故在企业对外直接投资的定义上使用中国商务部、国家统计局和国家外汇管理局联合发布的《中国对外直接投资统计公报》中的界定方式。学者们关于对外直接投资的分类方式研究已较为成熟,主要通过投资形式、投资方向、投资动机、东道国发展水平和价值链分工程度对对外直接投资进行分类。在对外直接投资衡量方式上大多使用投资流量和存量进行衡量,但囿于企业层面投资额数据较难获取,学者们大多采用虚拟变量的形式衡量企业层面对外直接投资,这一方法普遍获得学者们的认同,本书在研究企业 OFDI 对出口产品质量的影响时,也采用了该种方法。

学者们关于对外直接投资的影响因素研究主要围绕投资引力模型和制度因素两方面展开。引力模型在对外直接投资的使用上,学者们主要考虑引力变量的选择问题,主要从国家禀赋、双边距离、投资政策、商业环境等视角进行研究。现有文献对制度因素的研究主要围绕知识产权制度和营商环境两方面进行,认为东道国良好的知识产权制度和营商环境可以有效吸引跨国公司进行投资。

现有文献围绕对外直接投资的影响效应研究已非常广泛,与本书研究相关的文献主要有对外直接投资的逆向技术溢出效应和出口效应。但是,本书认为关于企业对外直接投资影响效应的研究仍有不足之处:首先,对外直接投资的影响效应还存在新的研究视角,如自主创新效应、产业集聚效应、全球价值链嵌入效应和中间品进口效应,但已有文献较少涉及此类效应。其次,已有文献在研究对外直接投资影响效应时，只是笼统分析了对外直接投资的经济影响，但是，不同投资动机、不同生命周期阶段企业所产生的经济效应是有显著差异的，而现有文献鲜有涉及。因此，本书在后续研究中将对企业投资动机和生命周期阶段进行细分，使对外直接投资影响效应研究更具体。

对出口产品质量的定义，学者们主要围绕"质量"进行研究。国内外学者早期普遍使用出口技术复杂度衡量企业出口产品质量，研究发现出口技术复杂度的提升有助于经济增长和出口规模的扩大。但出口技术复杂度与出口产品质量有着本质的区别，技术复杂度强调的是产品间技术含量的差异，而出口产品质量强调的是同一产品内的垂直差异。出口产品质量的测算基于出口产品层面数据，并呈现出多样性和复杂性特征，囿于出口贸易数据和方法的限制，使得出口产品质量的相关研究较少。本书沿用施炳展等（2013）和李坤望等（2014）对出口产品质量的定义，认为出口产品质量衡量了同一产品不同种类间的垂直差异。

在出口产品质量的测算方法上，微观层面主要测算方法有单位价值法、需求信息反馈法和供给信息加总法三种，每种方法都有其优势和不足，具体而言：单位价值法的优势是数据的可获得性强，且计算方法相对简单，但该方法衡量企业出口产品质量存在较大误差；需求信息反馈法既包含了产品的价格信息，也考虑了产品质量因素，克服了单位价值法的局限性，但该方法仅考虑了企业需求层面因素，并没有考虑供给层面的影响，在使用固定效应回归时忽略了内生性问题，并且测算的出口产品质量无法跨时跨国比较；供给信息加总法同时考虑了供给和需求两个因素，使出口产品质量的测算更加精确，但是这种方法仅适用于宏观层面出口产品质量的测算，因此，在实际测算企业出口产品质量时，需要根据数据的可获得性选择合适的测算方法。

现有文献对出口产品质量的影响因素主要围绕需求因素、供给因素和其他因素进行研究。对出口产品质量的需求因素研究主要集中在出口国和进口国经济水平与收入分配方面。对出口产品质量的供给因素研究主要是对企业生产率、研发创新能力、要素密集度、中间品进口等因素进行了分析探讨。其他因素主要涵盖FDI、产业集聚、制度环境等对出口产品质量的影响。基于 OFDI 视角研究对出口产品质量的影响研究中，学者们主要从 OFDI 区位选择、投资动机、投资类型等视角展开，但仍存拓展空间。鉴于此，本书从 OFDI 视角出发，探究促进制造业企业出口产品质量提升的动力来源，尤其是从行业异质性、区位异质性、企业异质性角度较为全面地考察了不同类型 OFDI 对出口产品质量的影响。

在 OFDI 影响出口产品质量的机制研究中，学者们从技术反馈、产业升级、生产技术复杂度、研发创新等影响机制进行了检验，逐渐从宏观层面拓展至微观层面，但仍存在不足。已有研究在分析 OFDI 如何通过传导机制影响出口产品质量提升时仍以逻辑分析为主，采用文字论述。本书尝试将企业自主创新、产业集聚、全球价值链嵌入和中间品进口纳入同一框架，通过建立数理模型说明 OFDI通过自主创新效应、产业集聚效应、全球价值链嵌入效应和中间品进口效应促进出口产品质量提升的理论机制，更深入地揭示了企业 OFDI 对出口产品质量的影响机制。已有研究从不同投资动机视角分析了 OFDI 对出口产品质量的影响机理，本书在此基础上，进一步从企业投资动机和企业生命周期视角对影响机制进行中介效应检验，对影响机制的研究更加具体化。

3 对外直接投资影响出口产品质量的理论分析

本章主要基于相关理论分析对外直接投资是否影响及如何影响出口产品质量。首先，系统梳理了对外直接投资理论和国际贸易理论中有关出口产品质量的论述。其次，基于 Melitz（2003）企业异质性模型和 Anwar 和 Sun（2018）的方法，分析 OFDI 是否影响出口质量，并分析该影响在行业、区位和企业层面的异质性。最后，参考 Antoniades（2015）的方法，引入 Melitz 和 Ottaviano（2008）的内生质量选择模型，并放松 Bellone 等（2016）模型中关于成本函数的设定，将企业自主创新、产业集聚、全球价值链嵌入和中间品进口纳入同一分析框架，建立数理模型对传导机制如何影响出口产品质量进行数理推导，并对企业 OFDI 如何通过传导机制影响出口产品质量进行逻辑分析。

3.1 理论基础

对外直接投资如何影响本国出口产品质量是学者关注的重要问题。通过回顾和梳理对外直接投资理论和国际贸易理论中关于出口产品质量的相关论述，可以为接下来构建对外直接投资影响出口产品质量理论模型提供理论支撑。在回顾对外直接投资理论关于出口产品质量的论述中，主要围绕对外直接投资理论中关于技术水平和产业发展进行阐述；在梳理国际贸易理论关于出口产品质量的论述中，主要基于新贸易理论和新新贸易理论进行阐述。

3.1.1 对外直接投资相关理论回顾

国际直接投资理论有效解释了企业的对外直接投资行为，企业对外直接投资活动起源于发达国家，因此早期对外直接投资理论均基于发达国家视角阐述了 OFDI 与出口之间的关系。Hymer（1976）的垄断优势理论认为，市场的不完全性和垄断优势决定了企业是否进行对外直接投资。当市场不完全时，企业贸易成本上升导致利润下降，OFDI 企业可依靠其垄断优势进入东道国市场以获得高额利润。Vernon（1966）的产品生命周期理论认为，企业 OFDI 是伴随着产品生命周期进行的，是对企业出口贸易方式的替代。Buckley 和 Casson（1976）的内部化理论认为，信息不对称使得中间品难以有效进行交易，企业可通过 OFDI 将中间品交易内部化，以降低因信息不对称带来的交易成本，OFDI 企业在东道国生产替代母公司中间品出口，实现资源何理配置。Dunning（1977）的国际生产折衷理论认为，企业 OFDI 由自身所拥有的所有权优势、内部化优势和区位优势所决定，在国际生产折衷理论框架下，OFDI 与出口是相互替代关系。20 世纪 80 年代以后，发展中国家对外直接投资活动不断增加，传统 OFDI 理论不足以解释发展中国家对外直接投资行为，发展中国家 OFDI 理论的研究逐渐兴起，学者们从技术水平和产业发展等视角进行了阐述。

在早期对发展中国家 OFDI 理论研究中，部分学者尝试寻找发展中国家 OFDI 的优势。Wells（1983）的小规模技术理论认为，发展中国家（地区）具有小规模技术和低产品价格的特定优势，同样可以进行对外直接投资，但投资活动仅限于发展中国家（地区）之间，因此，小规模技术理论不适用于解释发展中国家（地区）向发达国家（地区）的投资行为。Lall（1983）在 Wells（1983）的基础上通过技术地方化理论进一步解释了发展中国家（地区）OFDI 行为，虽然发展中国家（地区）OFDI 企业在技术上呈现出规模小、劳动密集型和技术标准化的特点，但具有对引进技术消化吸收再创新的能力，从而可以形成竞争优势。

但是，现实中发展中国家并不是在具有 OFDI 优势后再进行对外投资，学者们认为发展中国家进行 OFDI 可能是为了改善母国技术水平和产业结构。Cantwell 和 Tolentino（1987）的技术积累理论从动态视角分析了发展中国家（地区）OFDI 技术溢出效应，发展中国家（地区）通过 OFDI 获取的技术积累有助于推进母国产业结构升级。在此基础上，Cantwell 和 Tolentino（1990）进一步提出了技术创新产业升级理论，认为发展中国家（地区）OFDI 具有阶段性特点，企业开展 OFDI 初期主要以周边国家为主，随着技术的不断积累，逐渐向发达国家（地区）进行直接投资，以获得更先进的技术，促使本国产业结构升级。Ozawa（1992）提出的一体化国际发展理论认为，各国经济发展水平之间具有科层结构，科层间知识和技术溢出成为后发国家突破自身发展困境的契机。发展中国家（地区）在进行对外直接投资时需要结合自身比较优势的动态变化，尽可能激发其比较优势。

在对外直接投资与产业发展的理论研究方面，Akamatsu（1935）通过对日本产业研究提出了"雁行产业发展形态说"，认为日本产业发展经历了"进口→当地生产+开拓出口→出口增长"阶段并呈周期循环。扩展至国际产业链转移，发达国家（地区）逐渐丧失原有比较优势后，往往将相对落后的产业以对外直接投资形式向欠发达国家（地区）转移，这些产业在欠发达国家（地区）仍保持相对比较优势，并将生产的产品反出口到发达国家(地区)。Kojima(1978)的边际产业理论认为一国进行 OFDI 应首先转移母国已经或者即将处于比较劣势的边际产业，这样可以使母国为新兴产业腾出发展空间，以此促进母国产业结构升级，进而改变母国出口产品结构和比较优势。

3.1.2　国际贸易相关理论回顾

国际贸易理论经历了传统贸易理论、新贸易理论和新新贸易理论三个阶段，研究焦点逐渐从产业间贸易、产业内贸易向产品内贸易过渡。亚当·斯密的绝对优势理论认为，各个国家之间贸易和分工的基础取决于劳动生产率的绝对差异。绝对优势理论解释了发达国家(地区)与发展中国家(地区)之间的贸易，但发达国家(地区)之间的贸易无法使用绝对优势理论解释。大卫·李嘉图的比较优势理论指出，一国可以专门生产并出口绝对劣势相对较小的商品，同时进口绝对劣势较大的商品，即两国的贸易基础是劳动生产率的相对差异。古典贸易理论认为国家间贸易和分工的基础是生产率和技术的差异性，但并未解释生产技术差异的原因。新古典经济学对生产技术差异进行了解释，赫克歇尔和俄林提出的 H-O 理论认为，要素禀赋是各国比较优势产生的原因和决定因素，要素禀赋差异使要素价格产生差异，导致两国贸易前相对商品价格不同，进而两国之间产生贸易。保罗·萨缪尔森在 H-O 理论基础上提出了要素价格均等定理，认为国际贸易会使各国同质劳动和资本获得相等的工资和收益，最终各国利率相同，导致相对要素价格和绝对要素价格相等，即国际贸易成为国际生产要素流动的替代品。1951年，瓦西里·列昂惕夫利用美国 1947 年和 1951 年进出口产品数据对 H-O 理论进行了检验，按照 H-O 理论的解释，美国属于资本密集型国家，应出口资本密集型商品，进口劳动密集型商品，但通过对美国进出口数据研究得出的结论恰好相反。这表明传统贸易理论对当代贸易模式的解释具有局限性。

(1)新贸易理论与出口产品质量

第二次世界大战以后，国际贸易环境发生了巨大变化，技术水平和要素禀赋相似的发达国家(地区)成为国际贸易的主体，而传统贸易理论不足以解释工业制成品的产业内贸易模式。Linder(1961)认为，需求偏好对国家间贸易规模具有重要影响，一国生产工业制成品用于满足国内需求，当生产达到一定规模后，该产品将会被出口到与该国需求偏好相似的国家。而一国需求结构受到人均收入水平的影响，发达国家(地区)人均收入水平较高，对高质量产品具有较强的需求偏好。但一国不能生产出满足该国需求偏好的所有高质量产品，需要从需求偏好相似的国家进口高质量产品，以满足本国消费需求，因此高质量产品在高收入水平的发达国家(地区)较为集中。Krugman(1981)认为,当存在规模经济时,若一国在生产某一行业产品上具有规模优势,生产成本较低,则该国在该产品上便具有比较优势。在动态外部规模经济条件下,生产成本取决于企业生产经验的积累,企业可以在生产实践过程中不断积累经验,使其产品质量不断提高,而其他企业可以通过模仿以提高自身产品质量,进而使整个行业平均生产成本下降,形成价格优势。

不同发展水平的国家(地区)之间同样存在产业内贸易。Grossman 和 Helpman(1991)将产品质量阶梯引入南北贸易模型对此现象进行了解释。北方国家具有较强的创新能力,而南方国家具有较强的模仿能力,若某产品可同时在南方国家和北方国家进行生产,则具有较强创新能力的北方国家所生产出的产品质量将高于南方国家。产品质量差异构成了质量阶梯,其长短由北方国家创新能力和南方国家模仿能力决定。消费者无论收入水平高低,均能从北方或南方国家购买到满足自身需求偏好的产品。北方国家和南方国家会因为市场争夺不断对产品进行创新—模仿—再创新—再模仿,产品质量不断提高。

(2)新新贸易理论与出口产品质量

传统贸易理论假设企业是同质的,这一假设虽然有利于对理论的研究,但也存在很大的问题,企业是否出口会因企业规模和生产率等因素存在明显的异质性特征。新新贸易理论在新贸易理论的基础上,将企业异质性纳入理论模型,以弥补传统贸易理论对企业微观领域研究的不足。Melitz(2003)在 Krugman(1981)垄断竞争模型和 Hopenhayn(1992)动态产业模型的基础上,将企业生产率差异纳入分析框架,构建了异质性企业贸易模型。在需求函数上,Melitz(2003)假定消费者偏好服从不变替代弹性(CES)函数,在生产函数上假定企业生产过程中只使用劳动单一生产要素,且固定生产成本相同。企业在生产过程中具有规模经济,即生产越多,企业单位生产成本越低,通过利润最大化和效用最大化求出均衡解后发现,生产率差异决定了企业是否从事出口贸易,高生产率企业从事出口贸易,而低生产率企业只能从事本土贸易或退出市场(Bellone et al.,2010)。同时,国际贸易使资源重新配置,高生产率企业获得资源更多,进一步提升了企业生产率。

异质性企业贸易理论认为若企业在国内拥有较大市场,其出口比例较低,而在国内拥有较小市场规模的企业出口比例较高,并且产品出口价格与地理距离负相关。但学者研究发现,企业出口价格与地理距离呈正相关(Baldwin and Harrigan,2011)。学者尝试将出口产品质量纳入异质性企业贸易模型来解释这一现象。Hallak 和 Sivadasan(2013)将企业生产率和产品质量生产能力纳入同一模型,并假定企业生产率一定时,产品质量生产能力越强,企业固定成本越低。研究结果发现，产品在国内销售对其质量没有最低要求，但若产品进行出口，则需要达到最低产品质量标准。在固定企业规模时，出口产品质量越高，其价格越高，企业在生产高质量产品的同时，愿意支付工人较高水平的工资，以保证高质量产品的生产。

3.2　对外直接投资影响出口产品质量的理论模型

本节在 Melitz(2003)、Anwar 和 Sun(2018) 的异质性企业模型基础上，讨论企业对外直接投资对出口产品质量的影响。

(1)需求与消费者偏好

假设两个国家之间存在贸易或者对外直接投资行为。由于消费商品具有差异性，对于消费者而言，他们可以消费异质性产品。同时，提供商品的生产商和消费商品的消费者均具有主观性，消费者对产品质量的主观评价影响了产品原本带来的效用。假设东道国代表性消费者的效用函数形式为不变替代弹性函数(CES)，在效用函数中引入异质性产品质量，消费者效用函数为：

$$U=\left[\int_{t\in\Omega}q(t)^{1-\rho}x(t)^{\rho}dt\right]^{\frac{1}{\rho}},\ \rho=\frac{\sigma-1}{\sigma},\ \sigma>1 \tag{3-1}$$

式中，t 表示消费商品种类，Ω 表示所有消费商品集合，q 和 x 分别表示消费品质量和数量，不同种类产品的替代弹性 $\sigma=\dfrac{1}{1-\rho}$，并且 $0<\rho<1$。产品的需求函数为：

$$x=qp^{\frac{1}{\rho-1}}\Phi \tag{3-2}$$

$$\Phi=\frac{Y}{\displaystyle\int_{t\in\Omega}p(t)^{\frac{\rho}{\rho-1}}q(t)dt} \tag{3-3}$$

式中，p 表示产品价格，q 表示产品质量，将产品质量引入模型，不仅可以对产品的耐用性和功能性等特点进行考察，还可以考察产品的外观设计等特点，Φ 表示综合市场潜力，Y 表示消费者收入。

(2)供给与企业生产行为

在垄断竞争市场中，生产企业面临三种经营方式：①生产企业经营对象为国内消费者，即只在本国进行生产销售，不具有出口行为；②生产企业将产品销售扩大到海外市场，即存在出口行为；③企业不仅进行出口贸易，而且对东道国进行 OFDI，以便于扩大市场，获取中间品与先进技术等。若企业只进行国内销售，则只需支付固定成本 f_D；若企业同时进行出口，则需额外支付固定成本 f_E；若企业同时进行 OFDI，则需额外支付固定成本 f_I，三种经营方式产生的固定成本之间的关系为 $f_I > f_E > f_D$（Helpman，2006；孙浦阳等，2020）。此外，企业进行出口贸易会产生冰山成本 τ，当企业向目的国出口一单位产品时，需要生产 $\tau > 1$ 单位产品。

除了固定成本和冰山成本外，企业在进行产品生产过程中还面临生产要素投入产生的可变成本。参考 Anwar 和 Sun（2018）的方法，假设企业可变成本函数为 $F(l) = Asl$，并假设技术进步是中性的，其中 A 表示企业技术水平，且 $A \geq 1$，由于企业 OFDI 具有逆向技术溢出效应，A 为企业 OFDI 的函数，$dA = dA(OFDI)$，$\frac{\partial dA}{\partial OFDI} > 0$。$l$ 代表劳动要素投入，s 代表平均劳动生产率。当企业未进行 OFDI 时 $A = 1$；当企业进行 OFDI 时 $A > 1$。当生产一单位产品时，企业的劳动投入为 $\frac{1}{As}$。假设企业工资率为 γ，冰山成本 τ 会影响国外市场需求进而影响企业成本，则企业生产产品的边际成本为：

$$MC = \frac{\tau\gamma}{As} \tag{3-4}$$

企业在进行产品生产过程中需要确定利润最大化时的产品质量和产品价格。在确定产品质量过程中，企业面临一种选择：一方面，根据产品需求函数，企业出口产品质量越高，出口需求越大；另一方面，生产高质量产品所需要求更高，会增加单位产品的边际成本，相关生产固定成本也就越高。假设生产高质量产品的固定成本是出口产品质量的二次函数，即 $f_F = \delta q^2$，其中 $\delta > 0$。

根据以上分析，企业进行产品出口的利润为：

$$\pi = (p - MC)x - f_D - f_E - f_I - f_F \tag{3-5}$$

将边际成本 MC 和固定成本 f_F 代入式（3-5）中可得：

$$\pi = \left(p - \frac{\tau\gamma}{As}\right)x - f_D - f_E - f_I - \delta q^2 \tag{3-6}$$

式中，π 为企业进行产品出口所获得的利润，p 为出口产品价格，当利润最大化时，可以得到最优出口产品价格，在获得最优产品价格后，企业即可获得利润最大化时的出口产品质量。将式（3-2）代入式（3-6）中，在均衡条件下，企业的最大利润为：

$$\max_{\{p\}} \pi = \left(p - \frac{\tau\gamma}{As}\right)qp^{\frac{1}{\rho-1}}\Phi - f_D - f_E - f_I - \delta q^2 \tag{3-7}$$

对价格 p 求偏导可得：

$$\frac{\partial \pi}{\partial p} = qp^{\frac{1}{\rho-1}}\Phi + \left(p - \frac{\tau\gamma}{As}\right)q\frac{1}{\rho-1}p^{\frac{1}{\rho-1}-1}\Phi = 0 \tag{3-8}$$

企业利润最大化时的产品最优价格为：

$$p^* = \frac{\tau\gamma}{A\rho s} \tag{3-9}$$

将式(3-9)代入式(3-7)中可得：

$$\max_{\{q\}}\pi = \left(\frac{\tau\gamma}{A\rho s} - \frac{\tau\gamma}{As}\right)q\left(\frac{\tau\gamma}{A\rho s}\right)^{\frac{1}{\rho-1}}\Phi - f_D - f_E - f_I - \delta q^2 \tag{3-10}$$

对产品质量 q 求偏导可得：

$$\frac{\partial \pi}{\partial q} = \left(\frac{\tau\gamma}{A\rho s} - \frac{\tau\gamma}{As}\right)\left(\frac{\tau\gamma}{A\rho s}\right)^{\frac{1}{\rho-1}}\Phi - 2\delta q = 0 \tag{3-11}$$

当利润最大化时企业生产最优产品质量为：

$$q^* = \frac{1}{2\delta}(1-\rho)\left(\frac{\tau\gamma}{\rho s}\right)^{\rho/\rho-1}\Phi A^{\frac{\rho}{1-\rho}} \tag{3-12}$$

式(3-12)反映了出口产品质量 q^* 与企业对外直接投资 A 的关系，对 A 求偏导可得：

$$\frac{\partial q^*}{\partial A} = \frac{\rho}{2\delta}\left(\frac{\tau\gamma}{\rho s}\right)^{\frac{\rho}{\rho-1}}\Phi A^{\frac{2\rho-1}{1-\rho}} > 0 \tag{3-13}$$

从式(3-13)可以看出，对外直接投资 A 与出口产品质量 q^* 之间呈正向变动关系，企业从事 OFDI 活动越多，对出口产品质量 q^* 的提升效果越明显。企业 OFDI 具有显著的逆向技术溢出效应，企业通过绿地投资、跨国并购和战略联盟等获取先进技术、机器设备和技术人员等资源，并通过贸易的方式转移至母公司，通过逆向技术溢出效应实现技术水平的提升，不仅可以弥补自身技术水平的不足，还可以有效缓解母国企业面临的资金压力，降低企业生产成本，促进企业出口产品质量的提升。

基于以上分析，本书提出以下假设：

H1：企业对外直接投资有助于出口产品质量的提升。

3.3 对外直接投资对出口产品质量的异质性影响理论分析

从 OFDI 影响出口产品质量的理论模型可以看出，OFDI 可以促进出口产品质量的提升，那么，OFDI 对出口产品质量的影响是否会因为异质性而产生差异？

为此，本节从行业异质性、区位异质性、企业异质性三个视角探讨对外直接投资对出口产品质量的不同影响。

3.3.1　行业异质性的影响

母国行业优势既是企业 OFDI 的动力来源之一，也是其维持竞争优势的重要支撑。行业规模对 OFDI 具有重要影响，行业规模优势可以成为企业 OFDI 可依赖的外部优势。同行业企业在原材料、技术、工艺方面具有共通性，行业内虽有竞争，但同时也存在沟通和联合，能够推动行业内企业向专业化协作发展。行业的规模化也会带动同行业企业的发展，先进企业能够通过技术扩散和技术转移间接影响同行业企业，使行业内企业在技术创新上培育和维持竞争优势。中国制造业行业在技术构成和要素密集度方面存在显著差异，高技术行业中企业知识和技术吸收与积累能力优于低技术行业的企业，高技术行业企业在规模和利润水平上有助于企业进行出口，而低技术行业由于行业属性限制，企业大幅提升技术水平的可能性较小，盲目从事出口或对外直接投资可能无法获得收益。另外，不同行业之间 OFDI 逆向技术溢出具有显著差别，中国制造业对外直接投资优势主要集中在少数装备制造和电子通信领域，OFDI 日益成为该类行业获取国际先进技术溢出的主要途径，对外直接投资所占比重越大，带来的技术外部性越强，若投资规模过小，则不利于先进技术的引进和使用，从而抑制对外直接投资的逆向技术溢出。

企业对外直接投资会受到母国行业要素禀赋结构的影响。企业要素密集度的不同会影响企业经营绩效和规模，若企业要素密集度与所从事行业要素密集度保持一致，并且与本国要素禀赋相契合，那么该企业与国外同要素密集度的企业相比便具有比较优势。同时，行业要素密集度很大程度上影响了中国企业是否从事出口，属于劳动密集型行业的企业在国外市场面临的竞争压力远小于国内市场，因此更倾向选择出口。行业要素禀赋不同，其 OFDI 动机具有显著差别，劳动密集型行业 OFDI 对寻求海外市场的动机要高于技术寻求，企业对获取逆向技术溢出的需求较小，因此劳动密集型行业 OFDI 对企业技术进步的影响较小，无法有效促进出口产品质量的提升，属于劳动密集型行业的企业应更多地进行以市场寻求为主的对外直接投资；而资本密集型行业 OFDI 以技术寻求为主，更容易获得逆向技术溢出。若行业获取逆向技术溢出的门槛较高，资本密集型行业 OFDI 跨过门槛则可促进企业技术升级，进一步将新技术运用到产品生产过程中，促进出口产品质量升级；但若资本密集型行业在贸易中处于低端锁定环节，难以跨过逆向技术溢出门槛，则可能会导致资本密集型行业技术升级受到抑制，不利于出口产品质量提升，因此属于资本密集型行业的企业应更多地进行以技术寻求为主的对外直接投资。

基于以上分析，本书提出以下假设：

H2：OFDI 对出口产品质量提升作用会因行业异质性而产生显著差异，不同行业要素禀赋差别较大，劳动密集型行业 OFDI 对出口产品质量的促进作用可能因为市场和技术因素低于资本密集型行业 OFDI 对出口产品质量的促进作用。

3.3.2　区位异质性的影响

（1）基于母国投资来源异质性

中国区域经济发展不平衡，地区差异会影响企业对外直接投资带来的收益。中国企业 OFDI 较早发生于东部沿海地区，在国内外政策的支持下，东部地区中如江苏、浙江、上海等地企业要比中部地区和西部地区企业更早从事对外直接投资活动。在"走出去"政策推动下，东部地区 OFDI 流量规模和增速均高于其他地区，加上东部地区研发经费支出比例较高，研发设施相对齐全，使得东部地区 OFDI 企业能够更多地吸收国外技术溢出，并运用到产品生产过程中。同时，制度环境特别是知识产权保护体系是影响 OFDI 企业吸收能力的重要因素。我国东部地区更加重视专利、商标的申请和审批工作，对外直接投资的知识溢出更显著，因而相比于中部地区和西部地区，东部地区 OFDI 更有助于出口产品质量的提升。中部地区和西部地区技术水平相对落后，处于技术瓶颈之下，但在政策冲击下，中部地区和西部地区 OFDI 对出口产品质量的提升效果会明显增强，例如，在西部大开发政策的影响下，西部地区市场机制不断完善，人才、资本的集聚提高了西部地区的吸收能力，对企业对外直接投资带来的逆向技术溢出得以更好地吸收，更能提升出口产品质量。

不同地区企业的出口情况也具有明显差别，中国制造业企业主要集中在东部地区，出口比重维持在87%以上，占有绝对优势，但中部地区和西部地区出口增长率高于东部地区①。虽然东部地区出口贸易水平较高，但生产成本逐渐增加，增长速度逐渐平缓，而中、西部地区增长空间较大，加上相对丰富的劳动力和土地资源，中、西部地区承接了东部地区部分出口企业的转移，因此中、西部地区出口额出现了较快增长。这一现象同样反映在出口产品质量上，作为中国发明专利申请和授权的主要地区，东部地区实际知识产权保护水平较高，对企业的创新

---

① 通过对本书使用数据进行统计，在样本期内，东部地区出口比重平均值为95.7%、中部地区为2.7%、西部地区为1.6%；东部地区出口增长率平均值为36.5%、中部地区为49.8%、西部地区为136.6%。

激励作用较强，企业出口产品质量较高；得益于西部大开发和中部崛起等战略的支持，和东部地区出口企业的向内转移，中、西部地区出口产品质量逐渐攀升。

(2)基于东道国(地区)投资区位异质性

对外直接投资企业对东道国区位选择在一定程度上体现了其投资策略和东道国投资环境。东道国经济发展水平会影响企业对外直接投资的区位选择，企业对发达国家(地区)的投资可以通过并购或设立研发中心的形式获取技术与管理经验，并且可以通过与东道国研发机构和高校等进行科研合作，加快企业研发速度。企业对发展中国家(地区)投资可以通过"边际产业"转移，改善企业资产配置，释放出沉淀的资本和劳动力生产要素，有助于优化资源配置，提高生产效率。同时，企业对发展中国家(地区)投资可以进行国际市场扩张，如对南非、智利和秘鲁等发展中国家(地区)的投资大多为资源寻求型OFDI，企业不仅可以获得满足国内生产需要的能源与矿产，同时子公司在东道国的资源开发带动了母国相关生产设备、零部件以及新技术的出口。对工业发展相对落后的国家来说，企业中间品的需求更大，母公司在资源寻求的同时，对这些资源丰富但工业落后的发展中国家(地区)提供中间品出口，以扩大国际市场。

投资企业的自身禀赋和风险偏好不同，对OFDI区位选择也会产生影响。企业向发达国家(地区)进行投资时会存在生产率阈值，高生产率企业通常具有较强的学习能力，企业在投资过程中不断积累国际投资经验，使其能够更加精准地收集东道国信息，并快速适应东道国市场环境，提高OFDI企业经营效率。部分研究发现，中国企业OFDI存在风险偏好，但这可能是东道国经济发展水平和资源禀赋差异造成的假象，企业向经济发展水平低但资源禀赋高的国家进行投资，往往伴随着较高的国家风险，为了提高投资收益，企业主动选择承担较高的东道国风险，如果控制东道国资本与资源禀赋后，企业OFDI区位选择的风险偏好不仅会消失，还会呈现出风险规避的特征(杨娇辉等，2015)。

东道国制度环境和资源禀赋亦会影响企业OFDI区位选择。东道国良好的制度环境能够为企业提供健全的市场机制和知识产权保护制度，减少企业经营过程中面临寻租等不确定性，有助于提升企业本地化经营效率。需要说明的是，并非所有OFDI企业都选择制度环境良好的国家进行投资。首先，当东道国资源禀赋为投资企业带来的收益能够弥补制度不健全带来的损失时，企业仍会选择这些国家(地区)进行投资；其次，丰富的国际投资经验会减少东道国制度环境对企业产生的不利影响，企业在不断的跨国经营中获取知识，积累投资经验，提升了自身抵御制度风险的能力，仍然能够有效地从东道国获取生产资源与产品市场。

基于以上分析，本书提出以下假设：

H3：OFDI 对出口产品质量的提升作用会因地区异质性而产生显著差异，母国不同地区间经济发展差异较大，企业 OFDI 行为具有明显区别，因而对出口产品质量的提升效果也会不同。

H4：OFDI 对出口产品质量的影响会因东道国经济发展水平、制度环境等因素而产生显著差异。

3.3.3 企业异质性的影响

传统 OFDI 理论在企业自身特定优势基础上分析了发达国家（地区）企业 OFDI 行为，随着发展中国家（地区）OFDI 活动的不断增加，学者发现发展中国家（地区）OFDI 与发达国家相比在竞争优势上存在较大差异（Dunning 等，1999）。与发达国家（地区）相比，即使发展中国家（地区）企业不具备垄断优势或所有权优势，但其跨国投资活动却日益频繁，这就需要我们突破传统框架思考支撑 OFDI 行为的企业优势。本书从企业所有制、生产率和要素密集度异质性视角进行异质性分析，以探究企业特征异质性对出口产品质量的影响。

（1）企业所有制异质性

中国 OFDI 呈现"国进民进"特征，即国有企业先进入东道国市场，通过示范效应、声誉效应和竞争效应影响民营企业进入。国有企业、民营企业和外资企业所面临的市场条件和社会目标不同，导致三者在 OFDI 上具有显著差异。国有企业 OFDI 可能更多地带有社会目标和政治因素，投资的东道国往往政治风险较高但自然资源丰裕，以保障国家发展需要，而对经济因素的考虑相对较少。国有企业在战略性资源的投资上具有垄断优势，若母国资源依赖程度较高，则国有企业受资金和技术资源的束缚较小，具备先天的政策和资金优势。这种优势实际上是一种补贴机制，其补贴大部分由政府和社会承担，因此国有企业更多地承担复杂和高成本项目的投资，经常从事高风险跨国并购。这也在一定程度上降低了其投资效率，也加剧了东道国的安全审查。

虽然民营企业在政策、融资和所有权方面处于相对劣势，但其能够灵活调整经营战略和产品策略，且相当一部分民营企业拥有"专精特新"的生产技术。民营企业体制相对灵活，且不容易遭到东道国限制（赵春明，2018）。较高的灵活性可以使民营企业对市场做出快速反应，并且具有较高的适应能力，以致民营企业 OFDI 项目逐年增多。民营企业 OFDI 具有明显的利益最大化动机，对社会目标和政治因素考虑较少，因而更多地追寻市场资源、技术与管理经验。另外，民营对外直接投资企业规模相对较小，因此可以承担的风险较小，对外投资行为一般符合传统企业行为，倾向于选择政治风险较低、制度环境较好的东道国进行投资。

但民营企业尤其是中小型民营企业存在着较为严重的融资约束问题，需要不断提高自身生产率，突破融资约束限制，进而开展对外直接投资活动。

外资企业进入中国市场后，在与国内企业进行竞争的同时，也从事着对外直接投资活动。与国有企业和民营企业相比，外资企业在技术和管理上具有一定的优势，市场竞争力较强，同时具有较小的融资约束。中国外资企业多为劳动密集型企业，其主要承担母公司生产加工环节，投资动机以寻求低成本的生产加工为主。但随着外资企业与国有企业和民营企业工资差距的不断缩小，不少外资企业难以有效吸引创新人才，进而可能对外资企业 OFDI 逆向技术溢出的有效吸收造成影响。

（2）企业生产率异质性

生产率高低决定了企业是否进行 OFDI 活动（Melitz，2003）。企业进行 OFDI 的固定成本高于出口，高生产率企业选择出口或者以 OFDI 的形式在东道国进行生产，或把生产环节外包给东道国企业，而低生产率企业选择在国内销售或退出市场。企业生产率越高，其 OFDI 的概率越大，投资规模也越大，企业越倾向于进行技术寻求型 OFDI，进一步提高企业创新能力。另外，高生产率企业在 OFDI 模式选择上更青睐于跨国并购，这可能是因为高生产率企业管理组织能力更强，对并购后的资产整合能力较强，整合成本较低，并且融资劣势较小，使得高生产率企业更倾向于选择跨国并购。

但是，中国低生产率企业同样进行着 OFDI。首先，东道国收入水平高低会影响的投资决定，低收入水平国家进入门槛较低，导致部分低生产率企业到这些国家进行投资。其次，这一现象与中国企业 OFDI 动机有关，对于获取东道国先进技术或品牌等战略资产的投资企业，往往具有较高的生产率；但对于在东道国设立分支机构以从事批发零售和中介服务等 OFDI 企业，其生产率可能较低。同样，已有大量文献证明中国出口企业存在"生产率悖论"，即与非出口企业相比，出口企业生产率均值并没有显著高于非出口企业，甚至低于非出口企业。那么这些较低生产率的出口企业进行 OFDI，也会存在"生产率悖论"。

（3）企业要素密集度异质性

企业要素密集度决定了对外直接投资类型和出口产品的要素密集度（Bernaed et al.，2007）。如果母国企业是劳动密集型的，那么该企业投资类型为劳动密集型 OFDI，出口产品也为劳动密集型产品；如果母国企业是资本密集型的，那么该企业投资类型为资本密集型 OFDI，出口产品也为资本密集型产品。劳动密集型企业对新技术的应用较低，更多地使用传统成本优势和非技术优势，因此劳动密集型 OFDI 企业的创新能力较弱。而资本密集型企业具有知识和技术密集的特征，更加接近技术前沿，企业 OFDI 对技术的获取动机更强烈，更容易引发母国企业进行创新。并且，资本密集型企业可以通过出口提高企业的创新能力并促进企业经营绩效的增长，而劳动密集型企业出口对企业的创新能力提升和经营绩效增长不具有促进作用（黄先海等，2018）。

基于以上分析，本书提出以下假设：

H5：企业自身特征会影响其对外直接投资选择，对出口产品质量促进作用会因企业所有制、生产率和要素密集度异质性而产生差异。

3.4 对外直接投资对出口产品质量的影响机制分析

通过上文微观层面数理推导可以发现，企业 OFDI 有利于出口产品质量的提升。OFDI 在对出口产品质量直接发挥作用的同时，还能够通过自主创新效应、产业集聚效应、全球价值链嵌入效应和中间品进口效应等传导机制对出口产品质量产生提升效应。本节首先对传导机制对出口产品质量的影响进行数理推导，其次对企业 OFDI 如何通过传导机制影响出口产品质量提升进行分析（见图 3-1）。

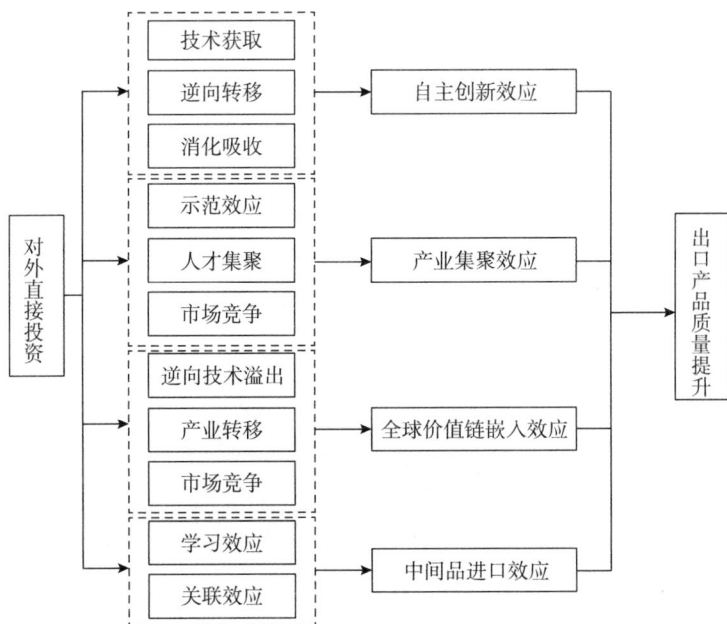

图 3-1　对外直接投资影响出口产品质量提升的传导机制

3.4.1　理论模型

本书在 Antoniades（2015）的基础上，引入 Melitz 和 Ottaviano（2008）的内生质

量选择模型，构建包含企业自主创新、产业集聚、全球价值链嵌入和中间品进口的一般均衡模型。在需求方面，Antoniades（2015）认为，效用函数既包括消费者对产品数量的需求，也包括行业内对产品质量的需求；在供给方面，参考 Shaked 和 Sutton（1983，1990）的方法，将企业对产品质量的选择认定为所需支付的内生成本。假设消费者效用函数为：

$$U = q_0^c + \alpha \int_0^N q_i^c di + \beta \int_0^N (q_i^c z_i) di - \frac{1}{2} \gamma \int_0^N (q_i^c)^2 di - \frac{1}{2} \eta \left\{ \int_0^N q_i^c di \right\}^2 \quad (3-14)$$

式中，下标 i 代表消费品的种类，q_0^c 和 q_i^c 分别为传统消费品和工业消费品数量，z_i 为企业出口产品质量，系数 α 和 η 为传统消费品和工业消费品之间的替代弹性，β 衡量消费者对产品质量的偏好，γ 衡量工业消费品之间的替代弹性，且系数 α、β、γ 和 η 均大于0，N 为产品的总数量。

反需求函数可以表示为：

$$p_i = \alpha - \gamma q_i^c + \beta z_i - \eta Q^c \quad (3-15)$$

式中，$Q^c = \int_0^N \left(q_i^c - \frac{1}{2} z_i \right) di$，代入反需求函数式（3-15）得：

$$p_i = \alpha - \gamma q_i^c + \beta z_i - \eta \int_0^N q_i^c di + \frac{1}{2} \eta \int_0^N z_i di \quad (3-16)$$

令：$\bar{p} = \frac{1}{N} \int_0^N p_i di$ 代表产品的平均价格，$\bar{z} = \frac{1}{N} \int_0^N z_i di$ 代表平均产品质量，并对式（3-16）两边同时求积分：

$$\int_0^N q_i^c di = \frac{N\alpha}{\gamma + N\eta} + \frac{\gamma N \bar{z}}{\gamma + \eta N} + \frac{\frac{1}{2} N^2 \eta \bar{z}}{\gamma + \eta N} - \frac{N \bar{p}}{\gamma + \eta N} \quad (3-17)$$

将式（3-17）代入式（3-16），并引入市场规模 L，得出总需求函数：

$$q_i = L q_i^c = \frac{\alpha L}{\eta N + \gamma} - \frac{L}{\gamma} p_i + \frac{L\beta}{\gamma} z_i + \frac{\eta NL}{\eta N + \gamma} \bar{p} - \frac{\eta NL\beta}{\eta N + \gamma} \bar{z} \quad (3-18)$$

从式（3-18）可以发现，需求量与产品质量之间存在线性关系。

其次，借鉴 Bellone 等（2016）的模型假定，成本函数在产品质量上是严格的凸函数，并引入企业自主创新因素，设定成本函数为：

$$TC_i = q_i c_i + q_i \delta z_i + \theta_i (z_i)^2 \quad (3-19)$$

其中，$q_i c_i$ 表示产品的可变成本，$q_i \delta z_i$ 表示企业生产过程中质量改进成本，$\theta_i (z_i)^2$ 表示企业固定成本，系数 θ_i 衡量了企业提升出口产品质量的自主创新能力，并且与企业创新能力成反比，θ_i 越小，企业自主创新能力越强。

对于企业可变成本来说，首先，集聚程度影响了企业可变成本。假定企业使用单一劳动力进行产品生产，不同企业之间生产率 φ_i 具有显著差异，企业在 k 地区 j 行业的聚集程度 ρ_{kj} 反映了产业集聚水平，企业可通过产业集聚降低生产经营成本。在经济活动集聚区，企业之间分工密切，产生规模效应使得企业生产成本降低，在空间上，产业集聚使得企业间交流更频繁，降低了企业收集信息的成本，并通过企业间技术溢出提高企业生产效率，使得 $\partial\varphi_i/\partial\rho_{ki}>0$，进而影响企业的可变成本。其次，企业可变成本会受到全球价值链嵌入的影响。企业边际成本会随着产品种类增加而增加(Mayer et al.，2014)，企业多产品与成本之间的关系为 ϖ^{-m}，其中 m 为企业产品多样性，$\varpi>1$。假定企业可变成本随着企业全球价值链嵌入，企业拥有稳定的国际贸易网络，交易成本和信息收集等成本会降低，全球价值链嵌入引致的学习效应和竞争效应使得企业出口产品质量的提升(尹斯斯和高云舒，2020)。最后，企业可变成本会受到中间品进口的影响。中间品作为制造业企业最主要的投入变量，中间品进口本身就是企业固定投入效率 ξ_i 的体现(马述忠和吴国杰，2016)。综合上述考虑，本书将企业成本函数设定为：

$$TC_i = q_i c_i \frac{w\varpi^{-m}}{\xi_i\varphi_i\rho_{kj}} + q_i\delta z_i + \theta_i(z_i)^2 \qquad (3-20)$$

式中，w 代表工资水平，z_i 为企业出口产品质量，θ_i 衡量了企业自主创新能力，ρ_{kj} 反映了产业集聚水平，m 衡量了企业全球价值链嵌入程度，ξ_i 衡量了企业中间品进口程度。

企业利润函数表示为：

$$\pi_i = \left(p_i - c_i\frac{w\varpi^{-m}}{\xi_i\varphi_i\rho_{kj}} - \delta z_i\right)q_i - \theta(z_i)^2 \qquad (3-21)$$

企业将产品价格设定为对给定出口产品质量提升水平的边际成本的增加，将企业进入和退出之间的边际成本阈值设为 c_D，企业成本 $c_i\dfrac{w\varpi^{-m}}{\xi_i\varphi_i\rho_{kj}}$ 的取值范围 $[0, c_D]$，如果 $c_i\dfrac{w\varpi^{-m}}{\xi_i\varphi_i\rho_{kj}}\geqslant c_D$，那么企业不运营。当企业边际成本为 c_D 时，企业利润为 0，$q(c_D)$ 为 0。将式(3-18)代入式(3-21)，当企业利润 π_i 为 0 时，解得企业边际成本为：

$$c_D = \frac{\alpha\gamma}{\eta N+\gamma} + \frac{\eta N}{\eta N+\gamma}\bar{p} - \frac{\eta N\beta}{\eta N+\gamma}\bar{z} \qquad (3-22)$$

根据 Melitz 和 Ottaviano(2008)的设定，本书将以下指标表示为 c_i、c_D、z_i 的函数：

$$p_i(c_i, z_i) = \frac{1}{2}\left[c_D + c_i\frac{w\varpi^{-m}}{\xi_i\varphi_i\rho_{kj}}\right] + \frac{1}{2}(\beta+\delta)z_i \qquad (3-23a)$$

$$q_i(c_i, \ z_i) = \frac{L}{2\gamma}\left[c_D - c_i\frac{w\varpi^{-m}}{\xi_i\varphi_i\rho_{kj}}\right] + \frac{L}{2\gamma}(\beta-\delta)z_i \qquad (3-23\text{b})$$

$$\pi_i(c_i, \ z_i) = \frac{L}{4\gamma}\left[\left(c_D - c_i\frac{w\varpi^{-m}}{\xi_i\varphi_i\rho_{kj}}\right) + (\beta-\delta)z_i\right]^2 - \theta z_i^2 \qquad (3-23\text{c})$$

企业进行最优质量选择，根据利润最大化原则，将式(3-23c)对产品质量 z 进行求导可得：

$$z_i^* = \frac{L(\beta-\delta)}{4\theta\gamma - L(\beta-\delta)^2}\left(c_D - c_i\frac{w\varpi^{-m}}{\xi_i\varphi_i\rho_{kj}}\right) \qquad (3-24)$$

最终，求出企业出口产品质量与自主创新能力(θ_i)、产业集聚水平(ρ_{kj})、全球价值链嵌入程度(m)以及企业中间品进口程度(ξ_i)之间的关系。为保证企业出口产品质量 $z_i^* > 0$，需保证等式右边>0。当企业成本 $c_i\frac{w\varpi^{-m}}{\xi_i\varphi_i\rho_{kj}} < c_D$ 时，企业才能在市场上运营，因此 $c_D - c_i\frac{w\varpi^{-m}}{\xi_i\varphi_i\rho_{kj}} > 0$；当市场规模 $L > 0$ 时，只有分子 $L(\beta-\delta)$ 和分母 $4\theta\gamma - L(\beta-\delta)^2$ 同号才能保证企业出口产品质量 $z_i^* > 0$。因此，本书参考 Antoniades(2015)的方法，设定 $\beta > \delta$，且 $4\theta\gamma > L(\beta-\delta)^2$。将式(3-24)分别对自主创新能力($\theta$)、产业集聚水平($\rho$)、全球价值链嵌入程度($m$)以及企业中间品进口程度($\xi$)求导可得：

$$\frac{\partial z^*}{\partial \theta} = \frac{-4L\gamma(\beta-\delta)}{[4\theta\gamma - L(\beta-\delta)^2]^2}\left(c_D - c_i\frac{w\varpi^{-m}}{\xi_i\varphi_i\rho_{kj}}\right) < 0 \qquad (3-25)$$

$$\frac{\partial z^*}{\partial \rho} = \frac{L(\beta-\delta)}{4\theta\gamma - L(\beta-\delta)^2}c_i\frac{w\varpi^{-m}}{\xi_i\varphi_i\rho_{kj}^2} > 0 \qquad (3-26)$$

$$\frac{\partial z^*}{\partial \xi} = \frac{L(\beta-\delta)}{4\theta\gamma - L(\beta-\delta)^2}c_i\frac{w\varpi^{-m}}{\xi_i^2\varphi_i\rho_{kj}} > 0 \qquad (3-27)$$

$$\frac{\partial z^*}{\partial m} = \frac{L(\beta-\delta)}{4\theta\gamma - L(\beta-\delta)^2}c_i\frac{w\varpi^{-m}}{\xi_i\varphi_i\rho_{kj}}\ln\varpi > 0 \qquad (3-28)$$

通过式(3-25)可以发现，$\frac{-4L\gamma(\beta-\delta)}{[4\theta\gamma - L(\beta-\delta)^2]^2} < 0$，$c_D - c_i\frac{w\varpi^{-m}}{\xi_i\varphi_i\rho_{kj}} > 0$，$\frac{\partial z^*}{\partial \theta} < 0$，企业自主创新能力($\theta$)与出口产品质量($z^*$)成反向变动，$\theta$ 越小表明企业自主创新能力越强，企业越容易克服创新成本促进出口产品质量提升；式(3-26)、式(3-27)、式(3-28)分别为出口产品质量与产业集聚水平(ρ)、全球价值链嵌入程度(m)以及企业中间品进口程度(ξ)之间的关系，从一阶求导结果来看，$\frac{L(\beta-\delta)}{4\theta\gamma - L(\beta-\delta)^2} > 0$，$0 < c_i\frac{w\varpi^{-m}}{\xi_i\varphi_i\rho_{kj}^2} < c_D$，$\ln\varpi > 0$。因此，产业集聚水平、全球价值链嵌入以及中间品进口

与出口产品质量呈正向变动关系，表明企业出口产品质量随着产业集聚水平、全球价值链嵌入以及中间品进口程度的提高而提高。

3.4.2　自主创新效应

从数理模型推导可以看出，企业自主创新能力越强，对出口产品质量的提升作用越大。企业在对外直接投资过程中，通过技术获取、逆向转移和消化吸收获得自主创新效应，进而影响出口产品质量提升。

首先，企业主要通过绿地投资、跨国并购、研发合作形式进行对外直接投资，这三种投资形式均能在不同程度上实现技术获取。中国企业绿地投资涉及行业通常具有明显的技术创新特征。企业在绿地投资过程中，可接触到大量东道国企业的产品、技术信息与先进研发资源，从而有助于获取东道国企业研发技术溢出，通过对这些研发技术的模仿与学习，提升子公司的技术水平。同时，绿地投资为企业使用东道国人力资源提供了便利，企业通过聘请东道国高技术人员从事研发活动，提高企业研发效率，实现技术能力的提升。企业进行绿地投资通常伴随着较高的研发投入，而研发投入是影响子公司吸收技术溢出的重要因素，在企业创新过程中具有至关重要的作用，通过不断的研发投入，子公司自身知识和技术积累不断增强，逐渐向技术前沿靠拢。此外，绿地投资通常具有投资成本高、投资周期长的特点，因此投资风险相对较高，跨国公司在国外面临着激烈的竞争环境，如果不进行技术升级，很可能落入低利润水平竞争，这会迫使跨国公司加强研发投入，倒逼企业不断进行技术创新。

若母国企业与东道国竞争对手相比研发能力较弱或者具有明显的技术劣势，则跨国并购往往成为企业获取竞争资源的有效手段。为了应对国际市场环境变化和全球竞争加剧，中国企业"走出去"早期主要以并购为主，相比于绿地投资，这种方式可以更快地抢占东道国市场，并且进入新技术行业的速度更快。首先，技术获取型跨国并购可以有效打破东道国技术壁垒，直接获取先进技术。与绿地投资相比，跨国并购获取技术失败的风险更小，企业通过跨国并购直接获取东道国企业内部核心技术与管理模式，有效降低了通过绿地投资提升技术水平的时间与投入成本。其次，通过生产型企业跨国并购，母国企业可以融入到东道国企业的产品生产环节，参与上游生产与下游销售活动。东道国产业链前后关联，使得跨国企业必须达到东道国各项生产销售标准，以此倒逼跨国企业对产品技术进行升级。子公司的产品高技术标准会刺激母公司不断提高自身技术水平，进而提升自主创新能力。

对于技术相对落后的企业来说，通过 OFDI 嵌入全球创新网络，在合作研发过程中获得技术与管理经验，是提升企业创新能力的有效路径。全球创新网络是跨国公司主导下的一种新的创新形态，企业通过 OFDI 主动融入全球创新网络，以便更广泛地获得丰富的国际化知识与创新资源，通过研发人员交流与合作，传递先进技术与思想，激发企业创新动力，帮助企业更好地获取和整合外部知识与研发资源，提升企业自主创新能力。2000 年，全球发明专利中个人和团队比例均约为 50%；2010 年，个人发明占 38.7%，团队协作发明占 61.3%；2017 年，协作创新的比例高达 67.7%，个人发明则下降到了 32.3%①。后发企业通过 OFDI 融入全球创新网络，更便于展开探索式创新，实现关键技术的突破。与绿地投资和跨国并购相比，研发合作在技术转移上需分阶段进行转移，海外企业在研发合作过程中通过跨国公司内部知识转移和母公司创新网络，实现与母国企业的知识互动，提高了母国企业产品质量。

其次，东道国子公司将通过绿地投资、跨国并购或研发合作获得的研发创新成果反馈至母公司，实现研发成果的逆向转移。在这一阶段，母公司与跨国子公司之间通过内部人员的跨国流动、技术培训等方式，凭借既定的公司内部渠道，将先进技术、知识以及管理经验转移至母公司，以及传播到其他子公司，提升跨国公司整体自主创新能力。若企业通过跨国并购进行投资，则企业可以直接使用并购企业的研发团队与资源，以及参与并购企业原本建立的上下游企业技术合作渠道，获得技术支持，降低交易成本，并通过公司内部渠道向母公司进行转移。相比于技术获取阶段，逆向转移阶段相对容易，且所需时间较短。

最后，母公司通过组织研发咨询与培训，对子公司逆向转移的先进技术、知识以及管理经验进行消化吸收，并在此基础上进行二次研发或自主创新活动。吸收能力决定了母公司是否能够将逆向转移的技术或管理经验"全盘接收"，并充分利用到企业自主创新过程中。这说明仅通过 OFDI 实现技术获取和逆向转移是不够的，企业自身必须具备将技术吸收的能力，例如，母公司研发投入不足将会制约企业对转移技术的吸收(李梅，2010)。若企业吸收能力较差，则会弱化企业 OFDI 自主创新能力。只有拥有较强的吸收能力，才能充分将研发成果与管理经验运用到产品生产阶段，实现产品质量的提升。

基于以上分析，本书提出以下假设：

H6：对外直接投资可以通过自主创新效应促进出口产品质量的提升。

3.4.3 产业集聚效应

企业对外直接投资可对母国要素禀赋产生影响，能够有效缓解国内企业资

---

① 笔者根据江小涓教授在珠江国际贸易论坛发表主旨演讲时提及的统计数据整理所得。

源供给不足，降低要素投入成本（Ramasamy et al.，2012）。企业通过对外直接投资获取东道国企业研发技术溢出，并将其转移回母公司，使母公司逐渐形成创新资源积累。通过对创新资源的吸收转化，母公司生产高质量产品，引起母国同类企业的模仿和上下游企业的配套产品升级，围绕母公司的产业集聚由此形成。OFDI 引发的产业集聚效应使得集聚区内产生规模经济，从而降低企业交易成本，提升企业生产效率。母公司通过 OFDI 逆向技术溢出实现自身技术水平提升，同样也会通过正向技术溢出带动集聚区内企业技术水平的提升。OFDI 母公司为集聚区企业提供示范效应，集聚区企业通过获得的技术溢出产生模仿效应，企业之间相互合作，既能够为不同企业人才交流提供交流通道，又能够降低企业信息搜寻成本，促进企业研发。为将新技术转化为新产品，提高生产规模，OFDI 母公司将带动集聚区内上、下游相关企业的配套生产，促使集聚区内企业市场不断扩大。集聚区内同一行业企业的大规模集聚，为中间品企业提供了巨大市场，拥有丰富中间品种类的企业为集聚区生产企业提供可使用的中间品，提高了中间品使用质量，有助于集聚区企业降低生产成本，提高企业生产效率。

同时，OFDI 的产业集聚效应可以使得人力资本形成集聚。随着 OFDI 企业在东道国规模的扩大，母公司对金融、法律以及税务等相关人员的需求增加，尤其是对先进技术的吸收需要大量高技术水平人员。母公司为了加强与子公司的联系，以及保证自身具有足够的吸收能力，需要集聚大量高技能劳动力。集聚区内上、下游企业为了对核心企业提供生产与配套服务，同样需要大量劳动力，大量人力资本在集聚区内形成集聚。同行业劳动力的集聚，提升了劳动力供需的匹配效率，满足了企业用人需求，提高了企业生产效率。

但是，OFDI 带来的产业集聚效应有可能引起集聚区内企业的过度竞争。由于集聚区内企业行业差异较小，生产所使用的要素投入与产品差异较小，在狭小空间上可能存在过度竞争，从而阻碍出口质量升级。在要素市场上，企业在一定地理范围内大规模集聚，容易受到资源、要素约束，可能造成集聚企业生产成本的增加，利润的缩减，影响企业研发投入。在产品市场上，集聚区的过度竞争会造成企业之间相互争夺市场，引发低价策略等恶意竞争，损害市场秩序，破坏研发环境，导致研发投入降低，无法有效促进出口产品质量的提升。因此，OFDI 产业集聚效应对出口产品质量提升的作用程度取决于产业集聚效应带来的规模经济与过度竞争之间的大小，若规模经济大于过度竞争，则OFDI 产业集聚效应有助于出口产品质量的提升，反之可能抑制出口产品质量的提升。

基于以上分析，本书提出以下假设：

H7：对外直接投资可以通过产业集聚效应促进出口产品质量的提升，但提升效果可能较小。

3.4.4 全球价值链嵌入效应

从模型推导可以看出，全球价值链嵌入可以带动出口产品质量的提升。企业利用对外直接投资实现全球价值链高端嵌入，通过 OFDI 逆向技术溢出、产业转移和市场竞争，促进出口产品质量提升。

首先，通过 OFDI 逆向技术溢出，提高企业全球价值链嵌入位置。发达国家（地区）因其先发优势占据"微笑曲线"的高端环节，在不断研发创新的同时，对中下游企业实行技术封锁，主导全球价值链的形成与改变。OFDI 具有的逆向技术溢出可以有效打破发达国家（地区）技术壁垒，提高企业在全球价值链中的位置。通过 OFDI 实现全球价值链的高端嵌入，可有效提升企业的研发水平，在对全球价值链上游国家投资过程中，企业能够近距离接触东道国研发机构，获得更多的技术扩散渠道，通过上游企业技术溢出，促进企业新产品研发，缩小与发达国家（地区）的技术差距。OFDI 企业将嵌入全球价值链上游获得的先进技术运用到下游产品生产，提升出口质量。

其次，通过产业转移，企业可释放沉淀资本与劳动力，并重新进行资源配置，提高企业的资源配置效率。企业通过 OFDI 将边际产业进行转移，这些产业在国内处于相对劣势，而在国外仍有发展机遇。通过转移边际产业，可有效优化国内要素配置，促进国内产业结构升级，集中发展高新技术产业，提高企业全球价值链嵌入位置，带动企业高新技术产品生产和出口。母国边际产业转移的东道国多数为发展中国家（地区），其本身产业相对落后，具有产业升级的需求，母国边际产业在这些国家能够延伸生命周期。这不仅使母国摆脱了丧失比较优势的产业，促使国内资源配置向高新产业倾斜，提高企业全球价值链嵌入位置，也使得东道国比较优势得到提升。对于产能过剩产业的转移，仍是以相对落后的产业为主，整体或部分转移到产业落后的发展中国家（地区）。产能供过于求，降低了企业资源配置效率，通过对外直接投资，将过剩产能转移至具有较高市场潜力的东道国，在优化国内资源配置效率的同时，也有效缓解了东道国供给不足问题。

最后，通过市场竞争，倒逼 OFDI 企业向全球价值链高端嵌入。OFDI 企业在扩大市场的同时，也面临着与东道国企业和其他国家投资企业的竞争，只有不断提升竞争力，企业才能保住在市场和全球价值链中的地位。OFDI 企业在市场竞争中会对企业利润造成影响，若不能及时做出调整，提高资源配置效率，可能会存在退出市场的风险。在东道国经历市场竞争的 OFDI 企业，通常具有较高的技术创新能力和管理能力，对母国企业起到了示范效应，倒逼企业进行技术升级，改变技术生产水平，提高出口产品质量。

基于以上分析，本书提出以下假设：

H8：对外直接投资可以通过全球价值链嵌入效应促进出口产品质量的提升。

3.4.5 中间品进口效应

企业 OFDI 与进口存在互补关系(Kojima，1978)，企业进行 OFDI 降低了对进口中间品的搜寻成本。随着中国经济发展水平的提高，国内企业对中间品进口的需求越来越大。通过对外直接投资，企业可以深入了解当地市场，获得更多的海外信息，为母国企业寻找合适的高质量中间品供应商，使母国企业在生产最终产品时使用高质量的进口中间品，有利于母国企业降低对进口中间品的信息搜寻成本。对于东道国生产企业来说，为了扩大市场规模，东道国企业更倾向于向 OFDI 企业提供高质量中间品，以此提高自身在世界市场上的竞争力。当国外具备生产中间品的优势时，一些企业会选择以 OFDI 方式在当地直接生产，然后返销回母公司。母公司通过进口子公司中间品，降低了企业对中间品的收集成本与交易成本，企业可以将额外资金用于产品的研发创新，促进最终产品的质量升级，提高企业销售收益。

对外直接投资企业通过学习效应和关联效应促进中间品进口。首先，发达国家(地区)生产技术水平较高，其生产的中间品质量较高，包含了发达国家(地区)先进生产技术信息和质量信息。企业以技术为靶心在发达国家(地区)开展 OFDI，而中间品往往代表先进生产技术，OFDI 企业通过学习效应获得先进生产技术或中间品，母国企业将中间品进口到国内，运用到产品生产过程中，在一定程度上提升了企业的生产效率，有助于出口产品质量提升。其次，企业通过 OFDI 与东道国生产链企业建立联系，关联效应使企业可以寻找更好的中间品供应渠道，为母国搜寻高质量进口中间品，并增加母国企业进口中间品种类。进口中间品种类的增加会降低中间品进口价格，使得母国企业进口中间品时缩减成本，间接扩大了企业研发投入。关联效应使得母国企业可以快速搜寻进口中间品，先于非对外直接投资企业掌握国外先进技术，以此激发企业创新动力，促进出口产品质量的提升。

由此，结合理论模型并基于以上分析，本书提出假设：

H9：对外直接投资可以通过中间品进口效应促进出口产品质量的提升。

3.5 本章小结

本章主要从理论方面研究了OFDI对出口产品质量的影响及作用机制。首先，在对OFDI影响出口产品质量相关理论进行梳理后，基于Melitz(2003)、Anwar和Sun(2018)的异质性企业模型，从理论上分析了企业OFDI对出口产品质量的影响。其次，结合本书使用数据特点，从行业差异、区位差异、企业异质性三个角度分析了企业OFDI对出口产品质量的异质性影响。最后，借鉴Antoniades(2015)、Melitz和Ottaviano(2008)的内生质量选择模型，将企业自主创新、产业集聚、全球价值链嵌入和中间品进口纳入同一分析框架，建立数理模型对传导机制如何影响出口产品质量进行数理推导，并对企业OFDI如何通过传导机制影响出口产品质量进行逻辑分析。本章理论分析主要得到以下结论：

第一，企业进行OFDI有利于出口产品质量的提升。将OFDI引入Melitz(2003)、Anwar和Sun(2018)的异质性企业模型，假定生产成本函数中技术水平提升是由OFDI带来的，进行数理推导后发现，OFDI与出口产品质量呈正向变动关系，企业从事对外直接活动越多，越有助于出口产品质量提升。

第二，OFDI对出口产品质量的影响存在异质性差异。结合本书使用数据特点，从行业差异、区位差异、企业异质性三个角度分析了企业对外直接投资对出口产品质量的异质性影响。①基于行业差异，本书认为不同行业之间OFDI逆向技术溢出具有显著差别，高技术行业中企业知识和技术积累优于低技术行业的企业，因此高技术行业OFDI对出口产品质量的提升效果更好。②基于区位差异，本书认为母国不同地区间经济发展差异较大，企业OFDI行为具有明显区别，因而对出口产品质量的提升效果也会不同；企业OFDI对出口产品质量的影响会因东道国经济发展水平、制度环境等因素而产生显著差异。③基于企业异质性差异，本书认为国有企业OFDI政治因素较大，民营企业OFDI企业经营较为灵活，具有较高的适应能力，而外资企业在技术和管理上具有一定的优势，相比之下，民营企业和外资企业更能通过OFDI提升出口质量；生产率越高的企业更有可能进行OFDI，从而提升自身出口质量；劳动密集型企业对新技术的应用较低，更多地使用传统成本优势和非技术优势，而资本密集型企业具有知识和技术密集的特征，更容易引发母国企业的创新，有助于出口产品质量的提升。

第三，OFDI通过自主创新效应、产业集聚效应、全球价值链嵌入效应和中间品进口效应促进出口产品质量的提升。基于Antoniades(2015)、Melitz和Ottaviano(2008)的内生质量选择模型，本书构建了包含企业自主创新、产业集聚、全球价值链嵌入和中间品进口的一般均衡模型，通过数理推导发现四个机制与出口产品质量的提升呈正向变动关系。进一步理论研究发现，OFDI 对自主创新的影响主要通过东道国技术获取、逆向转移和消化吸收来实现，进而通过自主创新效应促进出口产品质量的提升；基于 OFDI 形成的产业集聚通过示范效应、人才集聚与市场竞争提升出口质量，但过度集聚会弱化提升效果；OFDI 对企业全球价值链嵌入的影响主要体现在通过逆向技术溢出、产业转移和市场竞争实现全球价值链位置的上移，提升出口质量；OFDI 对中间品进口的影响主要体现在通过学习效应获得先进生产技术或中间品、通过关联效应寻找高质量中间品，以此激发企业创新动力，促进出口产品质量的提升。

4 对外直接投资与出口产品质量的测算及特征事实

要研究 OFDI 对出口产品质量的影响，首先需要对其进行精准的测度，并分析中国企业 OFDI 和出口产品质量的特征事实。本章利用 2000~2013 年中国工业企业数据库、中国进出口海关数据库和境外投资企业（机构）名录匹配数据，对制造业企业 OFDI 总体情况、行业分布、投资来源、投资区位、投资企业异质性进行事实分析①。在 Khandelwal 等（2013）的"KSW"方法基础上测算了企业层面出口产品质量，并根据测算结果从行业层面、地区层面、东道国层面和企业异质性层面进行事实比较分析。

4.1 对外直接投资的特征事实

4.1.1 总体对外直接投资特征事实

本书使用的 OFDI 数据主要来源于中国商务部统计的境外投资企业（机构）名录数据库，该数据库主要包含跨国公司境内投资主体名称、境外投资企业（机构）名称、投资东道国、经营范围（如贸易销售、研发加工、资源开采等）、子公司成立日期等信息。然而，该数据库并没有本研究所需要的相关企业数据（如固定资产、从业人数、政府补贴、企业年龄、企业规模等）和相关出口数据，并且本书研究样本同时需要包含未进行 OFDI 的企业。为此，本书根据境外投资企业（机构）名录数据库中境内投资主体名称，与 2000~2013 年中国工业企业数据库和中国进出口海关数据库匹配数据（具体数据处理过程见第 5 章）进行匹配，最终获得制造业 OFDI 企业 2924 家，投资东道国（地区）125 个，OFDI 项目 8156 个。

随着中国 2001 年加入 WTO，中国企业面临的国际贸易和投资壁垒逐渐减弱，国际投资环境逐渐改善。2002 年，中国正式将"走出去"战略写入党的十六大报

---

① 囿于数据的可获得性，目前使用的数据只截止到 2013 年。

告，伴随着中央和各地政府陆续出台的相关政策措施，中国 OFDI 从 2003 年开始呈现"爆发式"增长。从表 4-1 和图 4-1 可以看出，OFDI 流量由 2003 年的 28.5 亿美元增长至 2008 年的 559.1 亿美元，增加约 20 倍。受 2008 年全球金融危机影响，2009 年中国 OFDI 较 2008 年仅增加 6.2 亿美元。从 2010 年开始，中国 OFDI 规模逐渐恢复增长态势。2010~2013 年，OFDI 年均增速约 16%。从中国 OFDI 主体和项目个数来看，2000~2002 年，OFDI 企业个数从 17 家增长至 41 家，项目个数由 20 个增长至 69 个，增速较为缓慢。2003 年开始，中国 OFDI 企业和项目个数迅速增加，2006 年 OFDI 企业数量突破 1000 家，投资企业从 2003 年 61 家增加至 2013 年的 4747 家，增幅约 78 倍，投资项目由 2003 年的 80 个增加至 2013 年的 5692 个，年均增速高达 53%。

表 4-1　对外直接投资数据匹配情况

年份	境外投资企业(机构)名录			匹配后数据		
	投资主体	东道国(地区)	项目数	投资主体	东道国(地区)	项目数
2000	17	12	20	0	0	0
2001	21	14	21	3	3	4
2002	41	39	69	4	2	4
2003	61	44	80	11	9	11
2004	196	56	223	25	18	28
2005	806	105	945	150	44	154
2006	1055	105	1195	261	54	266
2007	1138	118	1349	410	61	431
2008	1261	105	1455	671	85	687
2009	1367	131	1650	696	81	706
2010	1655	126	2058	733	81	747
2011	3236	141	3902	1385	91	1417
2012	4025	156	4813	1693	102	1703
2013	4747	151	5692	1985	108	1998

资料来源：笔者根据商务部境外投资企业(机构)名录、工业企业数据库和中国进出口海关数据库整理所得。

4.1.2　分行业对外直接投资特征事实

根据样本匹配数据，本书对 26 个二分位制造业行业对外直接投资进行了统

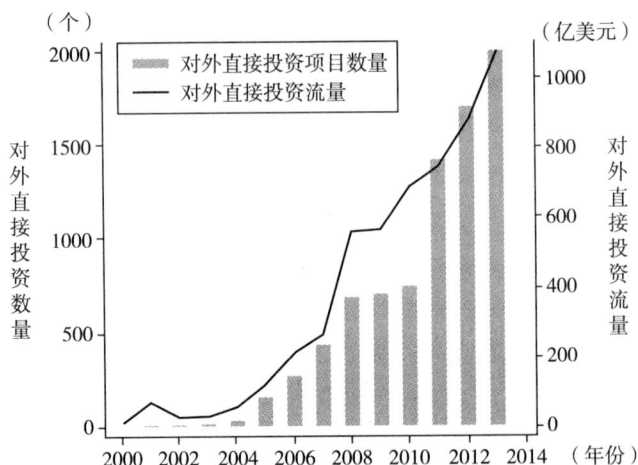

图4-1 中国企业对外直接投资变化趋势图

资料来源：对外直接投资项目数量根据境外投资企业(机构)名录、工业企业数据库和中国进出口海关数据库整理所得，其中对外直接投资流量源于历年对外直接投资统计公报。

计分析。表4-2为2000~2013年中国OFDI企业行业分布和各行业OFDI项目数量，由于数据在匹配过程中存在缺失问题，导致有些行业存在某年度OFDI项目数缺失情况，故本书在计算项目均值时统计的为各行业存在对外直接投资年份的平均值。

表4-2 2000~2013年CIC2位码制造业行业对外直接投资

行业名称(代码)	企业数	占比(%)	项目总数	项目均值
农副食品加工业(13)	61	2.0862	133	15
食品制造业(14)	20	0.6840	39	7
饮料制造业(15)	15	0.5130	51	6
纺织业(17)	316	10.8071	1020	93
纺织服装、鞋、帽制造业(18)	151	5.1642	486	44
皮革、毛皮、羽毛(绒)及其制品业(19)	93	3.1806	308	34
木材加工及木竹、藤棕、草制品业(20)	43	1.4706	72	9
家具制造业(21)	54	1.8468	145	15
造纸及纸制品业(22)	21	0.7182	56	6
印刷业和记录媒介的复制(23)	29	0.9918	68	8
文教体育用品制造业(24)	48	1.6416	144	16
化学原料及化学制品制造业(26)	148	5.0616	372	31

行业名称(代码)	企业数	占比(%)	项目总数	项目均值
医药制造业(27)	76	2.5992	199	22
化学纤维制造业(28)	24	0.8208	61	7
橡胶制品业(29)	36	1.2312	75	8
塑料制品业(30)	101	3.4542	289	29
非金属矿物制品业(31)	60	2.0520	156	16
黑色金属冶炼及压延加工业(32)	56	1.9152	149	15
有色金属冶炼及压延加工业(33)	20	0.6840	36	5
金属制品业(34)	124	4.2408	376	38
通用设备制造业(35)	195	6.6689	507	51
专用设备制造业(36)	321	10.9781	910	83
交通运输设备制造业(37)	190	6.4979	550	46
电气机械及器材制造业(39)	298	10.1915	765	77
通信设备、计算机及其他电子设备制造业(40)	312	10.6703	842	65
仪器仪表及文化、办公用机械制造业(41)	112	3.8304	347	35

资料来源：笔者根据样本匹配数据整理所得。

从表4-2可以看出：专用设备制造业OFDI企业数量占比最大，约为11.0%；其次是纺织业，OFDI企业数量占比10.8%；饮料制造业OFDI企业数量占比最低，仅为0.5%。参考沈能等(2014)对制造业要素密集度分组可以看出，技术密集型行业(行业代码为26、27、35、36、37、39、40、41)OFDI企业数量占比最大，为56.5%，OFDI项目总数为4492个。从图4-2投资项目均值排序来看，除纺织业外，位于均值前五的专用设备制造业等四个行业均属于技术密集型行业；劳动密集型行业(行业代码为13、14、15、17、18、19、21、22、23、24)OFDI企业数量占比27.6%，OFDI项目总数2450个，但其中近一半为纺织业对外投资项目，除纺织业外，食品制造业等四个行业OFDI年均项目不足10个；资源密集型行业(行业代码为29、30、31、34)和资本密集型行业(行业代码为20、28、32、33)OFDI企业数量占比相对较小，分别为11.0%和4.9%，对外直接投资项目分别为896个和318个。比较发现技术密集型OFDI企业逐渐成为中国OFDI主力军，劳动密集型行业次之，资源获取并非企业进行对外直接投资的主要动机，而资本密集型行业OFDI较少，行业内平均投资项目总数仅80个，这可能与企业划分标准和样本期间中国资本密集型企业相对较少有关。

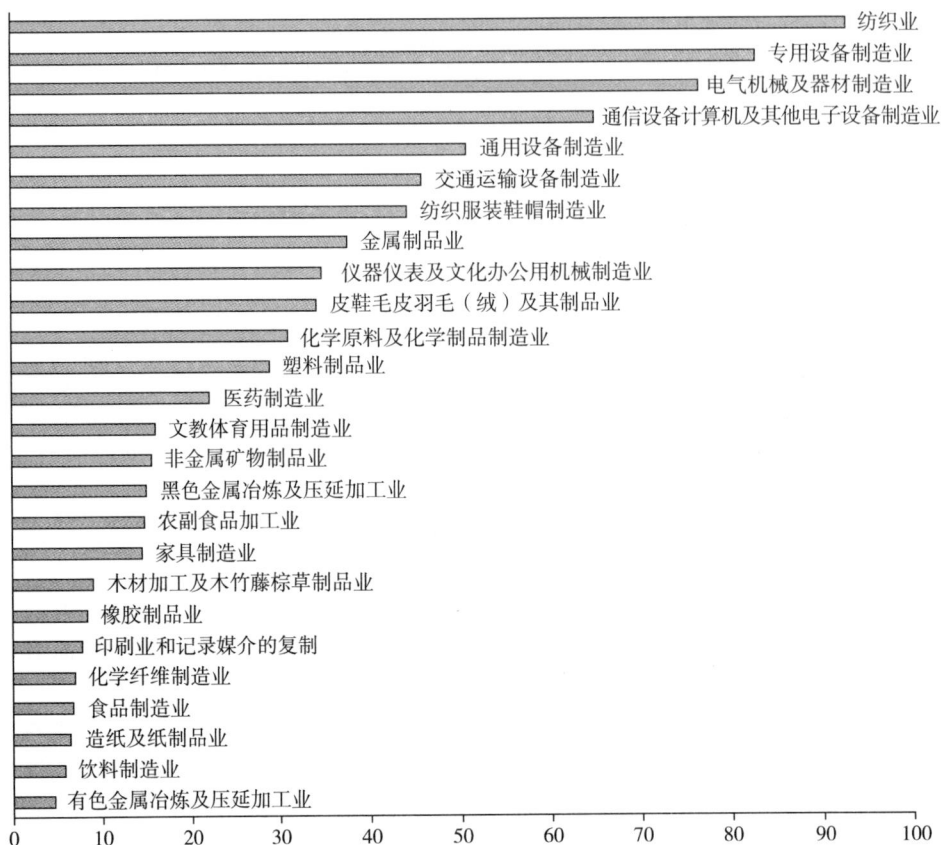

图4-2 2000~2013年中国制造业行业对外直接投资项目数均值排序

资料来源：笔者根据样本匹配数据整理所得。

4.1.3 分区位对外直接投资特征事实

(1)基于母国投资来源特征事实

表4-3清晰地反映了2000~2013年中国对外直接投资项目来源在各个地区的分布情况，为了便于比较，本书将对外直接投资项目按地区进行汇总。东部地区OFDI相对较高，其中浙江、广东和江苏投资项目总额均超过1000个，东部沿海地区具有明显的地理优势，开放程度较高，制度环境相对较好，使得东部地区OFDI显著高于其他地区。中部地区的湖南和安徽投资项目总数超过100个，其他省份和整个西部地区OFDI项目均相对较少，改革开放以来各地方政府高度重视招商引资，增加地方就业机会，而忽视了对外直接投资对地方经济的"反哺"作用，进而导致中西部地区政府对企业对外直接投资配套设施和政策支持相对较

少，企业缺少对外投资动力（洪俊杰等，2016），中西部地区应该抓住"一带一路"机遇，扩大对外直接投资。根据表4-3从城市群①的角度看，对外直接投资项目总数最多的是以上海为中心的长三角城市群，对外直接投资项目总数占比接近统计样本的一半；以广州、深圳为中心的珠三角城市群和以北京为中心的京津冀城市群次之；以武汉为中心的长江中游城市群和以郑州为中心的中原城市群对外直接投资项目总数略少；以成都、重庆为中心的成渝城市群和以西安为中心的关中平原城市群对外直接投资项目总数占比较小，尤其关中平原城市群，对外直接投资项目总数占比不到1%。长三角城市群和珠三角城市群地理位置优越，多为沿海城市，且处于对外开放前沿，具有较好的区位条件。而长江中游城市群、中原城市群、成渝城市群和关中平原城市群地处中西部地区，对外直接投资起步较晚，投资动力不足，具有较大的对外直接投资潜力。

表4-3　2000~2013年中国各省份（地区）及城市群对外直接投资情况

省份（地区）	项目总数	占比（%）	排名
浙江	2966	36.3659	1
广东	1075	13.1805	2
江苏	1060	12.9966	3
山东	780	9.5635	4
上海	319	3.9112	5
福建	252	3.0898	6
辽宁	218	2.6729	7
河北	209	2.5625	8
北京	179	2.1947	9
天津	129	1.5817	10
广西	57	0.6989	20
海南	9	0.1103	27
东部地区	**7253**	**88.9284**	
湖南	120	1.4713	11
安徽	108	1.3242	12
江西	93	1.1403	13
河南	92	1.1280	14

① 根据2018年国务院发布的《中共中央　国务院关于建立更加有效的区域协调发展新机制的意见》，将我国分为七大城市群，由于工业企业数据库不包括港澳数据，因此将粤港澳大湾区改为珠三角城市群。

省份(地区)	项目总数	占比(%)	排名
湖北	83	1.0177	16
吉林	59	0.7234	17
黑龙江	59	0.7234	18
内蒙古	15	0.1839	24
山西	14	0.1717	25
中部地区	**643**	**7.8838**	
重庆	85	1.0422	15
四川	59	0.7234	19
陕西	49	0.6008	21
新疆	19	0.2330	22
云南	18	0.2207	23
宁夏	14	0.1717	26
甘肃	8	0.0981	28
贵州	6	0.0736	29
青海	2	0.0245	30
西部地区	**260**	**3.1878**	

按城市群划分

城市群	项目总数	占比(%)	排名
长三角城市群	4005	49.1050	1
珠三角城市群	987	12.1015	2
京津冀城市群	535	6.5596	3
长江中游城市群	221	2.7097	4
中原城市群	188	2.3051	5
成渝城市群	131	1.6062	6
关中平原城市群	50	0.6130	7

资料来源:笔者根据样本匹配数据整理所得。

(2)基于东道国(地区)投资区位特征事实

图 4-3 和表 4-4 反映了样本期间中国 OFDI 东道国(地区)分布情况,结合图表发现,中国 OFDI 在区位分布上存在极大的不平衡性。在 OFDI 流向的 125 个国家(地区)中,投资主要分布在亚洲地区,项目总数占比高达 53.5%,而流向大洋洲和南美洲 OFDI 均不到 3%。OFDI 项目排名前 30 的国家和地区投资总数占 OFDI 项目总数的 88%(见图 4-3)。

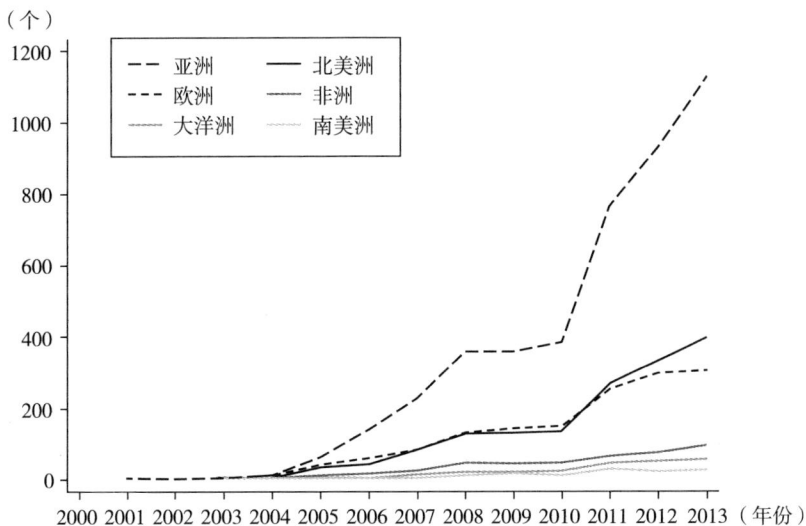

图 4-3　2000~2013 年对外直接投资区位洲际分布图

资料来源：笔者根据样本匹配数据整理所得。

不仅如此，从表 4-4 中可以看出，在单个地区，对外直接投资分布也存在集聚性。例如，在亚洲的投资中，45% 的 OFDI 流向了中国香港；流向北美洲的投资中，84% 流入了美国；流向欧洲的投资中，47% 流入了德国和俄罗斯。产生这种集聚性的原因有两种：首先，地理距离、文化背景和避税等优势，使得中国香港成为企业 OFDI 的首选之地；其次，流向美国、德国和俄罗斯等发达国家（地区）不仅有利于扩大海外市场，而且可以学习发达国家（地区）先进技术和管理经验。

表 4-4　2000~2013 年制造业对外直接投资项目排名前 30 国家或地区

东道国（地区）	项目总数	占比（%）	排名
中国香港	1970	24. 1540	1
阿联酋	431	5. 2845	3
越南	314	3. 8499	5
日本	256	3. 1388	7
韩国	196	2. 4031	9
印度	153	1. 8759	10
泰国	131	1. 6062	14
新加坡	105	1. 2874	15
马来西亚	101	1. 2384	16
印度尼西亚	93	1. 1403	17

续表

东道国(地区)	项目总数	占比(%)	排名
柬埔寨	81	0.9931	20
土耳其	81	0.9931	20
中国台湾	58	0.7111	24
老挝	43	0.5272	29
亚洲	**4363**	**53.4944**	
美国	1299	15.9269	2
加拿大	150	1.8391	11
英属维尔京群岛	42	0.5150	30
北美洲	**1549**	**18.9922**	
德国	408	5.0025	4
俄罗斯	278	3.4085	6
英国	147	1.8024	12
意大利	137	1.6797	13
法国	88	1.0790	19
荷兰	76	0.9318	22
西班牙	60	0.7357	23
乌克兰	53	0.6498	26
匈牙利	47	0.5763	28
欧洲	**1465**	**17.9622**	
尼日利亚	92	1.1280	18
南非	52	0.6376	27
非洲	**423**	**5.1864**	
澳大利亚	203	2.4890	8
大洋洲	**231**	**2.8323**	
巴西	55	0.6744	25
南美洲	**125**	**1.5326**	

资料来源：笔者根据样本匹配数据整理所得。

在样本期间制造业对外直接投资项目排名前30的国家和地区中，14个属于亚洲，投资占比53.5%；3个属于北美洲，投资占比19.0%；9个属于欧洲，投资占比18.0%；2个属于非洲，投资占比5.2%；大洋洲和南美洲各1个，分别投资占比2.8%和1.5%。从排名前30的国家和地区来看，发达国家(地区)占17个，投资项目占比76.7%；发展中国家(地区)占13个，投资占比23.3%。从总体静态数据上来看，中国对外直接投资更倾向于投向发达国家(地区)。

表4-5反映了不同划分标准下中国企业OFDI区位选择的动态比较。从环比增长率来看，2010年以前，中国企业OFDI区位选择更倾向于发达国家（地区）和OECD国家。2011年开始，对外直接投资投向共建"一带一路"国家项目总数超过投向OECD国家。从计算数据可以发现，2003～2007年（金融危机前）发达国家（地区）和OECD国家对外直接投资项目增长率均高于共建"一带一路"国家，2008～2013年（金融危机后）共建"一带一路"国家投资增长率反超发达国家（地区）和OECD国家投资增长率，表明中国企业OFDI区位逐渐转向共建"一带一路"国家。

表4-5　制造业对外直接投资项目分区位动态比较

年份 不同区位	2002~ 2003	2004~ 2005	2006~ 2007	2008~ 2009	2010~ 2011	2012~ 2013	2003~ 2007	2008~ 2013	2010~ 2013
发展中国家（地区）	1.0000	4.2667	0.2027	0.1513	1.7705	0.1646	21.2500	3.1255	2.8288
发达国家（地区）		4.7692	1.1441	-0.0529	0.3363	0.1844	83.3333	1.1154	0.9341
OECD国家		4.5000	0.7767	0.0719	0.9108	0.1177	25.1429	1.8345	1.5096
非OECD国家	0.0000	4.5000	0.5215	-0.0024	0.8868	0.2124	61.0000	1.9584	1.7945
"一带一路"国家	2.5000	6.1111	0.0083	0.0851	1.8810	0.1739	16.2857	3.4894	3.0190
非"一带一路"国家	1.0000	3.7368	1.1233	0.0060	0.5121	0.1728	76.5000	1.3126	1.1490

资料来源：笔者根据样本匹配数据整理所得。

4.1.4 分企业异质性对外直接投资特征事实

为进一步揭示制造业企业对外直接投资差异，本书根据不同企业异质性进行比较分析，将企业按不同所有制、生产率差异、不同要素密集度、不同投资动机进行划分。图4-4为2000～2013年异质性企业对外直接投资项目数变化趋势图，具有以下特点：

第一，从所有制类型来看，民营企业和外资企业OFDI呈现逐年高速增长趋势，而国有企业OFDI始终相对平缓。民营企业增长速度最快，年均增长率高达73.5%；其次是外资企业，年均增长率62.3%；国有企业最低，年均增长率仅为31.1%。民营企业是中国"走出去"不可忽视的力量。

第二，从生产率水平来看，无论是低生产率企业还是高生产率企业[①]，其对外直接投资均呈现逐年上升趋势。从对外直接投资项目数量来看，高生产率企业对外直接投资始终高于低生产率企业，但低生产率企业投资年均增速73.1%，高

---

① 本书按照劳动生产率中位数将样本分为低生产率企业和高生产率企业。

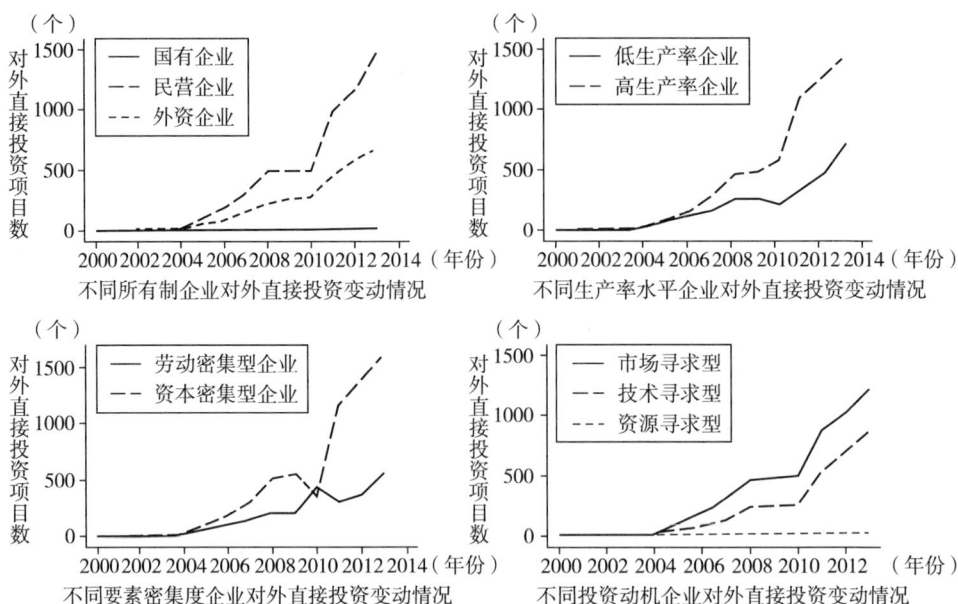

图4-4 2000~2013年异质性企业对外直接投资项目数变化趋势

资料来源：笔者根据样本匹配数据整理所得。

于高生产率企业的67.4%，这种趋势在2010~2013年更加明显，年均增长率相差近20%，表明我国低生产率企业从事对外投资活动步伐逐渐加快。

第三，从企业要素密集度来看，2004年以前，劳动密集型企业和资本密集型企业①OFDI增速均相对平缓，且投资数量相差不大，2005~2008年劳动密集型企业OFDI和资本密集型企业OFDI均高速增长，年均增速分别为50.1%和71.8%。受金融危机影响，2009年资本密集型企业OFDI锐减，2010年劳动密集型企业对外直接投资项目总数首次超过资本密集型企业，但经过短暂调整后，资本密集型企业在2010年后呈现急速增加态势，2013年资本密集型企业对外直接投资较2010年增加了4.7倍。

第四，从企业投资动机来看，市场寻求型和技术寻求型企业OFDI呈现逐年递增趋势，资源寻求型企业OFDI增速较缓②。2004~2013年，市场寻求型OFDI

---

① 本书按照企业要素密集度中位数将样本分为劳动密集型企业和资本密集型企业，其中企业要素密集度=企业固定资产净值/企业从业人员数量。

② 本书参考葛顺奇和罗伟(2013)、毛其淋和许家云(2014b)的方法，按经营范围将OFDI企业分为市场寻求型、技术寻求型和资源寻求型，其中市场寻求型OFDI指子公司在东道国从事贸易、销售等活动，技术寻求型OFDI指子公司在东道国从事产品技术研发、生产加工等活动，资源寻求型OFDI指子公司在东道国从事资源开采等活动。

和技术寻求型 OFDI 年均增速分别为 61.0% 和 61.1%，两者增速基本保持一致。资源寻求型 OFDI 在样本期内相对较少，项目总数仅 84 个，平均每年投资数量不到 10 个，表明中国企业对外直接投资动机主要以市场寻求和技术寻求为主。

4.2 出口产品质量的特征事实

4.2.1 出口产品质量的测算与特征事实

在微观层面企业出口产品质量的测算方法中，Khandelwal 等（2013）的需求信息回归推断法（KSW 方法）使用最为广泛。本书同样使用"KSW 方法"测算企业层面的出口产品质量。从产品需求层面来看，假定 t 时期 m 国消费 g 产品的效用函数为 CES 形式的效用函数：

$$U_{mt}^g = \Big[\sum_{i=1}^{N_{gt}} \big(z_{imt}^g q_{imt}^g \big)^{\frac{\sigma_g - 1}{\sigma_g}} \Big]^{\frac{\sigma_g}{\sigma_g - 1}} \tag{4-1}$$

式中，z_{imt}^g 代表 i 企业 g 产品在 t 时期出口到 m 国的出口产品质量，q_{imt}^g 代表 i 企业 g 产品在 t 时期出口到 m 国的出口产品数量，σ_g 代表不同产品种类之间的替代弹性，N_{gt} 代表 t 时期进行 g 产品出口的企业总数，对 g 产品的反需求函数为：

$$P_{mt}^g = \sum_{i=1}^{N_{gt}} \big(p_{imt}^g \big)^{1-\sigma_g} \big(z_{imt}^g \big)^{\sigma_g - 1} \tag{4-2}$$

式中，P_{mt}^g 为进口国 m 在 t 时期的 g 产品价格指数，m 国在 t 时期对 g 产品消费的总支出 I_{mt}^g 为：

$$I_{mt}^g = \sum_{i=1}^{N_{gt}} \big(p_{imt}^g \big)^{1-\sigma_g} \big(q_{imt}^g \big)^{\sigma_g - 1} \tag{4-3}$$

则 m 国在 t 时期对 i 企业生产的 g 产品的需求为：

$$q_{imt}^g = \big(p_{imt}^g \big)^{-\sigma_g} \big(z_{imt}^g \big)^{\sigma_g - 1} \big(I_{mt}^g / P_{mt}^g \big) \tag{4-4}$$

由于测算出口产品质量为产品层面，因此删除角标 g，对式（4-4）两边同时取对数：

$$\ln q_{imt} = \ln I_{mt} - \ln P_{mt} - \sigma \ln p_{imt} + \varepsilon_{imt} \tag{4-5}$$

式中，$\ln I_{mt} - \ln P_{mt}$ 为虚拟变量，$\ln p_{imt}$ 为企业 i 在 t 时期对 m 国出口的产品 g 的价格，残差项 $\varepsilon_{imt} = (\sigma - 1) \ln z_{imt}$，用来衡量企业 i 在 t 时期对 m 国的出口产品质量。因此，企业 g 产品在 t 时期出口到 m 国的产品质量为：

$$quality_{imt} = \ln \hat{z}_{imt} = \frac{\hat{\varepsilon}_{imt}}{\sigma - 1} \tag{4-6}$$

对式（4-5），本书参考 Fan 等（2015）、刘宏等（2020b）的方法，在对进口国经济指标 P_{mt}^g 和 I_{mt}^g 的选取上，对年份和产品类别进行固定后，加入进口国 GDP 和 CPI、与中国的地理距离 $dist_m$、是否与中国为同一文化圈（c_d）（虚拟变量，中文为第二语言取值为 1，否则为 0）、出口企业所在省份 GDP。考虑到产品质量与价格之间会存在内生性问题，本书参考王永进和施炳展（2014）、宋跃刚和郑磊（2020）的方法，使用 i 企业在 t 时期对 m 国之外的其他市场出口产品平均价格，作为企业在 m 国的出口价格工具变量，最终出口产品质量测算的模型为：

$$\ln q_{imt} = \alpha_1 \ln p_{imt} + \alpha_2 \ln gdp_{mt} + \alpha_3 \ln cpi_{mt} + \alpha_4 \ln dist_m + c_d + \quad (4-7)$$
$$\alpha_5 \ln market_{it} + \mu_{mt} + \mu_g + \varepsilon_{imt}$$

式中，gdp_{mt} 和 cpi_{mt} 分别表示 m 国 t 时期的 GDP 和 CPI，$market_{it}$ 表示企业 i 所在省份 t 时期的 GDP，μ_{mt} 和 μ_g 分别为年份和产品类别固定效应。对出口产品质量进行标准化处理后得到标准化方程为：

$$rquality_{imt} = \frac{quality_{imt} - minquality_{imt}}{maxquality_{imt} - minquality_{imt}} = \frac{\hat{\varepsilon}_{imt} - \min\hat{\varepsilon}_{imt}}{\max\hat{\varepsilon}_{imt} - \min\hat{\varepsilon}_{imt}} \quad (4-8)$$

式中，$\max\hat{\varepsilon}_{imt}$ 和 $\min\hat{\varepsilon}_{imt}$ 分别为式（4-7）的残差项 ε_{imt} 的最大值与最小值。标准化后出口产品质量介于 [0，1] 之间，按照式（4-8）进行加总，得到企业层面的出口产品质量：

$$quality_{it} = \left(value_{imt} \Big/ \sum_{imt \in \Omega} value_{imt} \right) \times rquality_{imt} \quad (4-9)$$

式中，Ω 表示样本集合，$value_{imt}$ 表示企业 i 在 t 时期对 m 国出口同类产品的价值量。

表 4-6 反映了 2000~2013 年企业层面出口产品质量测算情况，对海关数据库进行整理后，最终得到 2000~2013 年 319408 家企业的 26509238 个样本，平均出口产品质量为 0.7207。出口企业呈现逐年增加趋势，历年企业出口产品质量标准差和中位数变化幅度较小，表明中国企业层面出口产品质量结构变化幅度较小。

表 4-6　2000~2013 年企业层面出口产品质量估计结果

年份	样本数	企业数	平均值	标准差	中位数
2000	648059	42029	0.7075	0.1174	0.7167
2001	761876	46022	0.7126	0.1190	0.7259
2002	949376	52090	0.7145	0.1146	0.7256

年份	样本数	企业数	平均值	标准差	中位数
2003	1167337	61663	0.7153	0.1214	0.7328
2004	1423384	72794	0.7132	0.1239	0.7325
2005	1545440	98429	0.7174	0.1265	0.7361
2006	2009760	101494	0.7251	0.1231	0.7455
2007	1898507	108410	0.7211	0.1246	0.7422
2008	1895263	119053	0.7232	0.1241	0.7424
2009	1992819	127150	0.7234	0.1237	0.7447
2010	2334749	138957	0.7217	0.1277	0.7445
2011	2336345	135866	0.7111	0.1234	0.7314
2012	3453325	160660	0.7308	0.1202	0.7499
2013	4092998	163151	0.7227	0.1167	0.7334
总体	26509238	319408	0.7207	0.1222	0.7387

图 4-5 为样本匹配后，2000~2013 年中国企业出口产品质量变化趋势。从图中可以看出，无论使用两阶段最小二乘法（*quality_2sls*）还是普通最小二乘法（*quality_ols*），企业出口产品质量在样本期间均呈现波动上升趋势，且二者仅存在微小偏误。2000~2004 年，企业出口产品质量呈现快速增长趋势，中国 2001 年加入 WTO 以后，国际贸易环境逐渐改善，贸易壁垒的减少和出口政策的支持，在一定程度上促进了出口产品质量的上升。2004~2006 年，中国企业出口产品质量进入"V"型快速调整阶段，受全球金融危机影响，2007~2011 年中国企业出口产品质量呈现波动调整阶段，原因可能是中国企业受到中间品进口等负面供给冲击，导致出口产品质量下降，但 2011 年后重新进入快速增长阶段。

4.2.2 分行业出口产品质量特征事实

在考察了中国企业整体出口产品质量变化趋势后，为进一步分析不同行业出口产品质量变化趋势，本书对 26 个二分位制造业行业出口产品质量进行统计分析（见表 4-7），并绘制了行业出口产品质量均值排序（见图 4-6）。从表 4-7 和图 4-6 中的出口产品质量均值来看，各行业出口产品质量均值在 0.6693~0.7622，出口产品质量排序从高到低依次为技术密集型行业、资本密集型行业、劳动密集型行业和资源密集型行业。资本密集型和技术密集型行业出口产品质量

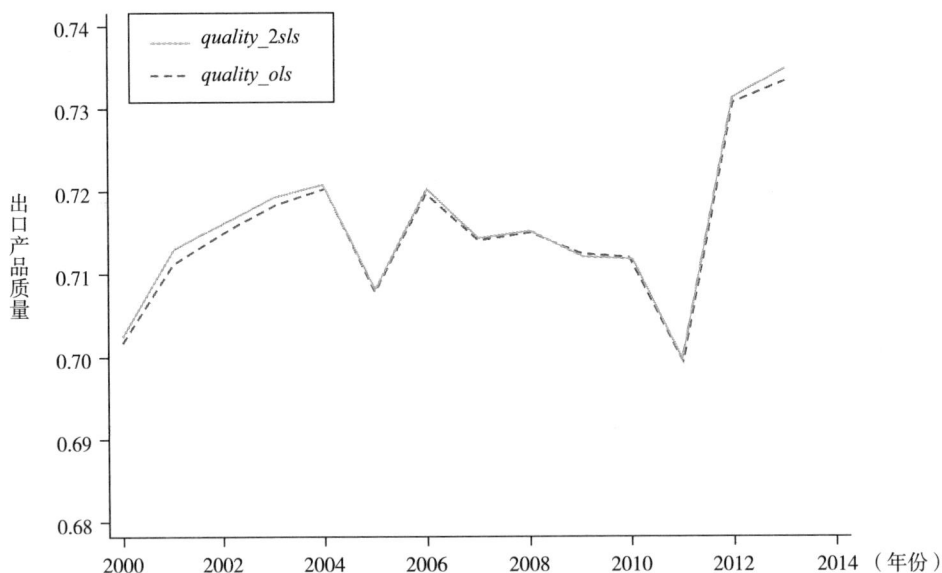

图 4-5　2000~2013 年中国企业出口产品质量变化趋势

资料来源：笔者根据海关数据库合并数据计算所得。

较高，如黑色金属冶炼及压延加工业（32）和通信设备计算机及其他电子设备制造业（40），均值超过了 0.75；劳动密集型行业出口产品质量分化较为严重，其中纺织类行业出口产品质量较高，均值高于 0.72，表明中国纺织品在国际贸易中仍具有较强的比较优势，而农副食品加工业（13）等初级产品出口产品质量较低，均值低于 0.70。从年均增长率来看，除橡胶制品业（29）、仪器仪表及文化办公用机械制造业（41）、金属制品业（34）和文教体育用品制造业（24）为负增长外，其余行业均实现正向增长，其中印刷业和记录媒介的复制（23）增长最快，由 2000 年的 0.6707 增长到 2013 年的 0.7406。

表 4-7　2000~2013 年 CIC2 位码制造业各行业出口产品质量

行业名称（代码）	均值	年均增长率	环比增长率			
			2000~2001	2002~2007	2008~2013	2000~2013
农副食品加工业（13）	0.6693	0.0045	0.0082	0.0530	−0.0060	0.0605
食品制造业（14）	0.6995	0.0004	0.0124	−0.0114	0.0014	0.0052
饮料制造业（15）	0.6968	0.0008	0.0247	0.0042	−0.0218	0.0108
纺织业（17）	0.7383	0.0015	0.0153	0.0083	0.0022	0.0200

行业名称(代码)	均值	年均增长率	环比增长率			
			2000~2001	2002~2007	2008~2013	2000~2013
纺织服装、鞋、帽制造业(18)	0.7222	0.0025	0.0093	0.0207	0.0087	0.0328
皮革、毛皮、羽毛(绒)及其制品业(19)	0.7213	0.0020	−0.0009	−0.0014	0.0163	0.0257
木材加工及木竹、藤棕、草制品业(20)	0.7057	0.0064	0.0082	0.0331	0.0217	0.0863
家具制造业(21)	0.6890	0.0063	−0.0086	0.0325	0.0369	0.0846
造纸及纸制品业(22)	0.7213	0.0050	−0.0131	0.0300	0.0201	0.0672
印刷业和记录媒介的复制(23)	0.6999	0.0077	0.0061	0.0583	0.0205	0.1042
文教体育用品制造业(24)	0.7004	−0.0001	0.0061	0.0005	−0.0222	−0.0014
化学原料及化学制品制造业(26)	0.7204	0.0026	0.0192	0.0217	−0.0015	0.0347
医药制造业(27)	0.7192	0.0036	0.0179	0.0053	0.0163	0.0478
化学纤维制造业(28)	0.7061	0.0013	0.0029	−0.0055	0.0181	0.0172
橡胶制品业(29)	0.7056	−0.0010	0.0021	−0.0088	−0.0058	−0.0130
塑料制品业(30)	0.6931	0.0013	−0.0010	0.0028	0.0009	0.0167
非金属矿物制品业(31)	0.6811	0.0019	−0.0019	−0.0034	0.0013	0.0252
黑色金属冶炼及压延加工业(32)	0.7622	0.0031	0.0055	0.0593	−0.0294	0.0409
有色金属冶炼及压延加工业(33)	0.7079	0.0023	0.0258	0.0228	−0.0106	0.0299
金属制品业(34)	0.7061	−0.0001	0.0130	0.0145	−0.0273	−0.0019
通用设备制造业(35)	0.7189	0.0021	0.0132	0.0215	−0.0098	0.0275
专用设备制造业(36)	0.7033	0.0045	0.0142	0.0340	0.0050	0.0597
交通运输设备制造业(37)	0.7166	0.0035	0.0166	0.0269	0.0009	0.0458
电气机械及器材制造业(39)	0.7378	0.0018	0.0047	0.0049	0.0039	0.0232
通信设备、计算机及其他电子设备制造业(40)	0.7551	0.0006	0.0005	−0.0172	0.0178	0.0075
仪器仪表及文化、办公用机械制造业(41)	0.7076	−0.0007	0.0025	−0.0065	−0.0106	−0.0094

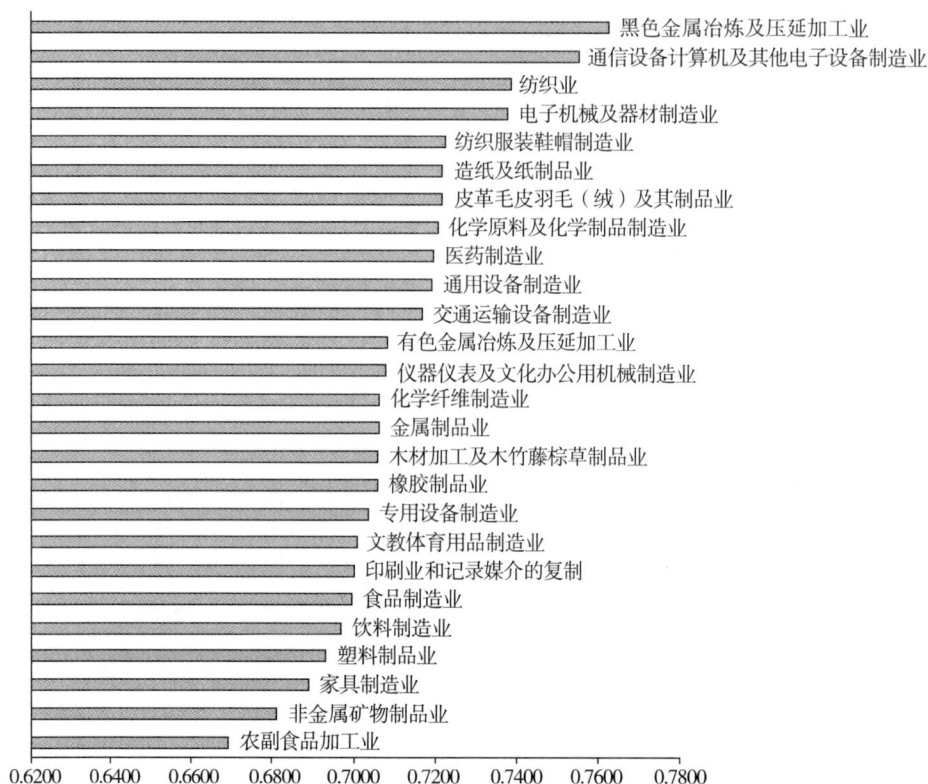

图 4-6 2000~2013 年中国制造业行业出口产品质量均值排序

资料来源：笔者根据样本匹配数据计算所得。

从表 4-7 中可以看到各行业出口产品质量的环比增长率。从环比增长率来看，2002~2007 年，通信设备计算机及其他电子设备制造业（40）、食品制造业（14）、橡胶制品业（29）、仪器仪表及文化办公用机械制造业（41）和化学纤维制造业（28）下降幅度较大；出口产品质量提升幅度较大的行业有木材加工及木竹藤棕草制品业（20）、专用设备制造业（36）、农副食品加工业（13）、印刷业和记录媒介的复制（23）和黑色金属冶炼及压延加工业（32）。2008~2013 年，黑色金属冶炼及压延加工业（32）、金属制品业（34）、文教体育用品制造业（24）、饮料制造业（15）和有色金属冶炼及压延加工业（33）下降幅度较大，而这些行业在金融危机之前出口产品质量均实现平稳增长，金融危机后出口产品质量大幅下降，表明金融危机对这些行业造成了较大的负面冲击；化学纤维制造业（28）、造纸及纸制品业（22）、印刷业和记录媒介的复制（23）、木材加工及木竹藤棕草制品业（20）和家具制造业（21）出口产品质量提升幅度较大，其中印刷业和记录媒介的复制(23)和木材加工及木竹藤棕草制品业(20)在金融危机前后环比增长率均大幅上升,表明金融危机对这些行业的影响较小。从整个样本期间来看,2000~2013年出口产品质量下降幅度较大的有橡胶制品业(29)、仪器仪表及文化办公用机械制造业(41)、金属制品业(34)和文教体育用品制造业(24)。其余行业的出口产品质量均有所增长,增长幅度较大的为农副食品加工业(13)、造纸及纸制品业(22)、家具制造业(21)、木材加工及木竹藤棕草制品业(20)和印刷业和记录媒介的复制(23),其中四个为劳动密集型行业,表明中国劳动密集型行业出口产品质量提升幅度较大,仍有较强的出口竞争力。

进一步地,本书使用核密度估计曲线来考察不同制造业行业出口产品质量变化趋势。从图4-7可以看出,各行业出口产品质量核密度峰值均偏右侧,其中纺织业(17)、纺织服装鞋帽制造业(18)、皮革毛皮羽毛(绒)及其制品业(19)、化学纤维制造业(28)、黑色金属冶炼及压延加工业(32)和通信设备计算机及其他电子设备制造业(40)偏向右侧更明显,并且相对"瘦高",表明这些行业出口产

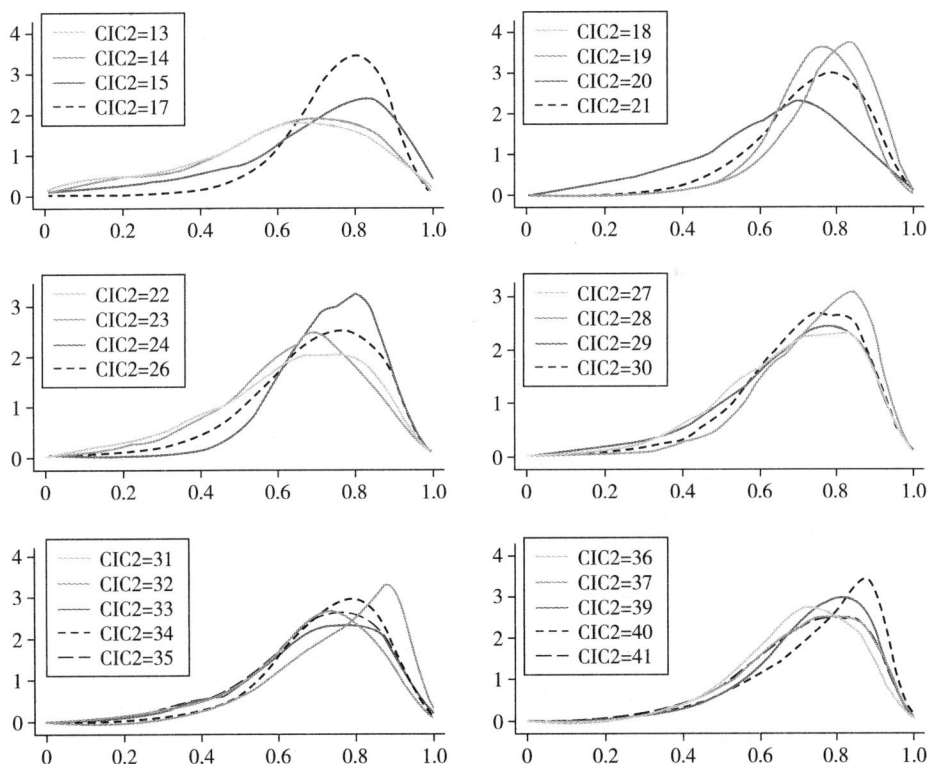

图4-7 2000~2013年中国制造业行业出口产品质量核密度

资料来源:笔者根据样本匹配数据计算所得。

品质量相对较高，出口产品质量差异程度较小。农副食品加工业(13)、木材加工及木竹藤棕草制品业(20)、造纸及纸制品业(22)、印刷业和记录媒介的复制(23)的核密度曲线相对"矮胖"，表明这些行业出口产品质量差异程度较大。

4.2.3 分地区出口产品质量特征事实

(1)基于母国地区出口产品质量特征事实

图4-8为2000~2013年出口产品质量在31个省份的时间趋势图，从图中可以发现，各个省份出口产品质量在样本期内均有所增长，除青海有明显波动外，其余省份与各省份均值基本保持一致。

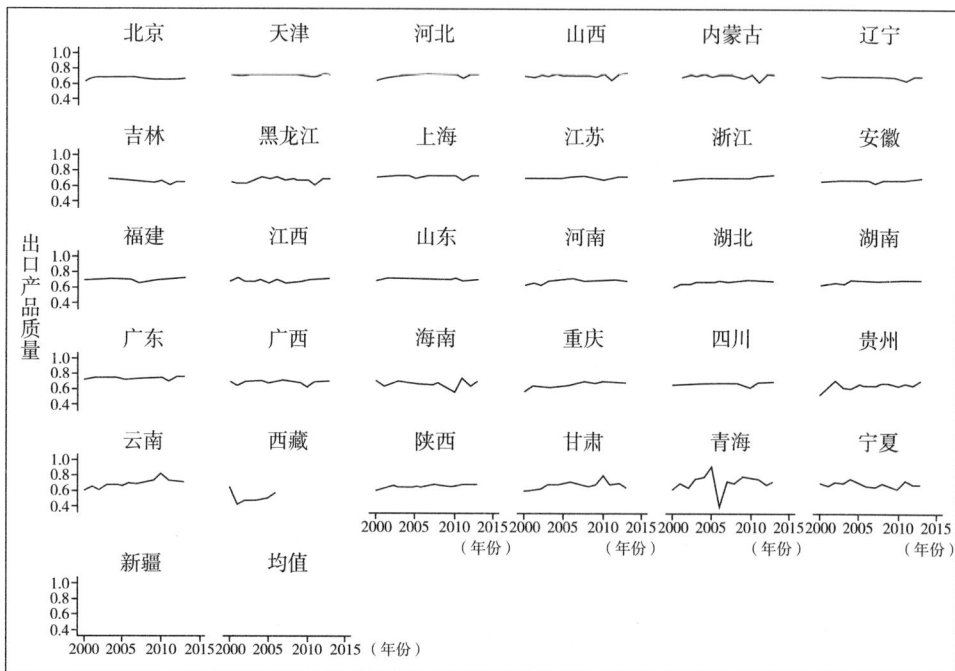

图4-8 中国省份出口产品质量时间趋势

资料来源：笔者根据海关数据库合并数据计算所得。

图4-9反映了中国各地区随着时间推移平均出口产品质量的变化情况，东部地区、中部地区和西部地区平均出口产品质量在样本期内总体呈上升趋势。2000年，东部地区出口产品质量高于中部地区和西部地区，平均出口产品质量相差0.0545和0.0776。在样本期内，中部地区平均出口产品质量处于0.6519~0.7038，2000~2006年中部地区呈现快速追赶期，逐渐缩小与东部地区出口产品质量的差距，2006年平均出口产品质量较东部地区缩小至0.0228，2007~2011

年差距变化幅度较大，2011年以后中部地区出口产品质量变化与东部地区基本保持一致。西部地区出口产品质量在样本期内变化幅度较大，平均出口产品质量处于0.6289~0.7097，在样本初始期就呈现快速追赶的态势，2000~2008年平均出口产品质量较东部地区差距由0.0776缩小至0.0156。2011年西部地区平均出口产品质量反超东部地区，2011年以后西部地区平均出口产品质量与中部地区基本持平，结合图4-8发现，新疆、青海等西部地区较多年份平均出口产品质量较高，原因可能是新疆地区出口企业相对较少，在计算平均出口产品质量时拉高了当地的出口产品质量水平，而并非是该地区真实情况。

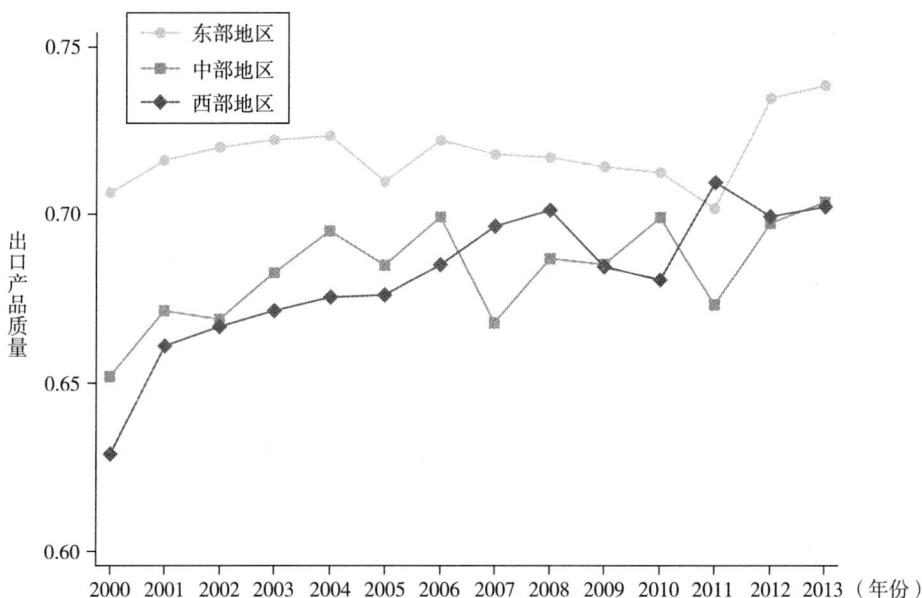

图4-9 2000~2013年中国各地区出口产品质量比较

资料来源：笔者根据海关数据库合并数据计算所得。

（2）基于目的国（地区）出口产品质量特征事实

本书将企业出口产品质量按出口目的国进行汇总，得到2000~2013年企业出口至245个国家（地区）出口产品质量数据。为便于比较，本书筛选了样本中连续14年有出口记录的国家（地区），并按出口贸易额选取前30个连续存在的国家为观测样本。中国对前30个出口目的国（地区）出口产品质量变动情况如表4-8所示。

从表4-8可以看出，2000~2013年，目的国（地区）层面出口产品质量结构具有一定变化，虽然中国香港、美国和日本在2000年、2007年和2013年始终为出口贸易额最高的三个目的国（地区），但其他国家（地区）有着明显变化。2000

年前十位出口目的国（地区）中，仅马来西亚为发展中国家，其余均为发达国家（地区），2007 年前十位均为发达国家（地区），但 2013 年，前十个国家（地区）中有四个为发展中国家。与 2000 年相比，2013 年意大利、以色列和菲律宾出口额位次下降幅度最大，分别下降 15 位、11 位和 10 位；印度、巴西和越南出口贸易额位次上升幅度最大，分别上升了 14 位、16 位和 18 位。

表 4-8　2000~2013 年中国对部分目的国（地区）的出口产品质量变动情况

目的国（地区）	按出口贸易额排序				出口产品质量水平			
	2000 年	2007 年	2013 年	变动	2000 年	2007 年	2013 年	增长率
中国香港	2	3	1	1	0.7112	0.7101	0.7612	0.0052
美国	3	2	2	1	0.7131	0.7022	0.7424	0.0031
日本	1	1	3	-2	0.7245	0.7002	0.7295	0.0005
马来西亚	7	18	4	3	0.6662	0.7072	0.7223	0.0062
韩国	4	4	5	-1	0.7008	0.7067	0.7139	0.0014
中国台湾	10	5	6	4	0.6711	0.7118	0.7041	0.0037
荷兰	14	10	7	7	0.6921	0.7094	0.7489	0.0061
印度	22	14	8	14	0.6448	0.7298	0.7110	0.0075
巴西	25	28	9	16	0.7171	0.7203	0.7397	0.0024
越南	28	24	10	18	0.6674	0.7226	0.7248	0.0064
德国	11	6	11	0	0.6749	0.7123	0.7168	0.0046
加拿大	12	15	12	0	0.7018	0.7284	0.7481	0.0049
南非	20	19	13	7	0.6964	0.7141	0.7394	0.0046
澳大利亚	8	7	14	-6	0.7050	0.7264	0.7244	0.0021
新加坡	5	9	15	-10	0.6847	0.7259	0.7179	0.0036
英国	9	8	16	-7	0.7218	0.7240	0.7520	0.0032
泰国	13	13	17	-4	0.6776	0.7201	0.7162	0.0043
法国	17	12	18	-1	0.6937	0.7227	0.7376	0.0047
芬兰	30	23	19	11	0.6698	0.7193	0.7336	0.0070
印度尼西亚	18	20	20	-2	0.6713	0.7342	0.7282	0.0063
意大利	6	11	21	-15	0.6776	0.7305	0.7303	0.0058
俄罗斯联邦	29	22	22	7	0.7134	0.7235	0.7545	0.0043
墨西哥	26	26	23	3	0.7393	0.7187	0.7597	0.0021
西班牙	16	17	24	-8	0.7133	0.7214	0.7372	0.0025
菲律宾	15	29	25	-10	0.7031	0.7106	0.7251	0.0024

目的国（地区）	按出口贸易额排序				出口产品质量水平			
	2000 年	2007 年	2013 年	变动	2000 年	2007 年	2013 年	增长率
比利时	24	21	26	-2	0.6959	0.7388	0.7455	0.0053
智利	21	25	27	-6	0.6921	0.7043	0.7404	0.0052
沙特阿拉伯	27	30	28	-1	0.6826	0.7011	0.7491	0.0072
新西兰	23	16	29	-6	0.7338	0.7427	0.7329	-0.0001
以色列	19	27	30	-11	0.7013	0.7301	0.7318	0.0033

注：限于篇幅，文章仅汇报 2000 年、2007 年和 2013 年出口产品质量变动情况。

资料来源：笔者根据样本匹配数据计算所得。

从表 4-7 中出口产品质量年均增长率来看，变动幅度最大的五个国家分别为印度尼西亚、越南、芬兰、沙特阿拉伯和印度，其中除芬兰外均为发展中国家，并且对印度出口产品质量变动最大，产品质量提升 0.75%；出口产品质量增长率最小的五个国家分别为新西兰、日本、韩国、澳大利亚和墨西哥，其中前四个发达国家，2013 年出口贸易额位次较 2000 年分别下降了 6 位、2 位、1 位、6 位。以上分析表明，中国对发达国家（地区）的出口产品质量呈下降趋势，而对发展中国家（地区）的出口产品质量呈逐渐上升趋势。

4.2.4 分企业异质性出口产品质量特征事实

为进一步揭示制造业企业出口产品质量差异，本书根据不同企业异质性进行比较分析，将企业按不同所有制类别、生产率水平差异、不同要素密集度、不同贸易方式进行划分。表 4-9 反映了 2000~2013 年异质性企业出口产品质量测算结果，并根据测算结果绘制了异质性企业出口产品质量变化趋势图（见图 4-10）。结合表 4-9 和图 4-10，发现异质性企业出口产品质量具有以下特点：

表 4-9 2000~2013 年异质性企业出口产品质量

分类方式	年份	2000	2002	2004	2006	2008	2010	2012	2013	均值
所有制类型	国有企业	0.6573	0.6819	0.6825	0.7036	0.6983	0.6573	0.7024	0.6986	0.6817
	民营企业	0.6543	0.6787	0.6922	0.6923	0.6889	0.6899	0.7124	0.7204	0.6885
	外资企业	0.7174	0.7327	0.7371	0.7386	0.7378	0.7350	0.7548	0.7544	0.7339
生产率水平	低生产率企业	0.7012	0.7152	0.7185	0.7163	0.7099	0.7110	0.7284	0.7306	0.7134
	高生产率企业	0.7048	0.7182	0.7245	0.7250	0.7205	0.7124	0.7337	0.7394	0.7181

续表

分类方式\年份		2000	2002	2004	2006	2008	2010	2012	2013	均值
要素密集度	劳动密集型企业	0.7103	0.7229	0.7268	0.7253	0.7171	0.7068	0.7321	0.7340	0.7193
	资本密集型企业	0.6941	0.7092	0.7142	0.7153	0.7131	0.7221	0.7307	0.7355	0.7123
贸易方式	一般贸易企业	0.6569	0.6896	0.7000	0.7040	0.7030	0.7021	0.7302	0.7349	0.6988
	加工贸易企业	0.7579	0.7664	0.7744	0.7712	0.7640	0.7653	0.7337	0.7343	0.7605

资料来源：笔者根据样本匹配数据计算所得。限于篇幅，本书只汇报了偶数年份和2013年企业异质性出口产品质量测算结果，表中还列出了2000~2013年企业异质性出口产品质量均值。

第一，从所有制类型来看，外资企业出口产品质量年平均值最高。2000~2007年金融危机以前，外资企业出口产品质量增长较为平稳，2008~2011年金融危机期间外资企业出口产品质量出现较大幅度波动。国有企业出口产品质量在样本期内始终处于震荡趋势，金融危机期间尤为显著，出口产品质量提升不明显。民营企业出口产品质量在样本期间增长较为平稳，金融危机期间并没有出现明显下滑，并在2008年之后出现了较大的提升。虽然民营企业出口产品质量年平均值低于外资企业，但民营企业年增长率为0.74%，高于外资企业的0.39%，由此可以看出民营企业出口逐渐由低质量向高质量转变。

第二，从生产率水平来看，高生产率企业出口产品质量年均值高于低生产率企业，高生产率企业出口产品质量年均增速为0.37%，略高于低生产率企业的0.32%，二者相差较小；从变化趋势来看，生产率差异下企业出口产品质量增长趋势较为一致，并无明显差别。

第三，从企业要素密集度来看，劳动密集型企业出口产品质量年平均值略高于资本密集型企业。2009年以前，劳动密集型企业出口产品质量在震荡中呈现下降趋势，年均增速为0.12%，但资本密集型企业出口产品质量在震荡中呈现上升趋势，年均增速为0.22%，并在2010年超过劳动密集型企业。2008~2011年金融危机期间，劳动密集型企业出口产品质量持续下降，而资本密集型企业出口产品质量呈现先上升后下降趋势，表明劳动密集型企业出口受金融危机影响更大，而资本密集型企业对金融危机的影响存在滞后性。二者在2011年后增长趋势较为一致，资本密集型企业出口产品质量在2013年再次超过劳动密集型企业。

第四，从企业贸易方式来看，不同贸易方式企业出口产品质量具有明显差别。加工贸易企业出口产品质量年平均值显著高于一般贸易企业，原因可能是中国制造业中加工贸易企业占比较大，贸易方式主要以加工贸易为主。从整体变化趋势来看，加工贸易企业出口产品质量波动程度大于一般贸易企业，并且2006

年以后加工贸易企业出口产品质量呈现下降趋势，而一般贸易出口产品质量呈现增长趋势，并在 2013 年趋于一致。

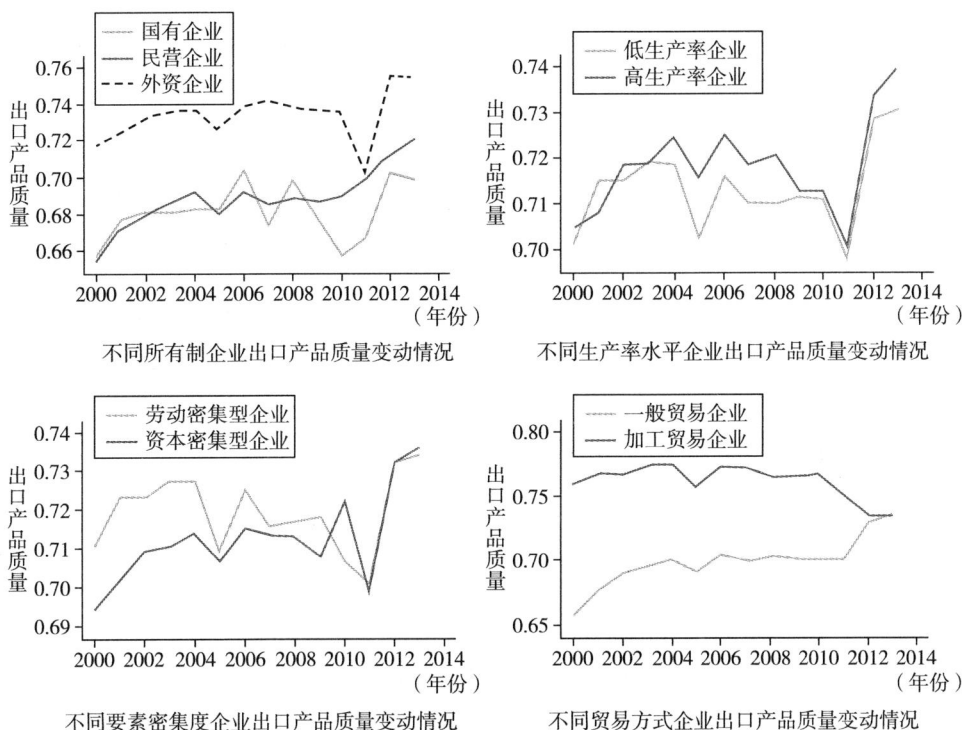

不同所有制企业出口产品质量变动情况

不同生产率水平企业出口产品质量变动情况

不同要素密集度企业出口产品质量变动情况

不同贸易方式企业出口产品质量变动情况

图 4-10　2000~2013 年异质性企业出口产品质量变化趋势

资料来源：笔者根据样本匹配数据计算所得。

在对企业 OFDI 和出口产品质量特征事实分别进行描述后，本书进一步绘制了是否为 OFDI 企业的出口产品质量核密度图。图 4-11 描绘了不同方法测算的出口质量核密度图，从图中可以看出，无论是 OLS 方法测算的出口产品质量，还是 2SLS 方法测算的出口产品质量，参与 OFDI 的企业出口产品质量核密度峰度显著高于非 OFDI 企业的出口产品质量峰度。但 OFDI 是否对出口产品质量提升产生了正向影响，影响效果是否因企业异质性而具有差异，这种影响是通过何种方式产生的，仅通过核密度图是反映不出的，需要通过后面章节实证分析进一步检验。

4.3　本章小结

本章使用 2000~2013 年中国工业企业数据库、中国进出口海关数据库和境外投资企业(机构)名录匹配数据，对核心变量 OFDI 和出口产品质量进行了测

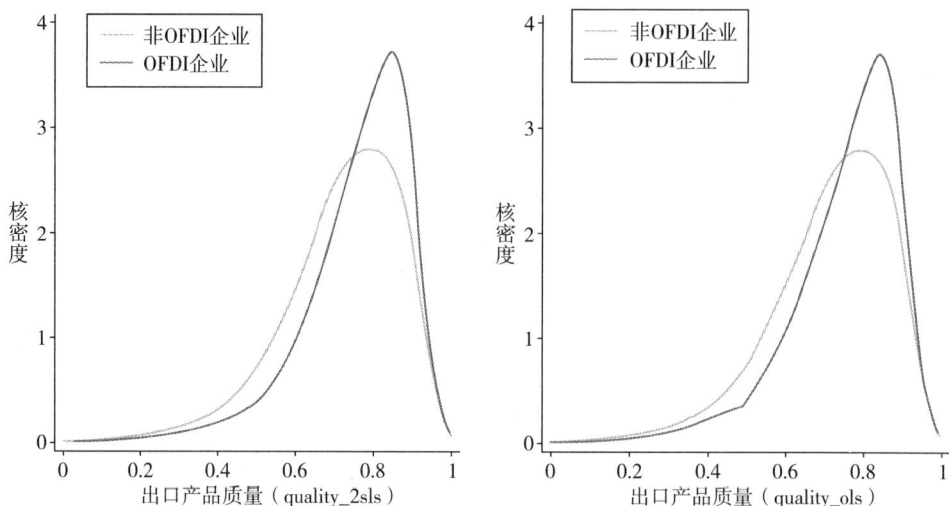

图 4-11　对外直接投资企业出口产品质量核密度

资料来源：笔者根据样本匹配数据计算所得。

算，并根据二者的总体情况、行业分布、地区分布、东道国（目的国）分布和企业异质性视角进行了特征事实分析。

通过对 OFDI 特征事实进行分析，得出以下结论：①中国企业 OFDI 呈现"爆发式"增长，投资企业数在 2003～2013 年增幅约 78 倍，投资项目数在 2003～2013 年年均增速高达 53%，受金融危机影响，2009 年 OFDI 增长缓慢，但在 2010 年逐渐恢复了高速增长态势。②通过对不同行业 OFDI 分析发现，技术密集型 OFDI 企业逐渐成为中国对外直投资主力军，劳动密集型企业次之，资源获取并非企业进行对外直接投资的主要动机。③从不同地区 OFDI 特征事实来看，东部地区 OFDI 显著高于其他地区，中部地区除河南省、安徽省和湖南省投资项目较多外，其他省份和整个西部地区 OFDI 项目均相对较少。④从不同区位 OFDI 来看，中国 OFDI 在区位分布上存在极大的不平衡性，投资主要分布在亚洲地区，并且在单个地区上具有显著的集聚特征。从投资增长率来看，金融危机后，企业对共建"一带一路"国家投资增长率反超对发达国家（地区）和 OECD 国家投资增长率，投资区位具有向共建"一带一路"国家转移的趋势。⑤从企业异质性来看，民营企业和外资企业 OFDI 呈现逐年高速增长趋势，而国有企业 OFDI 始终相对平缓。虽然高生产率企业 OFDI 始终高于低生产率企业，但低生产率企业投资年均增速高于高生产率企业，这表明中国低生产率企业从事对外投资活动步伐逐渐加快。资本密集型企业 OFDI 在总体上高于劳动密集型企业 OFDI，二者差距在 2010 年后急剧扩大。市场寻求型和技术寻求型企业 OFDI 呈现逐年递增趋势，资源寻求型企业 OFDI 增速较缓。

通过对出口产品质量特征事实进行分析，得出以下结论：①总体上，企业出口产品质量呈现增长趋势，在 2000~2004 年呈现快速上升趋势，2004~2006 年处于"V"型快速调整阶段，受全球金融危机影响，2007~2011 年中国企业出口产品质量呈现波动调整阶段，2011 年后重新进入快速增长阶段。②通过对不同行业出口产品质量分析发现，技术密集型行业出口产品质量最高，而资源密集型行业出口产品质量最低。从环比增长率来看，中国劳动密集型行业出口产品质量提升幅度较大，具有较强的出口竞争力。分析各行业出口产品质量核密度曲线发现，各行业出口产品质量核密度峰值均偏右侧，其中纺织业、纺织服装鞋帽制造业、皮革毛皮羽毛(绒)及其制品业、化学纤维制造业、黑色金属冶炼及压延加工业、通信设备计算机及其他电子设备制造业偏向右侧更明显，并且相对"瘦高"，出口产品质量差异程度较小。农副食品加工业、木材加工及木竹藤棕草制品业、造纸及纸制品业、印刷业和记录媒介的复制行业的核密度曲线相对"矮胖"，表明这些行业出口产品质量差异程度较大。③从不同地区出口产品质量特征事实来看，各个省份出口产品质量在样本期内均有所增长，2000 年高出口产品质量地区分布较为分散，2013 年高出口产品质量省份主要集中在东部沿海地区，位于中部地区的省份出口产品质量更接近平均值，而低出口产品质量大多位于西部地区。④从不同出口目的国(地区)出口产品质量来看，2000~2013 年目的国(地区)层面出口产品质量结构具有一定变化，中国对发达国家(地区)的出口产品质量呈下降趋势，而对发展中国家(地区)的出口产品质量呈逐渐上升趋势。⑤从企业异质性来看，外资企业出口产品质量年平均值最高，民营企业出口产品质量在样本期间增长较为平稳，金融危机期间并没有出现明显下滑，并在 2008 年之后出现了较大的提升，国有企业出口产品质量在样本期内始终处于震荡趋势。高生产率企业出口产品质量年均值高于低生产率企业，但二者相差较小，并在增长趋势上无明显差别。劳动密集型企业出口产品质量年平均值略高于资本密集型企业，金融危机对劳动密集型企业出口产品质量影响较大，而对资本密集型企业的影响存在滞后性。加工贸易企业出口产品质量年平均值显著高于一般贸易企业，但从整体变化趋势来看，加工贸易企业出口产品质量波动程度大于一般贸易企业。

在分析了 OFDI 和出口产品质量特征事实后，本书还通过核密度图初步考察了 OFDI 和出口产品质量之间的关系。核密度图显示参与 OFDI 的企业出口产品质量峰度显著高于未参与 OFDI 企业出口产品质量峰度，但这种差异是否是对外直接投资引起的，还需要通过以下章节进一步检验。

5 对外直接投资对出口产品质量影响的实证分析

通过第 3 章企业对外直接投资影响出口产品质量的理论分析，表明企业进行 OFDI 可以促进出口产品质量的提升，在第 4 章特征事实分析中初步探讨了 OFDI 与出口产品质量的关系。为进一步检验 OFDI 对出口产品质量的影响，本章使用 2000~2013 年中国工业企业数据库、中国进出口海关数据库和境外投资企业（机构）名录匹配数据，构建了对外直接投资影响出口产品质量的固定效应模型（FE）、考虑存在动态影响的广义矩估计模型（GMM）、考虑由于遗漏变量而产生内生性问题的倾向得分匹配倍差法（PSM-DID）模型，检验企业 OFDI 对出口产品质量的影响程度，并通过改变出口产品质量估计方法和使用分位数回归，以检验 OFDI 对出口产品质量的影响是否稳健。

5.1 模型设定与数据处理

5.1.1 模型设定

为检验对外直接投资对出口产品质量的影响，首先使用最小二乘法（OLS）回归进行验证，模型设定为：

$$quality_{it} = \alpha_0 + \alpha_1 ofdi_{it} + \sum \beta_i V_{it} + v_m + v_j + v_t + \varepsilon_{it} \tag{5-1}$$

其中，$quality_{it}$ 为被解释变量，表示 i 企业在 t 年的出口产品质量；$ofdi_{it}$ 为解释变量，表示 i 企业在 t 年是否进行对外直接投资；V_{it} 为控制变量；v_m、v_j 和 v_t 分别表示地区、行业和年份固定效应；ε_{it} 表示随机扰动项。

鉴于对外直接投资对出口产品质量的影响是一个连续动态的过程，即出口产品质量的提升不仅与当期对外直接投资有关，还会受到上期出口产品质量的影响，因此进一步用动态面板进行分析，模型设定为：

$$quality_{it} = \alpha_0 + \alpha_1 quality_{i,t-1} + \alpha_1 ofdi_{it} + \sum \beta_i V_{it} + \varepsilon_{it} \tag{5-2}$$

式（5-2）在式（5-1）的基础上加入出口产品质量的一阶滞后项，用以验证出口产品质量滞后项对当期出口产品质量的影响,使用广义矩估计方法(GMM)对动态面板进行回归。

5.1.2 变量选取

(1)被解释变量

使用第 4 章测算的企业出口产品质量(*quality*)作为被解释变量,具体测算过程已在第 4 章进行阐述,本章不再赘述。

(2)解释变量

本章主要解释变量为企业对外直接投资(*ofdi*),由于境外投资企业(机构)名录并未披露中国企业 OFDI 金额,本书参考学者广泛使用的方法,将企业 OFDI 设定为虚拟变量,若企业当年进行 OFDI,*ofdi* 取值为 1,否则为 0(葛顺奇和罗伟,2013;蒋冠宏和蒋殿春,2014b;毛其淋和许家云,2014b;李磊等,2016;田巍和余淼杰,2017)。

(3)控制变量

政府补贴(*lnsubsidy*)。政府补贴可有效促进企业生产率的提升,降低企业对外直接投资成本。作为企业收益的一部分,政府补贴可以缓解企业在研发投入和高质量中间品进口的资金压力(毛其淋和许家云,2015),而研发创新和中间品进口质量可有效促进出口产品质量的提升。本书使用企业获得的政府补贴取对数表示。

企业从业人数(*lnemployee*)。企业从业人数可一定程度上反映出企业规模大小(余静文等,2021),规模大的企业更容易实现规模经济,有利于产品质量的提升(Kugler and Verhoogen,2011)。本书使用企业从业人数取对数表示。

企业利润率(*profitr*)。企业利润率反映了企业的盈利能力,利润率越高,企业收入越高,可用于企业研发的资金越多。本书使用企业利润总额与销售收入之比表示。

融资约束(*fincon*)。融资约束低的企业,更有能力进入海外市场(Catherine et al.,2016),高融资约束阻碍了企业研发创新,不利于企业出口产品质量提升。本书使用企业利息支出与固定资产总值之比表示。

企业管理水平(*manage*)。企业管理水平反映了企业面临决策环境的研判效果,并对企业人员学习和流动产生影响。本书使用企业主营业务收入与平均资产总额之比表示。

企业年龄(*age*)。企业在成长的每个阶段面临的经济、市场和营商环境不同,所采取的策略不尽相同,企业存活时间越长,对市场机会的发现与转化越敏感

（Lu et al.，2011）。本书使用当年年份减去企业开业年份表示。

综上所述，相关控制变量的定义如表 5-1 所示：

表 5-1　控制变量及含义

变量符号	含义	计算方法
ln*subsidy*	政府补贴	ln（政府补贴）
ln*employee*	从业人数	ln（年均就业人数）
profitr	企业利润率	利润总额/销售收入
fincon	融资约束	利息支出/固定资产总值
manage	企业管理水平	主营业务收入/平均资产总额
age	企业年龄	当年年份-企业成立年份+1

5.1.3　数据处理

为详细分析对外直接投资对出口产品质量的影响，本章主要使用的数据来源为中国工业企业数据库、中国进出口海关数据库和境外投资企业（机构）名录，时间跨度均为 2000~2013 年。

对中国工业企业数据库的处理，主要参照 Brandt 等（2012）的方法，依照"通用会计准则"对数据进行清洗：对工业总产值、工业增加值、从业人员数、企业销售额、中间投入、固定资产等指标数值为 0、负值或缺失的样本进行删除；对总资产小于固定资产和流动资产、企业年龄为负值、企业编码缺失、非国有企业主营业务收入小于 500 万元、从业人员少于 8 人、企业营业利润和应付工资为负或缺失等不合格样本进行删除。由于国民经济行业分类体系在 2003 年进行了更改，本书在数据合并前对 2003 年前后数据四位行业代码进行统一。以 1999 年为基期，使用各地区工业出厂价格指数（PPI）对工业总产值、工业增加值和工业销售额进行平减，对固定资产使用各地区固定资产投资价格指数（PII）进行平减。经整理后获得 656454 家企业的 2605348 个观测值。

对中国进出口海关数据的处理，主要参考马述忠和吴国杰（2016）、宋跃刚和郑磊（2020）的方法。首先，将海关数据中出口数据筛选出来，将样本期内产品 HS8 分位码进行统一，并通过 IIS8 分位码获得 HS6 分位码数据，通过联合国 HS 编码与 SITC Rev. 2 对应表，将海关 HS6 分位数据转换成 SITC Rev. 2 数据；参考 Lall（2000）对 SITC Rev. 2 的产品分类标准，删除样本中初级产品和资源品数据，只保留制造业样本数据；参考 Feng 等（2016）的方法，删除信息缺失样本，删除出口目的国为中国的样本，对单笔贸易规模小于 50 美元和交易数量小于 1 的样本进行删除；其次，为避免中间贸易对产品价格的影响，对企业名称中含有"贸易""进出口""外经""商贸""经贸""科贸""工贸""物流"等字样企业数据进行删除。经过整理，获得 2000~2013 年出口企业 326072 家，出口目的国（地区）245 个，出口产品 6255 种（见表 5-2）。

表 5-2 工业企业数据库和海关出口数据匹配情况

年份	合并后数据	中国工业企业数据	匹配率
2000	9751	73500	0.1327
2001	10704	71512	0.1497
2002	13459	89804	0.1499
2003	15706	100074	0.1569
2004	17837	92953	0.1919
2005	30285	168968	0.1792
2006	30541	178999	0.1706
2007	36060	202124	0.1784
2008	50373	285235	0.1766
2009	43720	244772	0.1786
2010	41382	230859	0.1793
2011	50793	270303	0.1879
2012	52858	285320	0.1853
2013	55429	310925	0.1783

资料来源：笔者根据样本匹配数据计算所得。

在对样本数据进行匹配时，参考 Upward 等（2013）、田巍和余淼杰（2013）的处理方法，首先，按照两个数据库企业名称和年份进行匹配，对剩下不匹配数据，再按照企业所在地邮政编码和电话号码后 7 位组成的 13 位数字进行二次匹配，并对重复样本进行删除，最终完成两个数据库的匹配，表 5-2 显示了 2000~2013 年样本数据匹配情况，匹配率为 13.27%~19.19%，具有较好的代表性。其次，将境外投资企业（机构）名录和上述处理数据再次按照企业名称和年份进行匹配，以获得企业 OFDI 数据。各变量描述性统计如表 5-3 所示。

表 5-3 描述性统计

变量名称	样本数	平均值	标准差	最小值	最大值
quality	458898	0.7169	0.1551	0	1
ofdi	458898	0.0188	0.1357	0	1

变量名称	样本数	平均值	标准差	最小值	最大值
lnsubsidy	458898	0.7377	1.9430	0	14.3998
lnemployee	458898	5.4547	1.1064	2.1972	12.3159
profitr	458898	0.0529	0.5153	−286.7128	80.6095
fincon	458898	0.1017	7.3783	−31.3333	4538
manage	458898	2.1466	3.3008	0	577.641
age	458898	10.7637	8.0388	1	164

由于实证分析包含多个解释变量，为确保各个变量之间不存在多重共线性问题，本书对各个变量进行了相关系数检验，如表 5-4 所示，左下方为 pearson 相关系数检验，右上角为 spearman 相关系数检验，各检验结果均小于 0.3，表明各变量不存在多重共线性问题。

表 5-4　相关系数矩阵

	quality	ofdi	lnsubsidy	lnemployee	profitr	fincon	manage	age
quality		0.0383***	0.0313***	0.2372***	−0.0175***	−0.0168***	0.0420***	0.0237***
ofdi	0.0342***		0.0512***	0.0811***	0.0456***	0.0732***	−0.0423***	0.0548***
lnsubsidy	0.0305***	0.0719***		0.1292***	0.0163***	0.0883***	−0.1260***	0.0514***
lnemployee	0.2043***	0.0919***	0.1731***		0.0311***	0.0896***	−0.0661***	0.2272***
profitr	−0.0016	0.0111***	0.0065***	0.0040		0.0024	0.0713***	0.0101***
fincon	0.0019	0.0008	−0.0011	0.0012	−0.0000		−0.0291***	0.0514***
manage	−0.0024	−0.0192***	−0.0887***	−0.0555***	0.0066***	0.0031**		−0.1442***
age	−0.0038**	0.0454***	0.1049***	0.2531***	0.0014	−0.0019	−0.0779***	

注：***、** 和 * 分别表示在 1%、5% 和 10% 的统计水平上显著。

5.2　实证结果与分析

表 5-5 报告了 OFDI 对出口产品质量影响的基准回归结果，前四列为 OLS 回归结果，其中，第（2）列和第（4）列回归分析对地区、行业和年份进行了固定。为验证出口产品质量滞后项对当期出口产品质量的影响，第（5）列、第（6）列汇报了差分 GMM 和系统 GMM 的回归结果。为保证 GMM 估计结果的有效性，本书检验了扰动项有无自相关，AR（2）检验结果显示 p 值较大，即扰动项不存在二阶自相关，可以使用 GMM 估计。Sargan 过度识别检验结果表明工具变量不存在过

度识别问题。

表 5-5　OFDI 对出口产品质量影响的基准回归结果

解释变量	静态回归				动态回归	
	（1）	（2）	（3）	（4）	（5）	（6）
quality (t−1)					0.0703 *** (0.0121)	0.0630 *** (0.0119)
ofdi	0.0240 *** (0.0026)	0.0114 *** (0.0026)	0.0179 *** (0.0026)	0.0108 *** (0.0026)	0.9293 *** (0.1946)	0.9646 *** (0.1845)
lnsubsidy			0.0004 *** (0.0001)	0.0010 *** (0.0001)	0.0033 ** (0.0014)	0.0036 *** (0.0014)
lnemployee			0.0121 *** (0.0004)	0.0090 *** (0.0004)	−0.0003 (0.0059)	0.0012 (0.0059)
profitr			0.0029 * (0.0016)	0.0024 * (0.0014)	0.1189 *** (0.0448)	0.0846 ** (0.0398)
fincon			−0.0000 (0.0000)	−0.0000 (0.0000)	−0.0266 (0.0201)	−0.0227 (0.0166)
manage			0.0004 *** (0.0002)	0.0002 (0.0001)	0.0003 (0.0005)	−0.0002 (0.0006)
age			0.0006 *** (0.0001)	−0.0004 *** (0.0001)	−0.0012 *** (0.0004)	−0.0009 *** (0.0002)
Constant	0.7165 *** (0.0000)	0.6363 *** (0.0388)	0.6427 *** (0.0022)	0.5923 *** (0.0392)		0.5706 *** (0.0413)
固定效应	否	是	否	是	否	否
AR（1）					0.000	0.000
AR（2）					0.887	0.668
Sargan test					0.597	0.174
N	458898	458898	458898	458898	75084	110238
Groups	131609	131609	131609	131609	23775	33490
R-squared	0.0004	0.0142	0.0056	0.0163		

注：***、** 和 * 分别表示在 1%、5% 和 10% 的统计水平上显著；括号内数值为变量估计系数的标准误，固定效应为地区、行业和年份效应。下表同。

从表 5-5 第（1）列、第（2）列中可以看出，无论是否进行固定效应，OFDI 均在 1% 水平上显著促进了出口产品质量的提升，第（3）列、第（4）列加入控制变量后，回归结果仍然显著，企业 OFDI 每增加一个单位，出口产品质量提升 1.08%，表明文章假设基本成立。动态回归结果显示，无论使用差分 GMM 还是使用系统 GMM，回归结果系数符号和显著性与 OLS 估计结果一致，只是造成了部分样本损失和估计系数变大的情况。当期出口产品质量受到了上期出口产品质量的正向影响，表明出口产品质量的提升存在滞后性，其他变量系数符号和显著性与静态回归结果基本保持一致，表明回归结果较为稳健。

从控制变量回归结果来看，政府补贴、企业从业人数、企业利润率估计系数均显著为正，与已有研究结果基本保持一致。作为利润的一部分，企业获得政府补贴可有效缓解融资压力。企业在进行产品研发创新和高质量中间品进口上均需要资金支持，而政府补贴大大降低了企业在这方面的资金压力，间接降低了企业研发成本，有助于出口产品质量升级。企业从业人员数量可以反映出企业规模大小，较大规模的企业更容易实现规模经济，产生高额利润，企业可将更多资源运用到产品提质升级活动中。企业利润率直观反映了企业的盈利能力，利润率高的企业可将更多盈余利润投入到新产品研发上，有助于出口产品质量的提升。融资约束限制了企业的资源配置，增加了企业破产的风险，制约了企业对中间品进口的投资，间接抑制了产品质量的提升，回归结果显示融资约束对出口产品质量具有负向影响。企业管理水平反映了企业的决策能力，并对企业学习流动产生影响，高素质人才引进可有效促进企业研发能力的提升，有利于企业开展研发创新活动，回归结果表明，管理水平显著促进了出口产品质量的提升，但加入固定效应后回归结果不显著，表明管理水平对出口产品质量的影响效果需进一步探讨。企业在不同成长阶段对市场环境反应截然不同，年轻企业具有较强的竞争活力，成熟企业在资金运用上更加成熟，因此在每个阶段的研发投入会有较大差别，对出口产品质量的影响也不尽相同。回归结果显示，企业年龄对出口产品质量的影响具有较大差别，第(3)列显示企业年龄显著促进了出口产品质量的提升，但加入固定效应后第(4)列结果截然相反，企业年龄是否可以提升出口产品质量需要进一步探讨。

5.3 内生性分析

虽然在基准回归模型中加入了可能影响出口产品质量的控制变量，但仍然存在因遗漏变量产生的内生性问题，并且本书所使用的数据量相对庞大，OFDI 企业与非 OFDI 企业在数量上相差甚远，在回归分析时可能会存在高维度匹配问题。因此，本书使用倾向得分匹配倍差法(PSM-DID)解决存在的内生性问题。

5.3.1 模型设定

本书以 OFDI 企业为处理组，使用 PSM 方法筛选出与 OFDI 企业特征相似的非 OFDI 企业（控制组）并组成新的匹配样本，通过 DID 方法对新样本进行回归分析。

根据双重差分法，本书构建两个虚拟变量 du_i 和 dt_t，分别表示企业是否进行对外直接投资和政策时间虚拟变量。其中，$du_i=1$ 表示企业进行 OFDI（处理组），$du_i=0$ 表示企业未进行 OFDI（控制组）；$dt_t=1$ 表示进行 OFDI 后的时期，$dt_t=0$ 表示进行 OFDI 前的时期。令 $quality_{it}$ 表示企业 i 在 t 时期的出口产品质量，$\Delta quality_i$ 为企业 i 在 OFDI 前后的出口产品质量变化，若企业进行 OFDI，则出口产品质量标记为 $\Delta quality_i^1$，若企业未进行 OFDI，则出口产品质量标记为 $\Delta quality_i^0$，企业进行 OFDI 后对出口产品质量的影响可以表示为：

$$\delta = E(\delta_i \mid du_i=1) = E(\Delta quality_i^1 \mid du_i=1) - E(\Delta quality_i^0 \mid du_i=1) \qquad (5-3)$$

在现实条件下，式（5-3）中 $E(\Delta quality_i^0 \mid du_i=1)$ 即企业进行 OFDI 后其非 OFDI 时期对出口产品质量的影响是不可观测的。但可以通过拟自然实验，运用倾向得分匹配法找出与 OFDI 企业特征极为相似的非 OFDI 企业作为控制组，用非 OFDI 企业 $E(\Delta quality_i^0 \mid du_i=0)$ 替代 OFDI 企业 $E(\Delta quality_i^0 \mid du_i=1)$，便可以观察到企业 OFDI 前后对出口产品质量的影响，上述公式转化为：

$$\delta = E(\delta_i \mid du_i=1) = E(\Delta quality_i^1 \mid du_i=1) - E(\Delta quality_i^0 \mid du_i=0) \qquad (5-4)$$

由于遗漏变量可能不随时间变化而产生内生性问题，影响估计系数的准确性，而双重差分法（DID）可有效解决这一问题，提高估计结果的稳健性。因此，本书使用 DID 方法，进一步检验企业对外直接投资对出口产品质量的影响，建立如下模型：

$$quality_{it} = \alpha_0 + \alpha_1 du_{it} \times dt_{it} + \sum \beta_i V_{it} + \upsilon_m + \upsilon_j + \upsilon_t + \varepsilon_{it} \qquad (5-5)$$

式（5-5）中交互项 $du_{it} \times dt_{it}$ 为主要解释变量，系数 α_1 表示企业 OFDI 前后对出口产品质量的实际影响，若 $\alpha_1>0$，表明 OFDI 处理组的企业出口产品质量高于控制组企业出口产品质量，企业进行对外直接投资可有效提高出口产品质量，促进出口高质量发展。V_{it} 为相关控制变量，υ_m、υ_j 和 υ_t 分别表示地区、行业和年份固定效应，ε_{it} 表示随机扰动项。

5.3.2 数据匹配和平衡性检验

本书使用 1:4 最近邻匹配法匹配数据，通过 logit 模型估计企业进行 OFDI 概率，以此来匹配处理组和控制组企业。参考毛其淋和许家云（2014a）、冼国明和明秀南(2018)做法，选取企业劳动生产率(ln*labor*)、资本密集度(ln*kint*)、管理水平(*manage*)、企业年龄(*age*)作为匹配变量，其中劳动生产率(ln*labor*)用工业总产值与年均平均就业人数之比取对数表示，资本密集度(ln*kint*)用企业固定资产净值与年均就业人数之比取对数表示。使用logit模型估计控制匹配变量后企业OFDI概率的倾向得分，依据处理组和控制组倾向得分邻近程度进行匹配。其中处理组为2001~2013年首次进行OFDI企业，控制组为2000~2013年非OFDI企业。为提高匹配准确性，按照逐年匹配方法生成时间虚拟变量，最终获得企业样本42782家，其中OFDI企业3058家，匹配数据平衡性检验结果见表5-6。

表5-6中需要重点关注的是倾向得分均值偏差绝对值MeanBias、中位数偏差绝对值MedBias、均值绝对标准差值B和方差比值R。通过观察各个年份匹配前后结果可以发现，各个年份偏差绝对值在匹配后均大幅下降，均值绝对标准差B小于10，方差比值R介于0.5和2之间，表明匹配结果平衡性较好，匹配数据较为可靠。

表5-6　2001~2013年整体平衡性检验结果

年份	Sample	Ps R^2	LR chi2	p>chi2	MeanBias	MedBias	B	R
2001	匹配前	0.0220	39.3000	0.0000	27.7000	29.0000	48.2000*	1.1100
	匹配后	0.0000	0.2100	0.9950	1.3000	1.3000	4.9000	1.1900
2002	匹配前	0.0200	48.2100	0.0000	22.9000	24.7000	45.8000*	0.9400
	匹配后	0.0010	0.3600	0.9860	2.6000	2.9000	5.4000	0.6900
2003	匹配前	0.0130	43.4600	0.0000	20.1000	21.4000	36.5000*	0.9500
	匹配后	0.0010	0.5600	0.9670	2.1000	2.0000	5.7000	1.0000
2004	匹配前	0.0140	61.8400	0.0000	21.3000	22.7000	36.6000*	0.7000
	匹配后	0.0020	2.1500	0.7080	2.6000	2.8000	9.3000	1.0100
2005	匹配前	0.0190	148.7200	0.0000	25.8000	25.7000	43.0000*	0.8700
	匹配后	0.0000	0.1700	0.9960	0.8000	1.0000	2.0000	0.8800
2006	匹配前	0.0180	143.4600	0.0000	24.1000	24.2000	41.9000*	0.9400
	匹配后	0.0000	0.3800	0.9840	1.0000	1.0000	2.9000	0.6100
2007	匹配前	0.0270	269.3400	0.0000	30.5000	28.1000	50.2000*	1.0100
	匹配后	0.0000	1.3000	0.8620	1.9000	1.6000	4.8000	0.9700
2008	匹配前	0.0300	392.6800	0.0000	31.5000	29.0000	52.7000*	1.0900
	匹配后	0.0000	0.5400	0.9690	1.1000	0.9000	2.7000	0.8000
2009	匹配前	0.0310	370.4800	0.0000	30.8000	28.0000	52.4000*	1.2000
	匹配后	0.0000	0.1300	0.9980	0.3000	0.3000	1.4000	0.8500

续表

年份	Sample	Ps R²	LR chi2	p>chi2	MeanBias	MedBias	B	R
2010	匹配前	0.0210	238.4200	0.0000	24.2000	25.8000	43.2000 *	1.1700
	匹配后	0.0000	0.3400	0.9870	0.8000	1.0000	2.3000	1.2000
2011	匹配前	0.0410	724.3800	0.0000	31.4000	25.3000	58.4000 *	1.2000
	匹配后	0.0000	0.3300	0.9880	0.9000	0.9000	1.8000	0.9800
2012	匹配前	0.0570	1043.5700	0.0000	39.3000	33.0000	70.0000 *	1.2800
	匹配后	0.0010	3.8500	0.4270	2.1000	1.4000	5.9000	0.9400
2013	匹配前	0.0770	1448.2600	0.0000	45.7000	40.4000	81.3000 *	1.3300
	匹配后	0.0000	0.3400	0.9870	0.6000	0.6000	1.7000	0.6300

以 2013 年匹配结果为例[①]，匹配前处理组和控制组在匹配变量上存在显著差异，匹配后偏差大幅下降，p 值均不显著，表明匹配结果不存在较大差异，其他年份匹配结果与上述相似，匹配后 t 值均不显著，满足了匹配平衡性假设，表明匹配数据可靠，可进行 DID 回归估计（见表 5-7）。

表 5-7　2013 年平衡性检验结果

变量	Sample	变量均值		标准偏差（%）	偏差减少幅度（%）	t 统计量	p 值
		处理组	控制组				
ln*labor*	匹配前	6.0380	5.4849	49.4000		23.9600	0.0000
	匹配后	6.0380	6.0484	-0.9000	98.1000	-0.2800	0.7810
ln*kint*	匹配前	1.2540	0.2793	77.6000		37.6700	0.0000
	匹配后	1.2540	1.2592	-0.4000	99.5000	-0.1300	0.8980
manage	匹配前	1.5940	2.3366	-24.4000		-10.0400	0.0000
	匹配后	1.5940	1.5718	0.7000	97.0000	0.2700	0.7890
age	匹配前	14.7680	12.1220	31.4000		17.1500	0.0000
	匹配后	14.7680	14.7430	0.3000	99.1000	0.0800	0.9360

5.3.3　PSM-DID 估计结果

根据前文 PSM 匹配数据，本书进一步使用 DID 检验 OFDI 对出口产品质量的影响，使用固定效应对模型进行回归，回归过程中仍使用政府补贴、从业人数、企业利润率、融资约束、企业管理水平和企业年龄作为控制变量，估计结果如表 5-8 所示。

---

① 其他年份平衡性检验结果详见附录。

表5-8　OFDI 对出口产品质量影响的 PSM-DID 估计结果

解释变量	(1)	(2)	(3)	(4)
$du \times dt$	0.0277 ***	0.0168 ***	0.0192 ***	0.0112 ***
	(0.0021)	(0.0021)	(0.0021)	(0.0021)
ln$subsidy$			0.0000	0.0006 **
			(0.0002)	(0.0002)
ln$employee$			0.0232 ***	0.0209 ***
			(0.0006)	(0.0006)
$profitr$			−0.0011 **	−0.0002
			(0.0004)	(0.0005)
$fincon$			−0.0000	−0.0002
			(0.0001)	(0.0001)
$manage$			0.0008 ***	0.0004 *
			(0.0002)	(0.0002)
age			−0.0007 ***	−0.0005 ***
			(0.0001)	(0.0001)
$Constant$	0.7116 ***	0.6052 ***	0.5932 ***	0.4957 ***
	(0.0008)	(0.0205)	(0.0033)	(0.0219)
固定效应	否	是	否	是
N	68506	68506	68506	68506
Groups	42782	42782	42782	42782
R-squared	0.0060	0.0183	0.0071	0.0185

从表5-8回归结果来看，核心解释变量 $du \times dt$ 在不考虑其他任何因素下对出口产品质量的回归系数显著为正，表明 OFDI 促进了出口产品质量的提升，控制地区、行业和年份效应后，核心解释变量回归系数依然为正，且在 1% 水平上显著，第(3)列和第(4)列加入控制变量后回归结果仍然显著为正，表明企业进行OFDI 可正向促进出口产品质量的提升。从控制变量回归结果来看，估计系数显著性变化较小，企业利润率回归系数由正转负，加入固定效应后系数为负但不显著，可能原因是企业并没有把利润运用到产品创新上，而是用于扩大再生产以增加市场份额。

企业 OFDI 往往具有连续性，对出口产品质量的影响可能会受到前期投资活动的影响。OFDI 企业通过在东道国设立研发机构，或与当地企业合作研发，以学习东道国企业先进技术和管理经验，并通过逆向技术溢出传递到母公司，母公司通过消化吸收进而影响企业出口产品质量的提升，而这一传递过程是否使企业OFDI 对出口产品质量提升效应产生滞后性，需要进一步研究。对此，本书对匹配样本进行滞后效应分析，检验企业 OFDI 对出口产品质量的影响是否存在滞后性（见图5-1）。

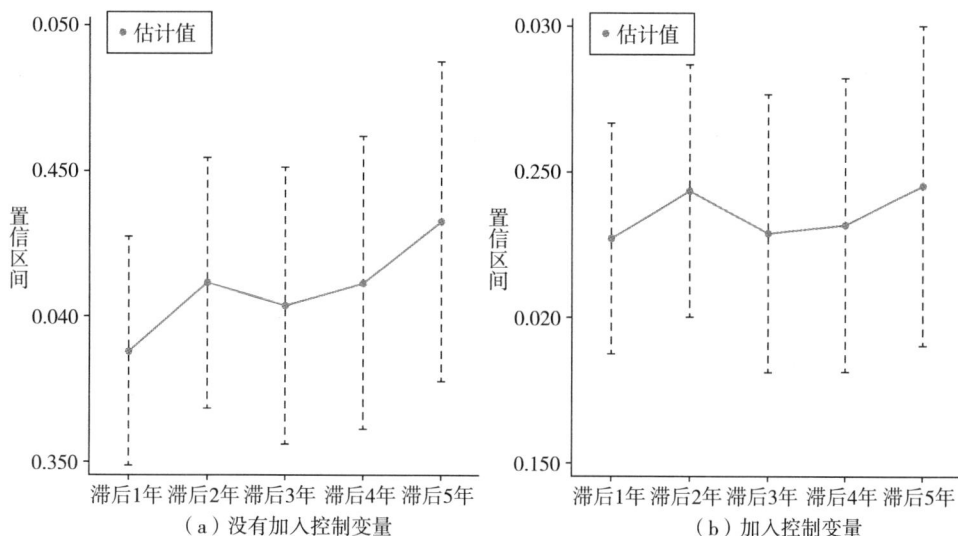

图 5-1　滞后效应动态结果

图 5-1 显示了企业 OFDI 滞后 5 年内主要解释变量 $du×dt$ 对出口产品质量影响的回归结果，图 5-1(a) 为没有加入控制变量后的结果，图 5-1(b) 为加入控制变量后的结果，回归模型均控制了地区、行业和年份效应。通过图 5-1 可以看出，交互项 $du×dt$ 回归结果均显著为正，表明企业 OFDI 对出口产品质量的影响存在显著的滞后性，滞后效果表现为先上升再下降后又上升的状态，可能的原因是，当 OFDI 企业在东道国学到的先进技术和管理能力通过逆向技术溢出传递到母国企业时，母国企业需要通过消化吸收才能在出口产品提质上发挥作用，由于企业生产率差异和吸收能力的不同，企业往往先模仿吸收较为容易掌握的知识与技术，因此在滞后 2 年时，企业 OFDI 显著促进出口产品质量的提升。然而从模仿到创新需要一定的时间和资源，此时对出口产品质量的提升效应开始下降，随着企业逐渐完成资源整合并掌握先进技术，企业 OFDI 对出口产品质量的提升效应逐渐显现，从图 5-1(a) 中可以看出，在滞后 5 年时企业 OFDI 对出口产品质量提升效果最为显著。

5.4　稳健性检验

上述实证结果表明，企业 OFDI 可显著促进出口产品质量的提升，为了证明研究结果的稳健性，本书使用最小二乘法重新估计出口产品质量，对全样本进行稳健性检验。基准回归的结果表示的是 OFDI 对出口产品质量的平均影响，是总体均值意义上的回归，如果 OFDI 对出口产品质量的影响在整个条件分布上是不对称的，那么回归结果将仅代表某一集中分布的结果，而不能准确刻画整个分布的回归结果。因此，本书使用分位数回归，对样本数据的关键分位数上分别进行回归，考察 OFDI 对出口产品质量整个条件分布上的影响。

（1）稳健性检验 I：改变出口产品质量估计方法

表 5-9 中被解释变量为使用 OLS 估计的出口产品质量（$quality\_ols$），估计方法改变后的出口产品质量与原出口产品质量的相关系数为 0.9803，且在 1% 水平上显著。从回归结果看，出口产品质量改为 OLS 估计后，OFDI 对出口产品质量的影响显著为正，这与基准回归结果保持一致，表明 OFDI 对出口产品质量的提升效果较为稳健。从回归系数的绝对值来看，相比基准回归和 DID 估计结果略有下降，表明使用 OLS 估计出口产品质量确实会受到内生性的影响，因此使用 2SLS 估计出口产品质量进行基准回归和 DID 回归结果更加稳健。

表 5-9　稳健性检验 I：OLS 估计出口产品质量

解释变量	静态回归		动态回归	
	（1）	（2）	（3）	（4）
$quality\_ols$ ($t-1$)			0.1060 *** (0.0154)	0.1026 *** (0.0158)
$ofdi$	0.0182 *** (0.0026)	0.0108 *** (0.0027)	0.5650 *** (0.1933)	0.7347 *** (0.2061)
$lnsubsidy$	0.0004 *** (0.0001)	0.0010 *** (0.0001)	0.0024 * (0.0013)	0.0027 * (0.0016)
$lnemployee$	0.0121 *** (0.0004)	0.0091 *** (0.0004)	0.0183 (0.0145)	0.0030 (0.0128)
$profitr$	0.0030 * (0.0016)	0.0025 * (0.0014)	0.0964 ** (0.0479)	0.1093 * (0.0561)
$fincon$	0.0000 (0.0000)	-0.0000 (0.0000)	-0.0310 (0.0230)	-0.0315 (0.0220)
$manage$	0.0004 *** (0.0002)	0.0002 (0.0001)	-0.0127 ** (0.0053)	0.0021 (0.0037)
age	0.0006 *** (0.0001)	-0.0004 *** (0.0001)	-0.0040 ** (0.0020)	0.0005 (0.0017)
$Constant$	0.6417 *** (0.0022)	0.5888 *** (0.0389)		0.6171 *** (0.0563)

续表

解释变量	静态回归		动态回归	
	（1）	（2）	（3）	（4）
固定效应	否	是	否	否
AR（1）			0.015	0.003
AR（2）			0.426	0.605
Sargan test			0.716	0.962
N	458576	458576	74985	110096
Groups	131561	131561	23752	33449
R-squared	0.0057	0.0166		

（2）稳健性检验Ⅱ：分位数回归

为全面呈现 OFDI 对出口产品质量影响的分布信息，本书继续使用分位数回归检验结果的稳健性，对条件分布在 0.10、0.25、0.50、0.75 和 0.90 分位数上进行回归分析，以全面考察 OFDI 对出口产品的影响，为便于对比，本书同时附上全样本回归结果（见表5-10）。

表 5-10　稳健性检验Ⅱ：分位数回归

解释变量	全样本	QR_0.1	QR_0.25	QR_0.50	QR_0.75	QR_0.90
	（1）	（2）	（3）	（4）	（5）	（6）
$ofdi$	0.0108 ***	0.0446 ***	0.0269 ***	0.0133 ***	0.0063 ***	0.0001
	（0.0026）	（0.0039）	（0.0025）	（0.0019）	（0.0017）	（0.0017）
ln$subsidy$	0.0010 ***	0.0022 ***	0.0015 ***	0.0006 ***	-0.0003 **	-0.0007 ***
	（0.0001）	（0.0003）	（0.0002）	（0.0001）	（0.0001）	（0.0001）
ln$employee$	0.0090 ***	0.0337 ***	0.0374 ***	0.0340 ***	0.0236 ***	0.0131 ***
	（0.0004）	（0.0005）	（0.0003）	（0.0003）	（0.0002）	（0.0002）
$profitr$	0.0024 *	-0.0001	0.0003	0.0007	0.0011 **	0.0010 **
	（0.0014）	（0.0010）	（0.0006）	（0.0005）	（0.0004）	（0.0005）
$fincon$	-0.0000	0.0000	0.0000	0.0000	0.0000	0.0000
	（0.0000）	（0.0001）	（0.0000）	（0.0000）	（0.0000）	（0.0000）
$manage$	0.0002	0.0003 *	0.0001	-0.0001 *	-0.0003 ***	-0.0002 ***
	（0.0001）	（0.0002）	（0.0001）	（0.0001）	（0.0001）	（0.0001）
age	-0.0004 ***	-0.0009 ***	-0.0011 ***	-0.0009 ***	-0.0007 ***	-0.0006 ***
	（0.0001）	（0.0001）	（0.0000）	（0.0000）	（0.0000）	（0.0000）
$Constant$	0.5923 ***	0.1774 ***	0.2933 ***	0.4280 ***	0.5999 ***	0.7580 ***
	（0.0392）	（0.0229）	（0.0146）	（0.0111）	（0.0101）	（0.0102）

解释变量	全样本	QR_0.1	QR_0.25	QR_0.50	QR_0.75	QR_0.90
	(1)	(2)	(3)	(4)	(5)	(6)
固定效应	是	是	是	是	是	是
N	458898	458898	458898	458898	458898	458898
R^2/ Pseudo R^2	0.0163	0.0681	0.0627	0.0575	0.0410	0.0207

从表5-10可以看出，随着分位数的升高，对外直接投资对出口产品质量的回归系数逐渐降低，在出口产品质量0.10分位数上，OFDI对出口产品质量的影响效果最大，且在1%水平上显著为正，说明企业从事OFDI可显著提高低分位数企业出口产品质量，企业OFDI每增加一个单位，出口产品质量提升4.46%；在出口产品质量中位数上，OFDI对出口产品质量的影响显著为正，但相比在0.10分位数上有明显下降，表明随着出口产品质量分位数的提高，企业OFDI对出口产品质量的提升效果逐渐降低，从表中可以明显看出，第(4)列中位数上的回归结果与全样本第(1)列最为接近。第(6)列显示了位于0.90分位数上的回归结果，OFDI对出口产品质量的回归系数接近于零，且不显著，说明企业OFDI对高分位数上出口产品质量并没有提升作用。从整体回归结果来看，企业OFDI对出口产品质量的影响并不是完全对称的条件分布，低分位数和高分位数的回归具有明显的差距，OFDI对低分位出口产品质量的提升效果显著优于对高分位数出口产品质量的影响，原因可能是出口产品质量较低时，企业通过OFDI获得的逆向技术溢出能够有效促进生产技术提升；而当出口产品质量较高时，企业进一步提高产品质量需要更高的技术水平和创新能力，仍然依靠OFDI逆向技术溢出获取技术已无法满足企业产品提质需求，此时企业需要不断提高自主创新能力，通过掌握核心技术以促进出口产品质量提升。

5.5　本章小结

本章在第3章理论基础上，利用2000~2013年样本匹配数据，综合借助固定效应模型(FE)、广义矩估计(GMM)和倾向得分匹配倍差法(PSM-DID)，通过基准回归、动态检验、内生性检验和稳健性检验，考察了企业OFDI对出口产品质量的影响，验证了OFDI促进出口产品质量提升的基本假设。主要得到以下三点结论：

第一，企业OFDI与出口产品质量之间存在正相关关系。总体回归结果表明，对外直接投资显著促进了出口产品质量的提升，同时政府补贴、企业从业人数、企业利润率对出口产品质量的提升起到了积极作用。从动态面板回归结果来看，当期出口产品质量受到了上期企业出口产品质量的正向影响，表明出口产品质量的提升效果存在滞后性。在使用 PSM-DID 控制内生性后，对外直接投资对出口产品质量的提升作用依然稳健。

第二，企业 OFDI 对出口产品质量的效果具有持续性。母公司从获得 OFDI 企业逆向技术溢出传递的先进技术与管理经验，到对这些资源的整合吸收需要一定的时间。通过考察 OFDI 对出口产品质量提升效果是否存在滞后性发现，企业 OFDI 对出口产品质量的影响存在显著的滞后性，滞后效果表现为先上升再下降后又上升的状态，且在滞后 5 年时企业 OFDI 对出口产品质量的提升效果最为显著，存在波动的原因可能与企业生产率差异和吸收能力强弱有关。

第三，企业 OFDI 对出口产品质量的影响为非对称条件分布。随着分位数的上移，OFDI 对出口产品质量的影响逐渐减弱。OFDI 对低分位出口产品质量正向影响效果最大，对高分位出口产品质量的影响接近为零，并没有起到提升效果，即企业 OFDI 对出口产品质量的影响并不是完全对称的条件分布。

6 对外直接投资对出口产品质量的异质性影响检验

第 5 章回归结果表明，对外直接投资总体上显著促进了出口产品质量的提升，但这种促进作用是否因为异质性存在而发生改变？在第 3 章理论分析中，本书从行业异质性、区位异质性和企业异质性三个视角论述了对外直接投资对出口产品质量的异质性影响，并提出了相应假设。本章使用企业微观数据，检验异质性视角下企业 OFDI 对出口产品质量的影响。在计量方法选择上，本章主要使用最小二乘法（OLS）和广义矩估计（系统 GMM）对模型进行基准回归，使用倍差法（DID）解决可能存在的内生性问题，以保证回归结果的稳健性。

6.1 模型设定

为了验证上述假设，本书首先使用 OLS 回归进行验证，模型设定如下：

$$quality_{it} = \alpha_0 + \beta_i X_{it} + \sum \gamma_i V_{it} + v_m + v_j + v_t + \varepsilon_{it} \qquad (6-1)$$

式中，$quality_{it}$ 表示 i 企业 t 年的出口产品质量，X_{it} 为解释变量，表示 i 企业在 t 年不同异质性企业对外直接投资，V_{it} 为控制变量，主要包括政府补贴、从业人数、企业利润率、融资约束、企业管理水平和企业年龄，v_m、v_j 和 v_t 分别表示地区、行业和年份固定效应，ε_{it} 表示随机扰动项。

参考第 5 章模型设定，同时设定动态面板进行分析，模型设定如下：

$$quality_{it} = \alpha_0 + \alpha_1 quality_{i,t-1} + \beta_i X_{it} + \sum \gamma_i V_{it} + \varepsilon_{it} \qquad (6-2)$$

式（6-2）在式（6-1）的基础上加入出口产品质量的一阶滞后项，用以验证出口产品质量滞后项对当期出口产品质量的影响，使用系统 GMM 对动态面板进行回归。

为解决上述回归可能存在的内生性问题，保证回归结果的稳健性，文章进一步使用 DID 检验 OFDI 对出口产品质量的异质性影响，模型设定为：

$$quality_{it} = \alpha_0 + \alpha_1 du_{it} \times dt_{it} + \sum \beta_i V_{it} + v_m + v_j + v_t + \varepsilon_{it} \qquad (6-3)$$

6.2 基于行业异质性的分组回归分析

6.2.1 基准结果分析

本书基于 WIOD 数据库的划分方式及 OECD 制造业的技术分类标准，将 OFDI 样本数据按不同技术水平划分为高、中、低技术行业 OFDI，回归结果如表6-1所示。在不同技术水平下，高、中、低技术行业 OFDI 对出口产品质量升级产生了不同的影响。低技术行业 OFDI 对出口产品质量的影响系数为 0.0132，并通过了 1% 显著水平检验，加入控制变量后系数变化较小，低技术行业主要以纺织品制造业等为主，市场竞争作用明显。企业进行对外直接投资，不但可以扩大海外市场，提高企业利润，还能通过 OFDI 反馈产品销售信息，使企业不断改进优化产品，以提高出口产品质量。中技术行业 OFDI 对出口产品质量的影响不显著。中技术行业技术相对成熟，例如，金属冶炼业、塑料制成品业等，其对外直接投资对技术寻求相对较低，因此并不能有效促进出口产品质量提升。高技术行业 OFDI 在 1% 水平上显著促进了出口产品质量的提升，加入控制变量后，高技术行业 OFDI 每增加一个单位，出口产品质量就提升 2.12%，这类行业如医药制造业、航空设备制造业等，对技术要求相对较高，企业在进行 OFDI 时，主要以学习东道国先进技术为主，技术寻求动机较为明显，子公司将先进技术通过逆向技术溢出反馈至母公司，从而促进出口产品质量的提升。

表6-1 不同技术水平下 OFDI 对出口产品质量的影响

解释变量	静态回归			动态回归		
	低技术 (1)	中技术 (2)	高技术 (3)	低技术 (4)	中技术 (5)	高技术 (6)
$quality$ $(t-1)$				0.1261 (0.1054)	0.0836 *** (0.0206)	0.0944 *** (0.0224)
$ofdi$	0.0107 *** (0.0036)	0.0064 (0.0046)	0.0212 *** (0.0027)	0.5981 ** (0.2897)	0.2472 (0.4095)	0.8742 ** (0.3613)
$lnsubsidy$	0.0011 *** (0.0001)	0.0011 *** (0.0001)	0.0010 *** (0.0001)	0.0018 ** (0.0008)	0.0045 *** (0.0015)	0.0029 * (0.0017)
$lnemployee$	0.0181 *** (0.0003)	0.0181 *** (0.0003)	0.0181 *** (0.0003)	−0.0212 (0.0133)	−0.0223 (0.0136)	−0.0170 (0.0130)
$profitr$	0.0014 ** (0.0006)	0.0014 ** (0.0006)	0.0014 ** (0.0006)	0.0317 (0.0482)	0.0829 (0.0779)	0.0289 (0.0816)

续表

解释变量	静态回归			动态回归		
	低技术 （1）	中技术 （2）	高技术 （3）	低技术 （4）	中技术 （5）	高技术 （6）
fincon	0.0000 （0.0000）	0.0000 （0.0000）	0.0000 （0.0000）	−0.0042 （0.0054）	−0.0332 （0.0372）	−0.0321 （0.0262）
manage	0.0001 （0.0001）	0.0001 （0.0001）	0.0001 （0.0001）	0.0008 （0.0016）	0.0048 （0.0041）	0.0015 （0.0045）
age	−0.0007*** （0.0000）	−0.0007*** （0.0000）	−0.0007*** （0.0000）	−0.0004 （0.0012）	−0.0026 （0.0028）	−0.0045 （0.0029）
Constant	0.5031*** （0.0119）	0.5030*** （0.0119）	0.5035*** （0.0119）	0.6550*** （0.0730）	0.6773*** （0.0860）	0.5893*** （0.0888）
固定效应	是	是	是	否	否	否
AR（1）				0.034	0.058	0.023
AR（2）				0.327	0.191	0.154
Sargan test				0.206	0.854	0.987
N	458898	458898	458898	88416	88416	88416
Groups	131609	131609	131609	30254	30254	30254
R−squared	0.0123	0.0123	0.0125			

注：***、**和*分别表示在1%、5%和10%的统计水平上显著；括号内数值为变量估计系数的标准误，固定效应为地区、行业和年份效应。下表同。

本书根据孙晓华和王昀（2014）对行业的分类标准，将 OFDI 企业所属行业分为轻纺制造业、资源加工行业和机械电子行业。并参考沈能等（2014）的研究，按照行业要素密集度，将样本分为劳动密集型、资本密集型、技术密集型和资源密集型。从表6-2回归结果来看，在行业要素禀赋划分上，轻纺行业、资源加工行业和机械电子行业 OFDI 均有助于出口产品质量提升，但提升效果不同。轻纺行业 OFDI 对出口产品质量的提升效果最低，机械电子行业 OFDI 对出口产品质量的提升效果最高。虽然我国是纺织产品出口大国，但我国纺织制造业仍处于全球价值链中低端位置，利润较低。同时，企业在人力资本和研发投入上相对较少，对 OFDI 逆向技术溢出获得的技术吸收有限，因此对出口产品质量的提升作用较低。资源加工行业 OFDI 对出口产品质量的提升具有显著的促进作用，随着经济的发展，各国对产品质量和环保意识不断增强，生产技术门槛不断提高，企业不仅可以通过 OFDI 获得充足的资源，以保证在生产时提高产品质量，而且企业 OFDI 获得的先进技术和管理经验同样为母国企业生产提供了动力，促进了出口产品质量的提升。机械电子行业 OFDI 对出口产品质量的提升效果最大，机械电子行业对产品研发技术要求较高，相关企业通过在东道国设立研发创新机构，吸收东道国本土人力资本，充分利用东道国先进技术优势，然后通过逆向技术溢出回流至母公司，以促进出口产品质量的提升。

表 6-2　行业异质性下 OFDI 对出口产品质量的影响

解释变量	要素禀赋			要素密集度			
	轻纺业（1）	资源加工（2）	机械电子（3）	劳动密集型（4）	资本密集型（5）	技术密集型（6）	资源密集型（7）
ofdi	0.0108 *** (0.0036)	0.0135 *** (0.0045)	0.0194 *** (0.0028)	0.0080 ** (0.0032)	0.0233 *** (0.0081)	0.0215 *** (0.0028)	0.0011 (0.0094)
ln*subsidy*	0.0011 *** (0.0001)	0.0010 *** (0.0001)	0.0010 *** (0.0001)	0.0011 *** (0.0001)	0.0011 *** (0.0001)	0.0010 *** (0.0001)	0.0011 *** (0.0001)
ln*employee*	0.0181 *** (0.0003)	0.0181 *** (0.0003)	0.0181 *** (0.0003)	0.0181 *** (0.0003)	0.0181 *** (0.0003)	0.0181 *** (0.0003)	0.0181 *** (0.0003)
profitr	0.0014 ** (0.0006)	0.0014 ** (0.0006)	0.0014 ** (0.0006)	0.0014 ** (0.0006)	0.0014 ** (0.0006)	0.0014 ** (0.0006)	0.0014 ** (0.0006)
fincon	0.0000 (0.0000)	0.0000 (0.0000)	0.0000 (0.0000)	0.0000 (0.0000)	0.0000 (0.0000)	0.0000 (0.0000)	0.0000 (0.0000)
manage	0.0001 (0.0001)	0.0001 (0.0001)	0.0001 (0.0001)	0.0001 (0.0001)	0.0001 (0.0001)	0.0001 (0.0001)	0.0001 (0.0001)
age	−0.0007 *** (0.0000)	−0.0007 *** (0.0000)	−0.0007 *** (0.0000)	−0.0007 *** (0.0000)	−0.0007 *** (0.0000)	−0.0007 *** (0.0000)	−0.0007 *** (0.0000)
Constant	0.5031 *** (0.0119)	0.5031 *** (0.0119)	0.5034 *** (0.0119)	0.5031 *** (0.0119)	0.5030 *** (0.0119)	0.5036 *** (0.0119)	0.5029 *** (0.0119)
固定效应	是	是	是	是	是	是	是
N	458898	458898	458898	458898	458898	458898	458898
Groups	131609	131609	131609	131609	131609	131609	131609
R-squared	0.0123	0.0124	0.0124	0.0123	0.0124	0.0125	0.0124

　　按照要素密集度进行划分发现，不同要素密集度行业 OFDI 对出口产品质量的影响具有明显差异，资本密集型和技术密集型 OFDI 在 1% 显著水平上促进了出口产品质量的提升，劳动密集型 OFDI 在 5% 水平上显著提升了出口产品质量，而资源密集型 OFDI 对出口产品质量的影响不显著。资本密集型 OFDI 和技术密

集型 OFDI 对资金和技术要求较高，企业普遍研发投入高，具有较强的创新能力，对出口产品质量升级具有显著的促进作用。劳动密集型行业市场竞争强烈，迫使企业不断通过提高出口产品质量维持竞争力，而资源密集型行业 OFDI 主要以资源寻求为主，并没有明显的质量提升效应。

6.2.2 稳健性检验

为确保回归结果的可靠性和稳健性，本书使用 DID 检验了不同行业技术水平、要素禀赋和要素密集度 OFDI 对出口产品质量的异质性影响，以解决可能存在的内生性问题，回归过程中控制变量与基准回归保持一致，回归结果如表 6-3 所示。从技术水平来看，高技术行业回归结果与基准回归结果一致，表明高技术行业中 OFDI 企业对先进技术的吸收能力较强，有助于出口产品质量提升。低技术行业 OFDI 对出口产品质量回归结果为正但不显著，表明低技术行业 OFDI 在市场竞争中并不能有效促进出口产品质量的提升。中技术行业 OFDI 对出口产品质量回归结果为正但不显著，此处基准回归结果如表 6-1 所示，与基准回归结果的正负性和显著性上保持一致，表明中技术行业企业 OFDI 逆向技术溢出作用并不明显，对技术寻求较低，不具有明显的出口产品提质作用。从要素禀赋来看，机械电子行业 OFDI 在 1% 水平上显著促进了出口产品质量提升，与基准回归结果保持一致，但轻纺业和资源加工业 OFDI 对出口产品质量的影响效果不显著，可能是因为控制内生性后，回归结果更为真实。从要素密集度来看，资本密集型 OFDI 和技术密集型 OFDI 回归结果与基准回归保持一致，表明资本密集型 OFDI 和技术密集型 OFDI 对出口产品质量升级的促进效果具有较强的稳健性，资源密集型 OFDI 对出口产品质量的影响为负但不显著，没有起到明显作用。劳动密集型 OFDI 对出口产品质量的影响由显著促进变为不显著，可能是劳动密集型企业 OFDI 逆向技术溢出不明显，对前沿技术的学习吸收能力较弱，对出口产品质量的提升作用有限。

本书对行业划分使用了不同的分类标准，回归结果具有明显的差异，但也存在共通性。从表 6-3 可以看出，低技术行业、轻纺业、劳动密集型行业和资源密集型行业 OFDI 对出口产品质量均没有起到促进作用，这四类行业普遍具有低资本、低技术的特征，企业投资获得的逆向技术溢出不明显，加上母公司对技术吸收能力较差，导致这四类行业 OFDI 没有带来明显的出口产品提质作用。而高技术行业、机械电子行业、资本密集型和技术密集型行业 OFDI 具有明显的高资本、高研发特征，具有强烈获取技术意愿的企业 OFDI 逆向技术溢出效应明显，加上这类企业在产品研发上具有高投入的特点，有效促进了出口产品质量的提升。

表6-3 不同行业对外直接投资稳健性检验

解释变量	技术水平			要素禀赋			要素密集度			
	低技术	中技术	高技术	轻纺业	资源加工	机械电子	劳动密集	资本密集	技术密集	资源密集
	(1)	(2)	(3)	(4)	(5)	(6)	(7)	(8)	(9)	(10)
$du \times dt$	0.0044 (0.0037)	0.0005 (0.0049)	0.0155*** (0.0029)	0.0043 (0.0037)	0.0062 (0.0048)	0.0140*** (0.0029)	0.0021 (0.0033)	0.0156* (0.0085)	0.0154*** (0.0029)	-0.0033 (0.0101)
lnsubsidy	0.0006** (0.0002)	0.0006** (0.0002)	0.0005** (0.0002)	0.0006** (0.0002)	0.0006** (0.0002)	0.0006** (0.0002)	0.0006** (0.0002)	0.0006** (0.0002)	0.0006** (0.0002)	0.0006** (0.0002)
lnemployee	0.0211*** (0.0006)	0.0211*** (0.0006)	0.0209*** (0.0006)	0.0211*** (0.0006)	0.0211*** (0.0006)	0.0210*** (0.0006)	0.0211*** (0.0006)	0.0211*** (0.0006)	0.0209*** (0.0006)	0.0211*** (0.0006)
profitr	-0.0001 (0.0005)	-0.0001 (0.0005)	-0.0001 (0.0005)	-0.0001 (0.0005)	-0.0001 (0.0005)	-0.0001 (0.0005)	-0.0001 (0.0005)	-0.0001 (0.0005)	-0.0001 (0.0005)	-0.0001 (0.0005)
fincon	-0.0002 (0.0001)	-0.0002 (0.0001)	-0.0002 (0.0001)	-0.0002 (0.0001)	-0.0002 (0.0001)	-0.0002 (0.0001)	-0.0002 (0.0001)	-0.0002 (0.0001)	-0.0002 (0.0001)	-0.0002 (0.0001)
manage	0.0004* (0.0002)	0.0004* (0.0002)	0.0004* (0.0002)	0.0004* (0.0002)	0.0004* (0.0002)	0.0004* (0.0002)	0.0004* (0.0002)	0.0004* (0.0002)	0.0004* (0.0002)	0.0004* (0.0002)
age	-0.0005*** (0.0001)	-0.0005*** (0.0001)	-0.0005*** (0.0001)	-0.0005*** (0.0001)	-0.0005*** (0.0001)	-0.0005*** (0.0001)	-0.0005*** (0.0001)	-0.0005*** (0.0001)	-0.0005*** (0.0001)	-0.0005*** (0.0001)
Constant	0.4322*** (0.0122)	0.4324*** (0.0122)	0.4352*** (0.0122)	0.4322*** (0.0122)	0.4329*** (0.0122)	0.4347*** (0.0122)	0.4324*** (0.0122)	0.4327*** (0.0122)	0.4353*** (0.0122)	0.4323*** (0.0122)
固定效应	是	是	是	是	是	是	是	是	是	是
N	68033	68033	68033	68033	68033	68033	68033	68033	68033	68033
Groups	42537	42537	42537	42537	42537	42537	42537	42537	42537	42537
R-squared	0.0174	0.0174	0.0187	0.0174	0.0175	0.0183	0.0174	0.0176	0.0186	0.0174

6.3 基于区位异质性的分组回归分析

6.3.1 基于母国投资来源异质性的回归结果分析

（1）基准回归

本书将企业 OFDI 按区域划分为东部地区 OFDI、中部地区 OFDI 和西部地区 OFDI，表 6-4 为不同投资来源 OFDI 对出口产品质量影响的回归结果。从静态回归结果来看，东部地区 OFDI 与中部地区 OFDI 显著促进了出口产品质量提升，而西部地区 OFDI 对出口产品质量的影响为负。东、中、西部地区经济差异较大，OFDI 在地区上呈现出显著的不平衡性，东部地区市场结构相对完善，产权保护力度相对较强，具有较高的人力资本投入与研发投入，企业创新能力较强，有助于出口产品质量提升。西部地区企业学习能力相对较弱，对国外前沿技术吸收效率不高，不利于出口产品质量提升。从系统 GMM 回归结果来看，东部地区 OFDI 和西部地区 OFDI 对出口产品质量影响在回归系数的符号和显著性上与静态回归保持一致，中部地区回归结果由正转负，但不显著，这可能是因为系统 GMM 在回归时样本量缩小造成的，具体原因须进一步验证。

表 6-4 不同投资来源 OFDI 对出口产品质量的影响

解释变量	静态回归			动态回归		
	东部地区 （1）	中部地区 （2）	西部地区 （3）	东部地区 （4）	中部地区 （5）	西部地区 （6）
$quality$ $(t-1)$				0.0610*** （0.0119）	0.1602 （0.1389）	0.1199*** （0.0160）
$ofdi$	0.0170*** （0.0021）	0.0205** （0.0096）	−0.0005 （0.0140）	0.9911*** （0.1874）	−0.2162 （1.2925）	−0.5006 （1.4162）
ln$subsidy$	0.0010*** （0.0001）	0.0011*** （0.0001）	0.0011*** （0.0001）	0.0034** （0.0014）	0.0033*** （0.0009）	0.0031*** （0.0009）
ln$employee$	0.0180*** （0.0003）	0.0181*** （0.0003）	0.0181*** （0.0003）	0.0000 （0.0060）	0.0094 （0.0064）	−0.0104 （0.0140）
$profitr$	0.0014** （0.0006）	0.0014** （0.0006）	0.0014** （0.0006）	0.1020*** （0.0390）	−0.0279 （0.0387）	0.0259 （0.0430）
$fincon$	0.0000 （0.0000）	0.0000 （0.0000）	0.0000 （0.0000）	−0.0216 （0.0171）	−0.0022 （0.0020）	−0.0269 （0.0229）
$manage$	0.0001 （0.0001）	0.0001 （0.0001）	0.0001 （0.0001）	−0.0003 （0.0006）	0.0078*** （0.0024）	0.0056** （0.0028）

续表

解释变量	静态回归			动态回归		
	东部地区 (1)	中部地区 (2)	西部地区 (3)	东部地区 (4)	中部地区 (5)	西部地区 (6)
age	−0.0007 *** (0.0000)	−0.0007 *** (0.0000)	−0.0007 *** (0.0000)	−0.0008 *** (0.0002)	−0.0016 (0.0020)	0.0006 (0.0027)
Constant	0.5034 *** (0.0119)	0.5030 *** (0.0119)	0.5029 *** (0.0119)	0.5685 *** (0.0415)	0.2342 ** (0.1129)	0.4503 *** (0.0337)
固定效应	是	是	是	否	否	否
AR(1)				0.000	0.007	0.047
AR(2)				0.696	0.475	0.953
Sargan test				0.162	0.622	0.486
N	458898	458898	458898	110238	110238	110238
Groups	131609	131609	131609	33490	33490	33490
R-squared	0.0124	0.0124	0.0124			

在地区划分上，东、中、西部地区划分标准相对庞大，因此，本书对地域进一步细分，在城市发展过程中，由于地理条件、资源禀赋等因素的差异，若干个不同规模、不同发展形态的城市汇聚在一起，形成以中心城市为引领，城市群带动周边城市协同发展的新模式，那么，不同城市群对外直接投资差距是否明显？是否影响了企业出口产品质量？对此，本书根据第4章对城市群的划分，基于城市群视角检验OFDI对出口产品质量的影响，回归结果如表6-5所示。

表6-5 不同城市群 OFDI 对出口产品质量的影响

解释变量	京津冀 (1)	长三角 (2)	珠三角 (3)	成渝 (4)	长江中游 (5)	中原 (6)	关中平原 (7)
ofdi	0.0122 (0.0090)	0.0181 *** (0.0027)	0.0231 *** (0.0057)	−0.0044 (0.0194)	0.0235 (0.0181)	0.0383 *** (0.0133)	0.0252 (0.0291)
ln*subsidy*	0.0011 *** (0.0001)	0.0011 *** (0.0001)	0.0011 *** (0.0001)	0.0011 *** (0.0001)	0.0011 *** (0.0001)	0.0011 *** (0.0001)	0.0011 *** (0.0001)
ln*employee*	0.0182 *** (0.0003)	0.0182 *** (0.0003)	0.0182 *** (0.0003)	0.0182 *** (0.0003)	0.0182 *** (0.0003)	0.0182 *** (0.0003)	0.0182 *** (0.0003)
profitr	0.0014 ** (0.0006)	0.0014 ** (0.0006)	0.0014 ** (0.0006)	0.0014 ** (0.0006)	0.0014 ** (0.0006)	0.0014 ** (0.0006)	0.0014 ** (0.0006)
fincon	0.0000 (0.0000)	0.0000 (0.0000)	0.0000 (0.0000)	0.0000 (0.0000)	0.0000 (0.0000)	0.0000 (0.0000)	0.0000 (0.0000)

解释变量	京津冀	长三角	珠三角	成渝	长江中游	中原	关中平原
	（1）	（2）	（3）	（4）	（5）	（6）	（7）
manage	0.0001	0.0001	0.0001	0.0001	0.0001	0.0001	0.0001
	（0.0001）	（0.0001）	（0.0001）	（0.0001）	（0.0001）	（0.0001）	（0.0001）
age	-0.0007 ***	-0.0007 ***	-0.0007 ***	-0.0007 ***	-0.0007 ***	-0.0007 ***	-0.0007 ***
	（0.0000）	（0.0000）	（0.0000）	（0.0000）	（0.0000）	（0.0000）	（0.0000）
Constant	0.4672 ***	0.4675 ***	0.4673 ***	0.4672 ***	0.4673 ***	0.4672 ***	0.4672 ***
	（0.0049）	（0.0049）	（0.0049）	（0.0049）	（0.0049）	（0.0049）	（0.0049）
固定效应	是	是	是	是	是	是	是
N	457176	457176	457176	457176	457176	457176	457176
Groups	130747	130747	130747	130747	130747	130747	130747
R-squared	0.0123	0.0124	0.0123	0.0123	0.0123	0.0123	0.0123

从回归结果来看，珠三角城市群、长三角城市群和中原城市群 OFDI 显著促进了出口产品质量的提升。珠三角、长三角地区开放程度高，城市群内部整体经济活力较强，工业化水平高，企业 OFDI 获得的逆向技术溢出除了作用于自身外，也带动了城市群整体创新能力的提升，进而促进了出口产品质量升级；以郑州为中心的中原城市群处于内陆地区对外开放新高地，对外直接投资对出口产品质量的影响效果明显。而京津冀城市群、长江中游城市群和关中平原城市群 OFDI 虽对出口产品质量的影响系数为正但不显著，并没有起到产品提质作用，成渝城市群 OFDI 对出口产品质量的影响为负但不显著。原因可能是在样本期内，京津冀城市群内部城市经济资源差异较大，企业创新资源投入和创新活力相对较低，OFDI 对出口产品质量的影响较弱。长江中游城市群、关中平原城市群和成渝城市群位于中西部地区，对外直接投资相对较少，企业对 OFDI 逆向技术溢出吸收能力较弱，对出口产品质量的提升作用有限。

（2）稳健性检验

为确保回归结果的可靠性，本书使用 DID 对以上回归进行稳健性检验，以解决可能存在的内生性问题，回归过程中控制变量与基准回归保持一致，回归结果如表6-6所示。东部地区 OFDI 在 1%水平上显著促进了出口产品质量的提升，加入控制变量后回归结果依然稳健，东部地区 OFDI 每增加一个单位，出口产品质量提升 1.59%；中部地区 OFDI 在 5%水平上显著促进了出口产品质量升级，但加入控制变量后回归结果不显著；西部地区 OFDI 回归过程中无论是否加入控制变量，对出口产品质量均未起到提质作用。从表6-7不同城市群 DID 稳健性检验来看，无论是否变换回归方法，中原城市群、长三角城市群和珠三角城市群

OFDI 依然显著促进了出口产品质量的提升。京津冀城市群、长江中游城市群和关中平原城市群 OFDI 对出口产品质量的影响为正但依旧不显著，回归结果与 OLS 回归结果基本一致，表明回归结果相对稳健。

表6-6 不同投资来源 OFDI 对出口产品质量影响的稳健性检验

解释变量	东部地区		中部地区		西部地区	
	（1）	（2）	（3）	（4）	（5）	（6）
$du \times dt$	0.0159***	0.0106***	0.0203**	0.0137	0.0065	0.0008
	（0.0022）	（0.0022）	（0.0101）	（0.0100）	（0.0143）	（0.0141）
lnsubsidy		0.0006**		0.0006**		0.0006**
		（0.0002）		（0.0002）		（0.0002）
lnemployee		0.0209***		0.0211***		0.0211***
		（0.0006）		（0.0006）		（0.0006）
profitr		−0.0001		−0.0001		−0.0001
		（0.0005）		（0.0005）		（0.0005）
fincon		−0.0002		−0.0002		−0.0002
		（0.0001）		（0.0001）		（0.0001）
manage		0.0004*		0.0003*		0.0004*
		（0.0002）		（0.0002）		（0.0002）
age		−0.0005***		−0.0005***		−0.0005***
		（0.0001）		（0.0001）		（0.0001）
Constant	0.5347***	0.4345***	0.5332***	0.4326***	0.5331***	0.4324***
	（0.0119）	（0.0122）	（0.0119）	（0.0122）	（0.0119）	（0.0122）
固定效应	是	是	是	是	是	是
N	68033	68033	68033	68033	68033	68033
Groups	42537	42537	42537	42537	42537	42537
R-squared	0.0179	0.0181	0.0175	0.0176	0.0174	0.0174

表6-7 不同城市群 OFDI 对出口产品质量影响的稳健性检验

解释变量	京津冀	长三角	珠三角	成渝	长江中游	中原	关中平原
	（1）	（2）	（3）	（4）	（5）	（6）	（7）
$du \times dt$	0.0014	0.0119***	0.0161***	0.0027	0.0125	0.0301**	0.0199
	（0.0087）	（0.0028）	（0.0056）	（0.0181）	（0.0179）	（0.0133）	（0.0288）
lnsubsidy	0.0006**	0.0006**	0.0006**	0.0006**	0.0006**	0.0006**	0.0006**
	（0.0002）	（0.0002）	（0.0002）	（0.0002）	（0.0002）	（0.0002）	（0.0002）
lnemployee	0.0211***	0.0210***	0.0211***	0.0211***	0.0211***	0.0211***	0.0211***
	（0.0006）	（0.0006）	（0.0006）	（0.0006）	（0.0006）	（0.0006）	（0.0006）

解释变量	京津冀	长三角	珠三角	成渝	长江中游	中原	关中平原
	（1）	（2）	（3）	（4）	（5）	（6）	（7）
profitr	−0.0001	−0.0001	−0.0001	−0.0001	−0.0001	−0.0001	−0.0001
	（0.0005）	（0.0005）	（0.0005）	（0.0005）	（0.0005）	（0.0005）	（0.0005）
fincon	−0.0002	−0.0002	−0.0002	−0.0002	−0.0002	−0.0002	−0.0002
	（0.0001）	（0.0001）	（0.0001）	（0.0001）	（0.0001）	（0.0001）	（0.0001）
manage	0.0004 *	0.0004 *	0.0004 *	0.0004 *	0.0004 *	0.0003 *	0.0004 *
	（0.0002）	（0.0002）	（0.0002）	（0.0002）	（0.0002）	（0.0002）	（0.0002）
age	−0.0005 ***	−0.0005 ***	−0.0005 ***	−0.0005 ***	−0.0005 ***	−0.0005 ***	−0.0005 ***
	（0.0001）	（0.0001）	（0.0001）	（0.0001）	（0.0001）	（0.0001）	（0.0001）
Constant	0.4324 ***	0.4339 ***	0.4330 ***	0.4324 ***	0.4325 ***	0.4326 ***	0.4324 ***
	（0.0122）	（0.0122）	（0.0122）	（0.0122）	（0.0122）	（0.0122）	（0.0122）
固定效应	是	是	是	是	是	是	是
N	68033	68033	68033	68033	68033	68033	68033
Groups	42537	42537	42537	42537	42537	42537	42537
R−squared	0.0174	0.0178	0.0176	0.0174	0.0175	0.0176	0.0175

6.3.2 基于东道国投资区位异质性的回归结果分析

（1）基准回归

表6-8反映了位于不同投资区位企业 OFDI 对出口产品质量的影响，企业无论是投向 OECD 国家还是投向非 OECD 国家，对出口产品质量均有促进作用。企业向发达国家（地区）投资侧重于技术寻求，以缩小与发达国家（地区）企业在技术上的差距，对外直接投资企业通过在 OECD 国家设立研发机构或与东道国企业进行合作，通过示范效应和竞争效应，获取东道国技术知识和管理经验，并通过逆向技术溢出回流至母国，提升母国企业创新能力。企业向高收入国家进行 OFDI 所带来的逆向技术溢出效应更明显，对企业的"产品升级效应"更强，更有助于出口产品质量的提升。系统 GMM 回归结果与 OLS 回归结果在系数符号和显著性上保持一致。

表 6-8　不同投资区位 OFDI 对出口产品质量的影响

解释变量	静态回归		动态回归	
	OECD	非 OECD	OECD	非 OECD
	（1）	（2）	（3）	（4）
quality (*t*−1)			0.1190	0.1327
			（0.1134）	（0.1205）

续表

解释变量	静态回归		动态回归	
	OECD	非 OECD	OECD	非 OECD
	（1）	（2）	（3）	（4）
ofdi	0.0096 ***	0.0200 ***	0.8537 ***	0.9868 ***
	（0.0031）	（0.0025）	（0.2686）	（0.3103）
lnsubsidy	0.0010 ***	0.0010 ***	0.0031 ***	0.0038 ***
	（0.0001）	（0.0001）	（0.0008）	（0.0010）
lnemployee	0.0181 ***	0.0181 ***	−0.0010	0.0017
	（0.0003）	（0.0003）	（0.0077）	（0.0077）
profitr	0.0014 **	0.0014 **	0.0195	−0.0007
	（0.0006）	（0.0006）	（0.0472）	（0.0518）
fincon	0.0000	0.0000	−0.0129	−0.0270
	（0.0000）	（0.0000）	（0.0180）	（0.0223）
manage	0.0001	0.0001	0.0016	0.0019
	（0.0001）	（0.0001）	（0.0011）	（0.0014）
age	−0.0007 ***	−0.0007 ***	−0.0008 ***	−0.0006 ***
	（0.0000）	（0.0000）	（0.0002）	（0.0002）
Constant	0.5031 ***	0.5033 ***	0.4493 ***	0.4996 ***
	（0.0119）	（0.0119）	（0.0559）	（0.0734）
固定效应	是	是	否	否
AR（1）			0.087	0.058
AR（2）			0.233	0.263
Sargan test			0.204	0.787
N	458898	458898	175902	175902
Groups	131609	131609	60136	60136
R-squared	0.0124	0.0124		

进一步地，本书对投资区位按经济发展水平分为逆梯度投资和顺梯度投资，投向发达国家（地区）的为逆梯度投资，投向发展中国家（地区）的为顺梯度投资。从表6-9中的回归结果来看，无论是逆梯度投资还是顺梯度投资，均显著促进了出口产品质量的提升，但顺梯度投资对出口产品质量的提升效果优于逆梯度投资。理论分析表明，企业通过逆梯度投资可以与东道国研发机构和高校等进行科研合作，加快企业研发速度，推动产品质量提升；顺梯度投资不仅可以使企业获得生产资源，带动国内相关生产设备、零部件以及新技术的出口，还可以通过边际产业转移提高国内企业的生产效率，促进出口产品质量提升。

表 6-9　不同梯度 OFDI 对出口产品质量的影响

解释变量	逆梯度投资		顺梯度投资	
	（1）	（2）	（3）	（4）
$ofdi$	0.0086 ***	0.0061 ***	0.0184 ***	0.0154 ***
	（0.0022）	（0.0022）	（0.0020）	（0.0020）
$\ln subsidy$		0.0011 ***		0.0010 ***
		（0.0001）		（0.0001）
$\ln employee$		0.0181 ***		0.0181 ***
		（0.0003）		（0.0003）
$profitr$		0.0014 **		0.0014 **
		（0.0006）		（0.0006）
$fincon$		0.0000		0.0000
		（0.0000）		（0.0000）
$manage$		0.0001		0.0001
		（0.0001）		（0.0001）
age		−0.0007 ***		−0.0007 ***
		（0.0000）		（0.0000）
$Constant$	0.5981 ***	0.5031 ***	0.5981 ***	0.5032 ***
	（0.0113）	（0.0119）	（0.0113）	（0.0119）
固定效应	是	是	是	是
N	458898	458898	458898	458898
Groups	131609	131609	131609	131609
R−squared	0.0103	0.0123	0.0103	0.0124

表 6-10 为对投资东道国按是否为共建"一带一路"国家进行划分后的回归结果，加入控制变量后，共建"一带一路"国家 OFDI 对出口产品质量的提升效果要优于非共建"一带一路"国家。共建"一带一路"国家与中国在地理距离上相对较近，具有一定的区位优势，并且共建"一带一路"较多为欠发达国家（地区），企业在这些国家投资会因为价值链位势攀升差（王桂军和张辉，2020），倒逼企业提升创新意愿，有助于出口企业产品质量提升。

表 6-10　共建"一带一路"国家 OFDI 对出口产品质量的影响

解释变量	共建"一带一路"国家		非共建"一带一路"国家	
	（1）	（2）	（3）	（4）
$ofdi$	0.0135 ***	0.0112 ***	0.0143 ***	0.0111 ***
	（0.0022）	（0.0022）	（0.0021）	（0.0021）

续表

解释变量	共建"一带一路"国家		非共建"一带一路"国家	
	(1)	(2)	(3)	(4)
lnsubsidy		0.0010*** (0.0001)		0.0010*** (0.0001)
lnemployee		0.0181*** (0.0003)		0.0181*** (0.0003)
profitr		0.0014** (0.0006)		0.0014** (0.0006)
fincon		0.0000 (0.0000)		0.0000 (0.0000)
manage		0.0001 (0.0001)		0.0001 (0.0001)
age		−0.0007*** (0.0000)		−0.0007*** (0.0000)
Constant	0.5980*** (0.0113)	0.5030*** (0.0119)	0.5982*** (0.0113)	0.5033*** (0.0119)
固定效应	是	是	是	是
N	458898	458898	458898	458898
Groups	131609	131609	131609	131609
R-squared	0.0103	0.0124	0.0103	0.0124

本书进一步按全球治理指数对投资东道国进行划分，以区分 OFDI 东道国制度环境差异，由于全球治理指数 2001 年缺失，本书使用 2000 年和 2002 年均值替代 2001 年数据，把指数从低到高位于前 25% 的国家定义为制度环境差的国家或地区，位于后 25% 定义为制度环境好的国家或地区，其余为制度环境一般的国家或地区。从表 6-11 的回归结果来看，企业 OFDI 投向制度环境差的国家或地区对出口产品质量的提升效果显著优于投向制度环境好的国家，造成这一结果的原因可能是，制度环境差的国家或地区虽然营商环境相对较差，但进入门槛低，OFDI 企业更容易获得高额利润，进而便于将利润转向企业研发创新上，促进出口产品质量的提升。

表 6-11　制度环境差异下 OFDI 对出口产品质量的影响

解释变量	制度环境差		制度环境一般		制度环境好	
	(1)	(2)	(3)	(4)	(5)	(6)
ofdi	0.0164*** (0.0024)	0.0145*** (0.0024)	0.0123*** (0.0022)	0.0094*** (0.0022)	0.0085*** (0.0026)	0.0061** (0.0026)

解释变量	制度环境差		制度环境一般		制度环境好	
	（1）	（2）	（3）	（4）	（5）	（6）
ln*subsidy*		0.0010 ***		0.0010 ***		0.0011 ***
		（0.0001）		（0.0001）		（0.0001）
ln*employee*		0.0181 ***		0.0181 ***		0.0181 ***
		（0.0003）		（0.0003）		（0.0003）
profitr		0.0014 **		0.0014 **		0.0014 **
		（0.0006）		（0.0006）		（0.0006）
fincon		0.0000		0.0000		0.0000
		（0.0000）		（0.0000）		（0.0000）
manage		0.0001		0.0001		0.0001
		（0.0001）		（0.0001）		（0.0001）
age		−0.0007 ***		−0.0007 ***		−0.0007 ***
		（0.0000）		（0.0000）		（0.0000）
Constant	0.5981 ***	0.5030 ***	0.5981 ***	0.5031 ***	0.5981 ***	0.5030 ***
	（0.0113）	（0.0119）	（0.0113）	（0.0119）	（0.0113）	（0.0119）
固定效应	是	是	是	是	是	是
N	458898	458898	458898	458898	458898	458898
Groups	131609	131609	131609	131609	131609	131609
R-squared	0.0103	0.0124	0.0103	0.0124	0.0103	0.0124

（2）稳健性检验

为确保回归结果的可靠性，本书使用 DID 对回归结果进行稳健性检验，以解决可能存在的内生性问题，回归过程中控制变量与基准回归保持一致，回归结果如表6-12所示。

从表6-12可以看出，OFDI 企业投向非 OECD 国家对出口产品质量的影响优于投向 OECD 国家，顺梯度投资对出口产品质量更具有提质作用，"一带一路"对外直接投资对出口产品质量的促进作用略高于非"一带一路"投资，企业在制度环境差的地区进行投资对出口产品质量的影响更显著，以上 DID 回归结果和固定效应回归结果基本一致，表明回归结果比较稳定。

表6-12 投资区位稳健性检验

解释变量	是否OCED		梯度差异		是否"一带一路"		制度环境差异		
	OECD	非OECD	逆梯度	顺梯度	"一带一路"	非"一带一路"	制度环境差	制度环境一般	制度环境好
	(1)	(2)	(3)	(4)	(5)	(6)	(7)	(8)	(9)
du×dt	0.0018 (0.0032)	0.0147*** (0.0026)	0.0021 (0.0023)	0.0106*** (0.0020)	0.0067*** (0.0022)	0.0064*** (0.0021)	0.0102*** (0.0025)	0.0053** (0.0022)	0.0021 (0.0027)
lnsubsidy	0.0006** (0.0002)	0.0006** (0.0002)	0.0006** (0.0002)	0.0006** (0.0002)	0.0006** (0.0002)	0.0006** (0.0002)	0.0006** (0.0002)	0.0006** (0.0002)	0.0006** (0.0002)
lnemployee	0.0211*** (0.0006)	0.0210*** (0.0006)	0.0211*** (0.0006)	0.0210*** (0.0006)	0.0211*** (0.0006)	0.0210*** (0.0006)	0.0211*** (0.0006)	0.0211*** (0.0006)	0.0211*** (0.0006)
profit	-0.0001 (0.0005)	-0.0001 (0.0005)	-0.0001 (0.0005)	-0.0001 (0.0005)	-0.0001 (0.0005)	-0.0001 (0.0005)	-0.0001 (0.0005)	-0.0001 (0.0005)	-0.0001 (0.0005)
fincon	-0.0002 (0.0001)	-0.0002 (0.0001)	-0.0002 (0.0001)	-0.0002 (0.0001)	-0.0002 (0.0001)	-0.0002 (0.0001)	-0.0002 (0.0001)	-0.0002 (0.0001)	-0.0002 (0.0001)
manage	0.0004* (0.0002)	0.0004* (0.0002)	0.0004* (0.0002)	0.0004* (0.0002)	0.0004* (0.0002)	0.0004* (0.0002)	0.0004* (0.0002)	0.0004* (0.0002)	0.0004* (0.0002)
age	-0.0005*** (0.0001)	-0.0005*** (0.0001)	-0.0005*** (0.0001)	-0.0005*** (0.0001)	-0.0005*** (0.0001)	-0.0005*** (0.0001)	-0.0005*** (0.0001)	-0.0005*** (0.0001)	-0.0005*** (0.0001)
Constant	0.4325*** (0.0122)	0.4342*** (0.0122)	0.4326*** (0.0122)	0.4337*** (0.0122)	0.4329*** (0.0122)	0.4333*** (0.0122)	0.4330*** (0.0122)	0.4329*** (0.0122)	0.4325*** (0.0122)
固定效应	是	是	是	是	是	是	是	是	是
N	68033	68033	68033	68033	68033	68033	68033	68033	68033
Groups	42537	42537	42537	42537	42537	42537	42537	42537	42537
R-squared	0.0174	0.0183	0.0174	0.0181	0.0176	0.0176	0.0178	0.0176	0.0174

6.4 基于企业异质性的分组回归分析

6.4.1 基于企业所有制异质性的回归结果分析

（1）基准回归

表6-13报告了不同投资主体OFDI对出口产品质量的回归结果，第（1）～第（3）列为OLS回归结果，第（4）～第（6）列汇报了系统GMM的回归结果。无论是静态回归还是动态回归，国有企业OFDI对出口产品质量的影响均为负但不显著，原因可能是国有企业学习吸收能力较弱，政治依附性强，投资目的更多带有国家战略意义，并且国有企业在生产效率和创新效率上相比民营企业和外资企业具有明显差异，因而对企业出口产品质量的提升作用不显著。民营企业OFDI显著促进了出口产品质量提升，民营企业在融资政策上没有国有企业和外资企业便利，但可通过对外直接投资有效缓解企业面临的融资约束问题，加上民营企业产权明晰，公司经营更加灵活，能有效利用创新资源，学习吸收效应较强，能够较好地吸收新技术与新知识，并以效率为导向实现企业利润最大化，因此更有利于企业创新和产品质量的提升。从外资企业OFDI对出口产品质量的影响结果来看，OLS回归结果在10%水平上显著，而系统GMM回归结果表明外资企业OFDI正向影响了出口产品质量的提升，但不显著。总体来看，外资企业OFDI对出口产品质量的作用有待进一步考察。

表6-13　不同投资主体OFDI对出口产品质量的影响

解释变量	静态回归			动态回归		
	国有企业	民营企业	外资企业	国有企业	民营企业	外资企业
	（1）	（2）	（3）	（4）	（5）	（6）
$quality$ $(t-1)$				0.1297 (0.1473)	0.1921 (0.1454)	0.1243 (0.1515)
$ofdi$	−0.0036 (0.0177)	0.0215 *** (0.0025)	0.0067 * (0.0036)	−1.2493 (2.5530)	0.6794 ** (0.3076)	0.4167 (0.4035)
ln$subsidy$	0.0011 *** (0.0001)	0.0010 *** (0.0001)	0.0011 *** (0.0001)	0.0044 *** (0.0014)	0.0035 *** (0.0013)	0.0039 *** (0.0010)
ln$employee$	0.0181 *** (0.0003)	0.0181 *** (0.0003)	0.0181 *** (0.0003)	−0.0181 (0.0132)	−0.0312 ** (0.0138)	−0.0252 * (0.0153)

解释变量	静态回归			动态回归		
	国有企业	民营企业	外资企业	国有企业	民营企业	外资企业
	（1）	（2）	（3）	（4）	（5）	（6）
profitr	0.0014 **	0.0014 **	0.0014 **	−0.0128	0.0026	−0.0439
	（0.0006）	（0.0006）	（0.0006）	（0.0429）	（0.0402）	（0.0426）
fincon	0.0000	0.0000	0.0000	−0.0021	−0.0014	−0.0024
	（0.0000）	（0.0000）	（0.0000）	（0.0026）	（0.0016）	（0.0019）
manage	0.0001	0.0001	0.0001	0.0070 **	0.0054 **	0.0078 ***
	（0.0001）	（0.0001）	（0.0001）	（0.0028）	（0.0023）	（0.0024）
age	−0.0007 ***	−0.0007 ***	−0.0007 ***	−0.0017	−0.0020	−0.0015
	（0.0000）	（0.0000）	（0.0000）	（0.0023）	（0.0019）	（0.0019）
Constant	0.5029 ***	0.5035 ***	0.5030 ***	0.2107 *	0.3098 **	0.3074 **
	（0.0119）	（0.0119）	（0.0119）	（0.1211）	（0.1264）	（0.1332）
固定效应	是	是	是	否	否	否
AR（1）				0.009	0.005	0.026
AR（2）				0.618	0.832	0.168
Sargan test				0.849	0.441	0.551
N	458898	458898	458898	110238	110238	110238
Groups	131609	131609	131609	33490	33490	33490
R-squared	0.0124	0.0125	0.0123			

改革开放后，为招商引资，各地方政府纷纷提出各种优惠政策，使得外资企业迅速发展，外资主要通过两种方式进入东道国：一是与东道国本土企业合资组建企业；二是在东道国设立独资分支子公司。中外合资企业和外商独资企业在进行对外直接投资时，对出口产品质量的影响是否具有差异？为验证这一问题，本书根据企业注册类型，将外资企业进一步细分为中外合资企业和外商独资企业，验证不同类型外资企业 OFDI 对出口产品质量的影响。

从表 6-14 回归结果可以看出，在未加入控制变量时，中外合资企业和外商独资企业均显著促进了出口产品质量的提升，但中外合资企业 OFDI 的质量提升效果要显著大于外商独资企业。产生这一结果的原因可能是外商投资与东道国企业组成合资企业时，带来了先进管理经验和国际市场网络等，对母国企业具有溢出效应和示范效应，进而提高母国企业技术水平。中外合资企业在进行对外直接投资时，更倾向于技术寻求和先进管理经验的学习，因此对出口产品质量的提升作用更明显。加入控制变量后，外商独资企业 OFDI 对出口产品质量的影响不显著，外商独资企业更倾向于把具有较高技术含量的研发环节留在母国，而将低技术含量的研发创新活动转移至东道国。当外商独资企业需要技术时，由母公司进行技术转移，这样降低了外商独资企业在东道国的研发创新活力，外商独资企业在东道国仅从事面向市场的生产和销售活动，拉低外资企业平均创新水平，不仅没有对出口产品质量的提升起到作用，反而对整体外资企业 OFDI 对出口产品质量的影响起到抑制作用，这也解释了表 6-14 中外资企业 OFDI 没有显著促进出口产品质量的原因。

表 6-14　不同外资企业 OFDI 对出口产品质量的影响

解释变量	中外合资企业		外商独资企业	
	（1）	（2）	（3）	（4）
ofdi	0.0115 ***	0.0071 *	0.0095 *	0.0063
	（0.0037）	（0.0037）	（0.0050）	（0.0050）
lnsubsidy		0.0010 ***		0.0010 ***
		（0.0001）		（0.0001）
lnemployee		0.0179 ***		0.0179 ***
		（0.0003）		（0.0003）
profitr		0.0013 ***		0.0013 ***
		（0.0004）		（0.0004）
fincon		0.0000		0.0000
		（0.0000）		（0.0000）
manage		0.0001		0.0001
		（0.0001）		（0.0001）
age		−0.0007 ***		−0.0007 ***
		（0.0000）		（0.0000）
Constant	0.5981 ***	0.4871 ***	0.5981 ***	0.4871 ***
	（0.0112）	（0.0111）	（0.0112）	（0.0111）
固定效应	是	是	是	是
N	458898	458898	458898	458898
Groups	131609	131609	131609	131609
R−squared	0.0103	0.0123	0.0103	0.0123

（2）稳健性检验

为确保上述回归结果的稳健性，根据第 5 章 PSM 匹配结果，本书进一步使用 DID 检验投资主体异质性对出口产品质量的影响，通过固定效应对模型 6-15 进行回归分析，回归过程中仍使用政府补贴、从业人数、企业利润率、融资约束、企业管理水平和企业年龄作为控制变量，估计结果如表 6-15 所示。

表 6-15 不同投资主体 OFDI 对出口产品质量影响的稳健性检验

解释变量	国有企业		民营企业		外资企业			
					中外合资企业		外商独资企业	
	（1）	（2）	（3）	（4）	（5）	（6）	（7）	（8）
$du×dt$	−0.0032 (0.0174)	−0.0104 (0.0177)	0.0196*** (0.0026)	0.0151*** (0.0025)	0.0184*** (0.0041)	0.0100** (0.0041)	0.0169*** (0.0064)	0.0092 (0.0064)
$lnsubsidy$		0.0006** (0.0002)		0.0006** (0.0002)		0.0004 (0.0002)		0.0004 (0.0002)
$lnemployee$		0.0211*** (0.0006)		0.0209*** (0.0006)		0.0222*** (0.0006)		0.0223*** (0.0006)
$profitr$		−0.0001 (0.0005)		−0.0001 (0.0005)		−0.0001 (0.0005)		−0.0001 (0.0005)
$fincon$		−0.0002 (0.0001)		−0.0002 (0.0001)		−0.0001 (0.0001)		−0.0001 (0.0001)
$manage$		0.0004* (0.0002)		0.0004* (0.0002)		0.0006*** (0.0002)		0.0006*** (0.0002)
age		−0.0005*** (0.0001)		−0.0005*** (0.0001)		−0.0004*** (0.0001)		−0.0004*** (0.0001)
$Constant$	0.5331*** (0.0119)	0.4322*** (0.0122)	0.5341*** (0.0119)	0.4342*** (0.0122)	0.5769*** (0.0100)	0.4662*** (0.0105)	0.5772*** (0.0100)	0.4661*** (0.0105)
固定效应	是	是	是	是	是	是	是	是
N	68033	68033	68033	68033	68033	68033	68033	68033
Groups	42537	42537	42537	42537	42537	42537	42537	42537
R-squared	0.0174	0.0174	0.0190	0.0188	0.0006	0.0043	0.0005	0.0043

从表 6-15 中可以看出，使用 DID 回归后，国有企业 OFDI 对出口产品质量的影响为负且不显著，加入控制变量后 $du×dt$ 回归系数显著性并没有发生变化，表明国有企业 OFDI 对出口产品质量的提升无明显作用。民营企业 OFDI 在 1% 水平上显著促进了出口产品质量的提升，加入控制变量后，民营企业 OFDI 每增加一个单位，出口产品质量提升 1.51%。在外资企业 OFDI 影响出口产品质量的回归中，中外合资企业显著促进了出口产品质量的提升，外商独资企业在加入控制变量后对出口产品质量的影响不显著。整体回归结果与上述基准回归结果基本保持一致，证明结果具有较强的稳健性。

6.4.2 基于企业生产率异质性的回归结果分析

（1）基准回归

按 OFDI 企业劳动生产率不同，本书将 OFDI 企业分为高生产率企业 OFDI 和低生产率企业 OFDI，其中企业劳动生产率由企业工业总产值与年均平均就业人数之比取对数表示，把大于劳动生产率中位数的企业划分为高生产率企业，小于生产率中位数的企业划分为低生产率企业（见表 6-16）。

表 6-16　不同生产率 OFDI 对出口产品质量的影响

解释变量	静态回归		动态回归	
	高生产率（1）	低生产率（2）	高生产率（3）	低生产率（4）
quality (t-1)			0.1136 *** (0.0158)	0.0744 (0.1441)
ofdi	0.0205 *** (0.0022)	0.0003 (0.0028)	0.4093 *** (0.1382)	0.1608 (0.2496)
lnsubsidy	0.0010 *** (0.0001)	0.0011 *** (0.0001)	0.0042 *** (0.0011)	0.0021 ** (0.0011)
lnemployee	0.0181 *** (0.0003)	0.0181 *** (0.0003)	−0.0056 (0.0112)	−0.0034 (0.0146)
profitr	0.0014 ** (0.0006)	0.0014 ** (0.0006)	0.0821 (0.0504)	0.0151 (0.0115)
fincon	0.0000 (0.0000)	0.0000 (0.0000)	−0.0293 (0.0226)	−0.0028 (0.0034)
manage	0.0001 (0.0001)	0.0001 (0.0001)	0.0052 (0.0033)	−0.0022 * (0.0012)
age	−0.0007 *** (0.0000)	−0.0007 *** (0.0000)	0.0011 (0.0015)	−0.0007 (0.0004)
Constant	0.5034 *** (0.0119)	0.5029 *** (0.0119)	0.5988 *** (0.0583)	0.3672 *** (0.1165)
固定效应	是	是	否	否
AR(1)			0.029	0.000
AR(2)			0.871	0.676
Sargan test			0.707	0.317
N	458898	458898	110238	110238
Groups	131609	131609	33490	33490
R-squared	0.0125	0.0124		

从表 6-16 回归结果可以看出，高生产率企业 OFDI 在 1% 水平上显著促进了出口产品质量的提升，低生产率企业 OFDI 对出口产品质量的影响为正但不

显著。系统 GMM 回归结果与 OLS 回归结果基本一致。高生产率企业通常具有较高技术水平，吸收能力较强，有效吸收了企业 OFDI 逆向技术溢出，有助于出口产品质量升级。而低生产率企业在技术吸收、学习能力上相对较差，无法完全吸收企业通过 OFDI 获得先进技术和管理经验，不能有效促进出口产品质量提升。

进一步地，本书对企业对外直接投资按照劳动生产率进行十等分，以验证企业生产率差异下 OFDI 对出口产品质量的影响，回归模型为：

$$quality_{it} = \sum_{d=1}^{10} [\alpha_d ofdi_{it} \times I_{d_f=d}] + \sum \gamma_i V_{it} + \upsilon_m + \upsilon_j + \upsilon_t + \varepsilon_{it} \qquad (6-4)$$

式中，$I_{d_f=d}$ 为虚拟变量；d_f 为每十分位劳动生产率；V_{it} 为控制变量，主要包括政府补贴、从业人数、企业利润率、融资约束、企业管理水平和企业年龄；υ_m、υ_j 和 υ_t 分别表示地区、行业和年份固定效应；ε_{it} 表示随机扰动项。回归结果如图 6-1 所示。

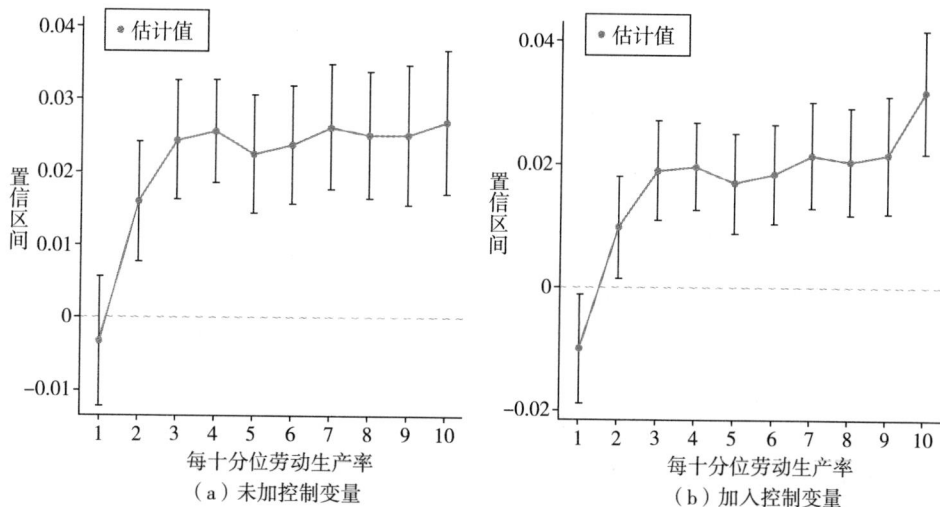

图 6-1　不同劳动生产率差异下的回归结果

在图 6-1 为不同劳动生产率差异下 OFDI 对出口产品质量的影响，图中（a）为未加入控制变量的回归结果，图中（b）为加入控制变量的回归结果。从图中（a）可以看出，企业生产率不同，OFDI 对出口产品质量的影响具有显著差异，其中，当生产率为第 1 个十分位上时，企业 OFDI 对出口产品质量的回归结果为负；当位于第 2 个十分位上时，回归结果开始由负转正，回归结果具有波动。加入控制变量后，回归结果显示在第 10 个十分位上，OFDI 对出口产品质量提升的促进作用最为显著，生产率高的企业往往具有较高的技术水平和较低的产品生产成本，因此产品竞争力更强。同时，高生产率企业更容易追加研发投入进行产品创新，提高出口产品竞争力。生产率高的企业往往具有更好的 OFDI 逆向技术溢出吸收能力；相反，生产率低的企业吸收能力较差。

进一步地，本书对企业全要素生产率进行测算，以对比企业劳动生产率差异和全要素生产率差异下 OFDI 对出口产品质量的影响。本书采用 Cobb-Douglas（C-D）生产函数对企业全要素生产率进行估算，其表达式为：

$$Y_t = A_t L_t^{\alpha} K_t^{\beta} \tag{6-5}$$

式中，Y_t 为产出，使用 GDP 衡量；A_t 为全要素生产率；L_t 为劳动投入，使用就业人数衡量；K_t 为资本投入，使用资本存量表示，对资本存量的计算公式为：

$$K_{t+1} = (1-\delta) K_t + I_t / P_t \tag{6-6}$$

式中，K_t 为资本存量，K_{t+1} 为第 $t+1$ 年的固定资本存量，I_t 为企业第 t 年的投资额，P_t 为以 2000 年为基期的固定资产投资价格指数，δ 为企业固定资产折旧率。参考肖文和林高榜（2011）的方法，将 δ 取值为 9.6%。$K_{2000} = \dfrac{I_{2000}}{g+\delta}$，$g$ 为中国 2000~2007 年固定资产投资额的平均增长率。假设经济增长方式符合希克斯中性，则由式（6-5）可得：

$$\ln\left(\frac{Y_t}{L_t}\right) = \ln A + \beta \ln\left(\frac{K_t}{L_t}\right) + \varepsilon_t \tag{6-7}$$

式中，ε_t 为随机干扰项，将所求资本产出弹性代入式（6-7）可得：

$$\ln A = \ln\left(\frac{Y_t}{L_t}\right) - \widehat{\beta} \ln\left(\frac{K_t}{L_t}\right) \tag{6-8}$$

式中，A 为全要素生产率，本书使用 Stata 软件中的 opreg 命令计算企业全要素生产率，由于 2008 年以后中国工业企业数据库中缺少企业中间投入品与工业增加值等数据，无法使用 OP 法计算 2008~2013 年企业全要素生产率，因此本书在使用全要素生产率衡量企业生产率差异时仅对 2000~2007 年进行比较。

图 6-2 显示了不同生产率下 2000~2007 年企业 OFDI 对出口产品质量的影响结果。从图中可以看出，在缩小样本后，每十分位劳动生产率差异下 OFDI 对出口产品质量的影响波动较大，在第 4 个十分位劳动生产率上企业 OFDI 对出口产品质量的影响变为正向显著，但在第 6 个十分位上开始不显著，呈现"M"型波动。全要素生产率差异下回归结果同样具有波动性，回归结果在第 2 个十分位上

OFDI 对出口产品质量影响为正但不显著，在第 3、第 6、第 7、第 8、第 9 十分位上，企业 OFDI 显著促进了出口产品质量的提升。原因可能是 2000~2007 年企业生产率普遍较低，企业对出口产品质量的关注不够，出口产品附加值不高，产品质量较低，企业通过 OFDI 逆向技术溢出获得的技术、管理经验等并没有充分吸收，因此在生产率差异下 OFDI 对出口产品质量的影响呈现出波动态势。

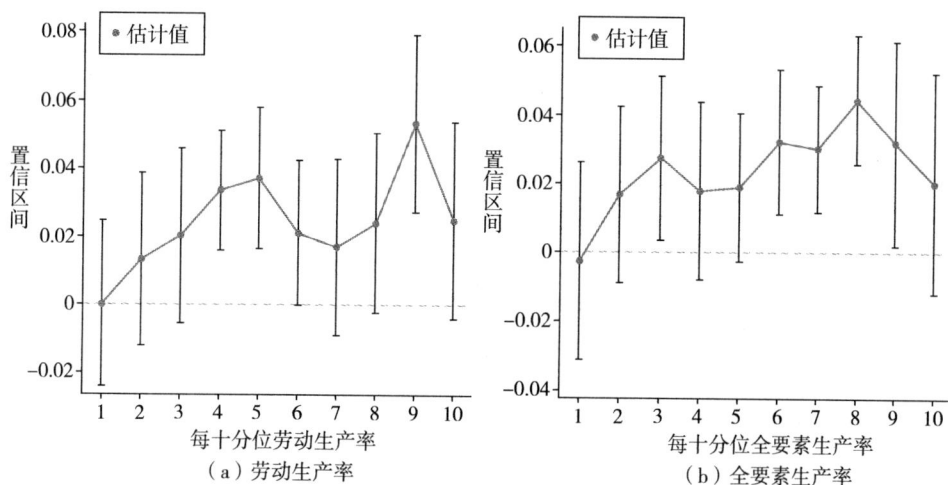

图 6-2 不同生产率下的回归结果

（2）稳健性检验

为确保回归结果的可靠性，本书使用 DID 对生产率差异下 OFDI 影响出口产品质量进行稳健性检验，以解决可能存在的内生性问题，回归过程中控制变量与基准回归保持一致，回归结果如下所示。

图 6-3 为不同生产率下 OFDI 对出口产品质量的影响，图 6-3(a)、(b) 中分别为是否加入控制变量回归结果，样本跨度为 2000~2013 年。为便于对比，图 6-3(c)、(d) 中分别为劳动生产率和全要素生产率下 OFDI 对出口产品质量的回归结果，样本跨度为 2000~2007 年，通过使用 PSM-DID 控制内生性后，图 6-3(a)、(b) 与图 6-1 结果相比更加稳健，图 6-3(c)、(d) 与图 6-2 相比波动幅度有所减弱，表明基准回归结果受到了内生性的干扰，使用 DID 回归更加稳健。通过对图 6-2 与图 6-3 比较发现，企业 OFDI 对出口产品质量的影响显著受到了全要素生产率的作用，随着企业全要素生产率的提高，OFDI 对出口产品质量的影响逐渐显著，当达到第 7 个十分位时，促进效果达到最大，但随着生产率的继续升高，OFDI 对出口产品质量的促进效果开始减弱，并在第 10 个十分位上不显著。

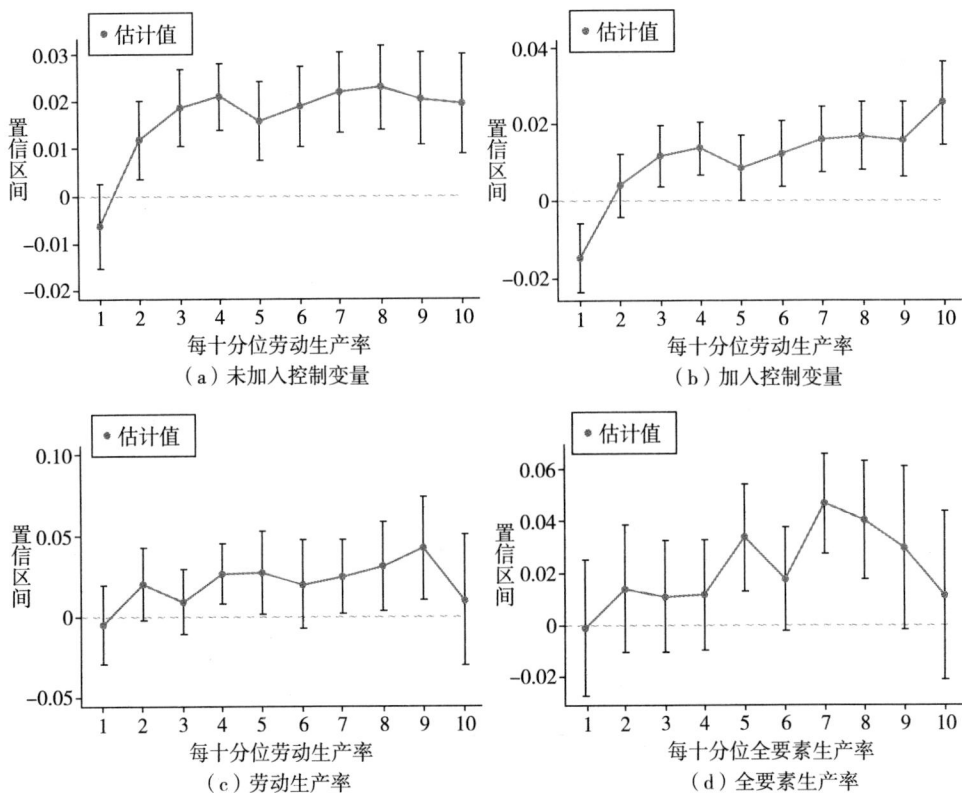

图 6-3　不同生产率下的稳健性检验

6.4.3　基于企业要素密集度异质性的回归结果分析

（1）基准回归

按企业不同要素密集度，本书将 OFDI 企业分为资本密集型和劳动密集型，其中企业要素密集度的衡量参照朱荃和张天华（2015）、黄先海等（2018）的方法，用企业固定资产净值与从业人员比值来衡量，把大于要素密集度中位数的企业划分为资本密集型企业，小于要素密集度中位数的划分为劳动密集型企业。从表 6-17 回归结果可以看出，资本密集型 OFDI 在 1% 水平上显著促进了出口产品质量的提升，劳动密集型 OFDI 对出口产品质量的影响为正但不显著。系统 GMM 回归结果与OLS 回归结果基本一致，资本密集型企业通常具有技术密集的特征，企业在创新行为上更容易接近技术前沿，而劳动密集型企业技术密集度相对较低，企业对前沿技术的学习吸收能力较弱，OFDI 对出口产品质量的提升效果要弱于资本密集型企业。

表 6-17　不同要素密集度 OFDI 对出口产品质量的影响

解释变量	静态回归		动态回归	
	资本密集型 （1）	劳动密集型 （2）	资本密集型 （3）	劳动密集型 （3）
quality （t−1）			0.0872 （0.1121）	−0.0669 （0.1868）
ofdi	0.0184 *** （0.0022）	0.0031 （0.0027）	0.3429 ** （0.1353）	0.1608 （0.2837）
lnsubsidy	0.0010 *** （0.0001）	0.0011 *** （0.0001）	0.0027 *** （0.0010）	0.0035 *** （0.0011）
lnemployee	0.0181 *** （0.0003）	0.0181 *** （0.0003）	−0.0037 （0.0158）	−0.0181 （0.0235）
profitr	0.0014 ** （0.0006）	0.0014 ** （0.0006）	0.1685 ** （0.0856）	0.0711 （0.0844）
fincon	0.0000 （0.0000）	0.0000 （0.0000）	−0.0062 （0.0065）	0.0006 （0.0021）
manage	0.0001 （0.0001）	0.0001 （0.0001）	0.0014 （0.0017）	0.0010 （0.0024）
age	−0.0007 *** （0.0000）	−0.0007 *** （0.0000）	0.0002 （0.0014）	−0.0021 （0.0018）
Constant	0.5032 *** （0.0119）	0.5030 *** （0.0119）	0.6644 *** （0.0633）	0.2804 （0.1713）
固定效应	是	是	否	否
AR（1）			0.048	0.019
AR（2）			0.771	0.145
Sargan test			0.612	0.998
N	458898	458898	237752	237752
Groups	131609	131609	78075	78075
R−squared	0.0125	0.0123		

（2）稳健性检验

为确保回归结果的可靠性，本书使用 DID 对回归结果进行稳健性检验，以解决可能存在的内生性问题，回归过程中控制变量与基准回归保持一致，回归结果如表 6-18 所示。

表 6-18　不同要素密集度 OFDI 对出口产品质量影响的稳健性检验

解释变量	资本密集型		劳动密集型	
	（1）	（2）	（3）	（4）
$du×dt$	0.0176 ***	0.0162 ***	0.0058 **	−0.0015
	（0.0025）	（0.0026）	（0.0025）	（0.0025）
ln$subsidy$		0.0005 **		0.0006 **
		（0.0002）		（0.0002）
ln$employee$		0.0211 ***		0.0212 ***
		（0.0006）		（0.0006）
$profitr$		−0.0002		−0.0001
		（0.0005）		（0.0005）
$fincon$		0.0004 **		0.0004 *
		（0.0002）		（0.0002）
$manage$		−0.0002		−0.0002
		（0.0001）		（0.0001）
age		−0.0005 ***		−0.0005 ***
		（0.0001）		（0.0001）
$Constant$	0.5344 ***	0.4338 ***	0.5333 ***	0.4322 ***
	（0.0119）	（0.0122）	（0.0119）	（0.0122）
固定效应	是	是	是	是
N	68033	68033	68033	68033
Groups	42537	42537	42537	42537
R-squared	0.0182	0.0187	0.0173	0.0174

　　从表 6-18 中可以看出，使用 DID 回归后，资本密集型企业 OFDI 对出口产品质量提升具有显著的促进作用，加入控制变量后 $du×dt$ 回归系数显著性无变化，资本密集型企业 OFDI 每增加一个单位，出口产品质量就提升 1.62%。资本密集型 OFDI 企业获取技术的动机更强烈，获得技术溢出的可能性更高，有助于出口产品质量升级。在未加入控制变量时，劳动密集型企业 OFDI 对出口产品质量的影响为正，但无论是显著性还是回归系数上均小于资本密集型企业 OFDI 对出口产品质量的影响；在加入控制变量后，劳动密集型企业 OFDI 对出口产品质量的影响为负且不显著，回归结果与基准回归一致，表明劳动密集型企业 OFDI 并不能促进出口产品质量的提升。

6.5　本章小结

　　本章基于 Melitz（2003）企业异质性贸易理论和第 5 章基准回归结果，对企业 OFDI 存在的行业异质性、区位异质性和企业异质性进行了实证分析，并根据相应的假设,使用企业微观数据检验了异质性视角下我国企业 OFDI 对出口产品质量的影响。在计量方法选择上,本章主要使用最小二乘法(OLS)和广义矩估计(系统 GMM)对模型进行基准回归,使用倍差法(DID)解决可能存在的内生性问题,以保证回归结果的稳健性。本章主要得到以下五点结论:

第一,资本密集型 OFDI 显著促进了出口产品质量的提升,劳动密集型 OFDI 并没有起到有效的产品提质作用。资本密集型企业通常具有技术密集的特征,企业在创新活动上更容易接近前沿技术;劳动密集型企业技术密集度相对较低,对前沿技术的学习吸收能力较弱。对行业技术水平、要素禀赋和要素密集度进一步细分后发现,结果基本支持上述观点。

第二,东部地区 OFDI 显著促进了出口产品质量的提升。东部地区市场结构相对完善,产权保护力度相对较大,具有较高的人力资本投入与研发投入,有助于企业创新和提升出口产品质量。从城市群角度检验发现,中原城市群、珠三角城市群和长三角城市群 OFDI 显著促进了出口产品质量的提升,而京津冀城市群、长江中游城市群和关中平原城市群 OFDI 对出口产品质量的影响系数为正但不显著,并没有起到产品提质作用。

第三,对外直接投资对出口产品质量的提升效果具有明显的区位特征。投向非 OECD 国家的 OFDI 对出口产品质量的影响优于 OECD 国家;顺梯度投资对出口产品质量的提升效果优于逆梯度投资;共建"一带一路"国家 OFDI 对出口产品质量的提升效果优于非共建"一带一路"国家;企业 OFDI 投向制度环境差的国家或地区对出口产品质量的影响效果显著优于投向制度环境好的国家。

第四,民营企业 OFDI 对出口产品质量的提升效果最优。民营企业进行对外直接投资可显著缓解面临的融资约束问题,其产权明晰、经营灵活,创新资源利用率高效,学习、模仿、转化能力强,能够较好地吸收 OFDI 逆向技术溢出;国有企业 OFDI 对出口产品质量的提升无明显作用,国有企业学习吸收能力较弱,政治依附性强,投资目的更多带有国家战略意义,因而对企业出口产品质量的提升无太大影响;中外合资企业 OFDI 对出口产品质量的影响显著大于外商独资企业 OFDI,中外合资企业在进行对外直接投资时,更倾向于技术寻求和对先进管理经验的学习,因此对出口产品质量的提升作用更明显。

第五,企业生产率差异导致 OFDI 对出口产品质量影响存在波动性。高生产率企业 OFDI 有助于出口产品质量提升,低生产率企业 OFDI 对出口产品质量的影响为正但不显著。对生产率进行十等分后发现,每十分位劳动生产率对出口产品质量的影响呈现"M"型波动。使用全要素生产率做稳健性检验发现,随着生产率的提高,OFDI 对出口产品质量的影响逐渐显著,达到峰值后影响效果逐渐减弱。

7 对外直接投资对出口产品质量的影响机制检验

第 5 章和第 6 章的实证分析已经检验了理论机制分析中的 H1～H5，可以认为企业 OFDI 促进了出口产品质量升级，促进效果会因行业异质性、区位异质性和企业异质性而产生不同的效果。但对第 3 章提出的对外直接投资促进出口产品质量提升的作用机制还未进行检验。本章使用 2000～2013 年中国工业企业数据库、中国进出口海关数据库和境外投资企业（机构）名录匹配数据，使用中介效应模型对第 3 章理论机制中自主创新效应、产业集聚效应、全球价值链嵌入效应和中间品进口效应进行检验。然后从企业投资动机和不同生命周期阶段进一步进行检验，发现企业投资动机和所处生命周期阶段的不同，会使影响机制对企业对外直接投资提升出口产品质量产生不同的影响。

7.1 模型设定和变量选取

7.1.1 模型设定

为了检验企业 OFDI 通过自主创新效应、产业集聚效应、全球价值链嵌入效应和中间品进口效应对出口产品质量产生影响，本书使用 Baron 和 Kenny(1986)、温忠麟和叶宝娟(2014)的方法建立中介效应模型对上述四个影响机制进行检验。近年来，中介效应模型被广泛应用于影响机制的研究上，其原理为：OFDI 对企业出口产品质量产生影响时，如果 OFDI 在对出口产品质量产生直接影响的同时，还能分别通过自主创新、产业集聚、全球价值链嵌入、中间品进口对出口产品质量产生间接影响，则自主创新、产业集聚、全球价值链嵌入、中间品进口为中介变量，反映三者之间关系的模型称为中介效应模型，本书使用的中介效应模型主要包括四部分(M1-M4)：

M1 用于验证 OFDI 对企业出口产品质量的影响。

$$M1: \quad quality_{it} = \alpha_1 + \beta_1 ofdi_{it} + \gamma_1 V_{it} + v_{1m} + v_{1j} + v_{1t} + \varepsilon_{1it} \quad (7-1)$$

M2 用于验证企业中介变量（自主创新、产业集聚、全球价值链嵌入、中间品进口)对企业出口产品质量的影响。

$$M2：\quad quality_{it} = \alpha_2 + \beta_2 X_{it} + \gamma_2 V_{it} + v_{2m} + v_{2j} + v_{2t} + \varepsilon_{2it} \qquad (7-2)$$

M3用于验证企业OFDI对中介变量(自主创新、产业集聚、全球价值链嵌入、中间品进口)的影响。

$$M3：\quad X_{it} = \alpha_3 + \beta_3 ofdi_{it} + \gamma_3 V_{it} + v_{3m} + v_{3j} + v_{3t} + \varepsilon_{3it} \qquad (7-3)$$

M4用于验证存在OFDI情况下中介变量(自主创新、产业集聚、全球价值链嵌入、中间品进口)对出口产品质量的影响。

$$M4：\quad quality_{it} = \alpha_4 + \beta_4 ofdi_{it} + \eta_4 X_{it} + \gamma_4 V_{it} + v_{4m} + v_{4j} + v_{4t} + \varepsilon_{4it} \qquad (7-4)$$

式中，t代表年份；i代表企业；$quality_{it}$为企业出口产品质量；$ofdi_{it}$为企业对外直接投资；X_{it}为中介变量(自主创新、产业集聚、全球价值链嵌入、中间品进口)；V_{it}为控制变量，变量选取与第5章相同；v_m、v_j和v_t分别表示地区、行业和年份固定效应；$\varepsilon_{1it} \sim \varepsilon_{4it}$代表随机扰动项。为避免存在遗漏变量造成的实证估计结果偏差，以及回归中可能存在的内生性问题，本书同时使用DID进行影响机制的中介效应分析。

根据中介效应模型，中介变量是否起到中介效应需要满足四个条件：第一，企业对外直接投资对出口产品质量具有显著影响；第二，中介变量对出口产品质量具有显著影响；第三，企业对外直接投资对中介变量具有显著影响；第四，在考虑中介变量情况下，企业对外直接投资对出口产品质量提升的促进效果减弱甚至消失，表明企业对外直接投资对出口产品质量的促进效果实际上部分或全部是中介变量带来的。

7.1.2　变量选取

根据理论分析中对影响机制的分析，结合现有文献，本书选取四个指标分别对自主创新效应、产业集聚效应、全球价值链嵌入效应和中间品进口效应进行衡量，具体指标选取与计算如下：

自主创新。专利产出可以较好地测度企业自主创新能力。专利数量一般使用专利申请量和专利授权量进行衡量，考虑到企业专利授权量具有时滞性，本书参考曲如晓和臧睿(2019)、宋跃刚和郑磊(2020)的方法，使用企业专利申请量的对数值作为企业自主创新(lnapply)的代理变量。专利数据来源于中国专利数据库。

产业集聚。对产业集聚的测量方法主要有：赫芬达尔指数(HHI)、空间基尼系数、区位熵以及EG集聚指数四种。由于使用空间基尼系数、区位熵计算的产业集聚度存在无法区分产业集聚类型的缺陷，所以本书采取Ellison和Glaeser(1997)提出的EG集聚指数来衡量产业集聚(eg)，参照文东伟和冼国明(2014)的计算方法，计算公式如下：

$$EG_{jrt} = \frac{G_{jt} - \left[1 - \sum_r (x_{rt})^2\right] H_{jt}}{\left[1 - \sum_r (x_{rt})^2\right](1 - H_{jt})} \tag{7-5}$$

式（7-5）中，j 表示行业，t 表示年份，G_{jt} 为空间基尼系数，计算公式为：$G_{jt} = \sum_r (x_{rt} - s_{jrt})^2$。式 $x_{rt} = E_{rt}/\sum_r E_{rt}$，$s_{jrt} = E_{jrt}/\sum_r E_{jrt}$ 中，E_{rt} 为 t 年 r 地区的就业人数，$\sum_r E_{rt}$ 为 t 年全国的总就业人数，x_{rt} 为 t 年 r 地区的总就业人数与 t 年全国总就业人数之比，E_{jrt} 为 t 年 r 地区 j 行业的就业人数，$\sum_r E_{jrt}$ 为 t 年全国 j 行业的总就业人数，s_{jrt} 为 t 年 r 地区 j 行业的就业人数与 t 年全国 j 行业的总就业人数之比。如果 j 行业就业人数在地区间的分布与全国分布情况差异越大，则 G_{jt} 越接近于 1，反之差异小则接近于 0。式（7-5）中的 H_{jt} 为赫芬达尔指数，计算公式为：$H_{jt} = \sum_i (z_{ijt})^2$，式 $z_{ijt} = E_{ijt} - E_{jt}$ 中，E_{ijt} 为 t 年 j 行业中企业 i 的就业人数，E_{jt} 为 t 年 j 行业总就业人数，z_{ijt} 为 t 年 j 行业中企业 i 的就业人数与 t 年 j 行业总就业人数之比。市场趋于垄断状态，H_{jt} 接近于 1，反之竞争程度越大越接近于 0。综上所述，EG_{jrt} 的表达式可以表示为：

$$EG_{jrt} = \frac{\sum_r \left(E_{rt}/\sum_r E_{rt} - E_{jrt}/\sum_r E_{jrt}\right)^2 - \left[1 - \sum_r \left(E_{rt}/\sum_r E_{rt}\right)^2\right]\sum_i (E_{ijt}/E_{jt})^2}{\left[1 - \sum_r \left(E_{rt}/\sum_r E_{rt}\right)^2\right]\left[1 - \sum_i (E_{ijt}/E_{jt})^2\right]} \tag{7-6}$$

由于国民经济行业分类在样本期间进行过多次调整，本书参考文东伟和冼国明（2014）的方法，对国民经济行业分类按照 2002 年国民经济行业分类（GB/T 4754—2002）进行统一，将制造业分成 30 个两位数制造业行业和 430 个四位数制造业行业，并分别计算其行业集聚度。

全球价值链嵌入。在价值链分工背景下，传统的贸易总量指标不能真实反映企业的贸易利得（邵朝对和苏丹妮，2019）。部分学者提出使用出口国内附加值或出口国内附加值率来衡量各国企业的真实贸易利得和全球价值链嵌入程度（Upward 等，2013；张杰等，2013；Kee 和 Tang，2016；孙学敏和王杰，2016；邵朝对和苏丹妮，2019；史青和赵跃叶，2020）。本书同样使用企业出口国内附加值率（$dvar$）衡量企业全球价值链嵌入程度。参考吕越等（2015）的方法，对企业出口国内附加值率的计算方法如下：

$$DVAR = 1 - \frac{\{M_A^P + X^o[M_{Am}^o/(D+X^o)]\} + 0.05\{M^T - M_A^P - M_{Am}^o\}}{X} \tag{7-7}$$

式中，$DVAR$ 为企业出口国内附加值率；X 为企业的出口总额；D 为企业的国内销售额；M^T 表示企业中间品投入，中间投入品的识别参照 BEC 分类标准；P 和 o 分别表示加工贸易和一般贸易；A 表示考虑了贸易代理商调整后的进口额，

$M_A^P = \sum_k \dfrac{M_k^p}{1-m^k}$ 表示考虑了贸易代理商调整后的加工贸易进口额，k 为企业通过加

工贸易进口的中间投入品；$M_{Am}^o = \sum_j \dfrac{M_{mj}^o}{1-m^j}$ 表示考虑了贸易代理商调整后的一般贸

易进口额，j 为企业通过一般贸易进口的中间投入品。企业使用的国内原材料中存在 5%~10% 的国外产品份额（Koopman 等，2012）。对此，本书参考吕越等（2015）的方法，假定企业生产使用的国内中间投入中存在 5% 的国外附加值。

中间品进口。中国进出口海关数据库中具有企业进口中间品的详细信息，本书参考马述忠和吴国杰（2016）、许家云等（2017）对中国进口海关数据的处理方法，使用联合国 HS 编码与 BEC 对应表识别企业进口中间品信息，其中 BEC 代码为"111""121""21""22""31""322""42""53"的 8 个类别为进口中间品（Feng et al.，2016），并使用中间品进口金额的对数（lnmedinput）来衡量企业中间品进口。表 7-1 为中介变量的描述性统计。

表 7-1　中介变量定义及描述性统计

变量名称	变量符号	计算方法	平均值	标准差	最小值	最大值
自主创新	lnapply	ln（企业专利申请量）	0.2513	0.7374	0	8.7568
产业集聚	eg4	四分位制造业 EG 指数	0.0685	0.0661	−0.0717	0.8617
全球价值链嵌入	dvar	企业出口国内附加值率	0.7879	0.3493	0	1
中间品进口	lnmedinput	ln（中间品进口金额）	6.9072	6.5175	0	23.4759

7.2　对外直接投资对出口产品质量的影响：自主创新效应的检验

7.2.1　基准回归结果分析

根据中介效应模型的原理，如果企业自主创新起到了对外直接投资提升出口产品质量的中介作用，则需要同时满足以下条件：①对外直接投资在统计上显著影响出口产品质量；②企业自主创新在统计上显著正向影响出口产品质量；③对外直接投资在统计上显著影响企业自主创新；④在考虑了企业自主创新对出口产品质量的影响后，企业对外直接投资对出口产品质量的影响如果不显著，则说明

企业自主创新起到了完全中介效应，如果显著但影响系数减小，则自主创新起到了偏中介效应（见表7-2）。

表7-2 自主创新中介效应模型检验结果

解释变量	OLS 估计结果				DID 估计结果			
	M1 quality	M2 quality	M3 lnapply	M4 quality	M1 quality	M2 quality	M3 lnapply	M4 quality
	（1）	（2）	（3）	（4）	（5）	（6）	（7）	（8）
ofdi/du×dt	0.0108 *** （0.0026）		0.2834 *** （0.0250）	0.0093 *** （0.0026）	0.0082 *** （0.0029）		0.1791 *** （0.0259）	0.0075 *** （0.0029）
lnapply		0.0053 *** （0.0004）		0.0053 *** （0.0004）		0.0040 *** （0.0010）		0.0038 *** （0.0010）
Constant	0.5923 *** （0.0392）	0.5945 *** （0.0393）	-0.4202 ** （0.1855）	0.5945 *** （0.0393）	0.6106 *** （0.0485）	0.6104 *** （0.0485）	-0.5505 ** （0.2551）	0.6127 *** （0.0485）
N	458898	458898	458898	458898	68033	68033	68033	68033
Groups	131609	131609	131609	131609	42537	42537	42537	42537
R-squared	0.0163	0.0170	0.0422	0.0171	0.0277	0.0280	0.0928	0.0283

注：*** 、** 和 * 分别表示在1%、5%和10%的统计水平上显著；括号内数值为变量估计系数的标准误。回归包含控制变量，并控制了地区、行业和年份固定效应，备索。下表同。

表7-2 显示了自主创新中介效应模型的基准回归结果，考虑到回归中可能存在的内生性问题，本书同时使用固定效应模型（FE）和倍差法（DID）进行回归分析。表7-2 中第（1）列至第（4）列为 OLS 回归结果，第（5）列和第（6）列为 DID 估计结果。从回归结果来看，使用 OLS 估计结果和 DID 估计结果在系数显著性和符号上没有明显差别。企业 OFDI 显著促进了出口产品质量的提升（M1），自主创新对出口产品质量显著正相关（M2），企业 OFDI 对自主创新显著正相关（M3），当控制了 OFDI 对出口产品质量的影响后，OFDI 的回归系数由 0.0108 下降至 0.0093，中介变量自主创新对出口产品质量的影响仍然显著正相关（M4）。因此，回归结果表明企业自主创新在 OFDI 促进出口产品质量提升的过程中具有中介效应。

7.2.2 异质性检验

考虑到企业专利申请类型不同，企业自主创新在 OFDI 促进出口产品质量提升的过程中起到的中介效应是否具有显著差异？对此，本书根据中国专利数据库中对申请专利的分类，将自主创新的代理变量企业专利申请量细分为发明专利（lnapplyfm）、外观设计专利（lnapplywg）和实用新型专利（lnapplyxx），进一步验证不同专利下企业自主创新的中介效果。本书同时进行了 OLS 估计和 DID 估计，考虑到二者回归结果差异较小，文章只汇报了 DID 估计结果。

表7-3 汇报了自主创新异质性下中介效应模型的回归结果，从回归结果来看，对外直接投资显著提升了企业出口产品质量；发明专利和实用新型专利显著促进了出口产品质量的提升，外观设计专利对出口产品质量的影响为正但不显著；对外直接投资对发明专利、外观设计专利和实用新型专利显著正相关；当控制了 OFDI 对出口产品质量的影响后，发明专利和实用新型专利对出口产品质量的影响仍然显著正相关，OFDI 回归系数显著下降，但外观设计专利对出口产品质量的影响不显著，且 OFDI 系数没有明显变化。发明专利为产品的生产和方法的使用提供新的方案，会直接影响最终产品的生产，实用新型专利是指对产品的形态构造提供更实用的新技术，以改变产品构造，因而发明专利和实用新型专利有助于企业出口产品质量提升。外观设计专利主要指对产品生产的外观提供新方案，并不能对企业出口产品质量产生直接影响。中介效应检验结果表明，在企业自主创新异质性下，以发明专利和实用新型专利作为代理变量的自主创新起到了中介作用，而以外观设计专利作为代理变量的自主创新在对外直接投资促进出口产品质量的提升过程中并没有扮演中介变量的角色。

7.2.3　稳健性检验

（1）基于不同对外直接投资动机的稳健性检验

企业 OFDI 往往具有不同的投资动机，对企业自主创新和出口产品质量的提升会存在显著差别，因此中介效应也会受到影响。对此本书按企业 OFDI 动机不同，将 OFDI 企业分为市场寻求型 OFDI（$du×dt\_trade$）、技术寻求型 OFDI（$du×dt\_rd$）和资源寻求型 OFDI（$du×dt\_resource$）。表7-4 为不同投资动机下自主创新中介效应模型检验结果。

从表7-4 回归结果来看，市场寻求型 OFDI 对出口产品质量的影响为正但不显著，技术寻求型 OFDI 有助于出口产品质量的提升，而资源寻求型 OFDI 对出口产品质量的影响显著为负。从不同投资动机对出口产品质量的影响来看（M1），市场寻求型 OFDI 和资源寻求型 OFDI 均不符合中介效应条件。从 M2、M3 和 M4回归结果来看，企业自主创新仅在技术寻求型 OFDI 促进出口产品质量提升过程中起到了中介作用。市场寻求型 OFDI 主要目标是扩大东道国市场，以促进母国企业出口，对出口产品质量的作用较小。技术寻求型 OFDI 主要目标为获取东道国先进技术或研发能力，逆向技术溢出作用明显，因此能够显著促进出口产品质量的提升。而资源获取型 OFDI 主要是为了获得东道国自然资源，对企业自主创新和出口产品质量的提升基本没有影响。

表7-3 自主创新异质性中介效应模型 DID 检验结果

解释变量	M1 quality	M2 quality			M3 lnapplyfm	M3 lnapplywg	M3 lnapplyxx	M4 quality		
	(1)	(2)	(3)	(4)	(5)	(6)	(7)	(8)	(9)	(10)
$du×dt$	0.0082*** (0.0029)				0.1352*** (0.0185)	0.0492*** (0.0168)	0.1358*** (0.0206)	0.0077*** (0.0029)	0.0081*** (0.0029)	0.0075*** (0.0029)
$lnapplyfm$		0.0041*** (0.0016)						0.0038** (0.0016)		
$lnapplywg$			0.0012 (0.0012)						0.0011 (0.0013)	
$lnapplyxx$				0.0056*** (0.0013)						0.0054*** (0.0013)
$Constant$	0.6106*** (0.0485)	0.6084*** (0.0484)	0.6084*** (0.0485)	0.6107*** (0.0486)	-0.0539 (0.1366)	-0.3298 (0.2274)	-0.4375*** (0.1075)	0.6108*** (0.0484)	0.6109*** (0.0485)	0.6129*** (0.0485)
N	68033	68033	68033	68033	68033	68033	68033	68033	68033	68033
$Groups$	42537	42537	42537	42537	42537	42537	42537	42537	42537	42537
$R-squared$	0.0277	0.0276	0.0273	0.0282	0.0777	0.0163	0.0808	0.0280	0.0277	0.0285

表7-4 不同投资动机下自主创新中介效应模型DID检验结果

解释变量	M1 quality			M2 quality	M3 lnapply			M4 quality		
	(1)	(2)	(3)	(4)	(5)	(6)	(7)	(8)	(9)	(10)
du×dt_trade	0.0018 (0.0034)				0.1544*** (0.0308)			0.0012 (0.0034)		
du×dt_rd		0.0132*** (0.0042)				0.1458*** (0.0402)			0.0127*** (0.0042)	
du×dt_resource			-0.0249 (0.0522)				-0.3122*** (0.1051)			-0.0237 (0.0525)
lnapply				0.0040*** (0.0010)				0.0039*** (0.0010)	0.0038*** (0.0010)	0.0039*** (0.0010)
Constant	0.6087*** (0.0485)	0.6084*** (0.0482)	0.6077*** (0.0485)	0.6104*** (0.0485)	-0.5477** (0.2624)	-0.6026** (0.2578)	-0.6111** (0.2633)	0.6109*** (0.0486)	0.6107*** (0.0483)	0.6101*** (0.0486)
N	68033	68033	68033	68033	68033	68033	68033	68033	68033	68033
Groups	42537	42537	42537	42537	42537	42537	42537	42537	42537	42537
R-squared	0.0273	0.0278	0.0273	0.0280	0.0911	0.0902	0.0891	0.0280	0.0285	0.0280

（2）基于企业不同生命周期的稳健性检验

在不同生命周期阶段，企业所表现出来的创新能力、盈利能力、管理水平等具有显著差别（吴先明等，2017），其产品质量和出口市场选择也存在较大的差异（宋跃刚和郑磊，2020）。现有研究普遍将企业生命周期划分为初创期、成长期、成熟期和衰退期（吴先明等，2017；宋跃刚和郑磊，2020）。在初创期阶段，企业缺乏成长资源和管理经验，处于摸索和学习的阶段，这一阶段企业的主要任务是如何生存下来。当企业生存下来后，企业拥有了一定的成长资源和经营管理经验，企业进入快速成长期，这一阶段企业的成长速度高于行业的平均成长速度。经过快速成长期后，企业的成长速度放缓，逐渐进入成熟期，在成熟期阶段，企业具有较高的盈利能力和管理能力，这一阶段企业具有充足的资源，创新活动较强。虽然企业在成熟期具有较强的盈利能力，但企业早期成长模式会影响企业在成熟期的发展（吴先明等，2017），若企业早期对研发创新活动认识不足，则在后期发展容易形成组织惯性，企业创新能力将会减弱，导致企业成长速度逐渐降低，最终进入衰退期（见表7-5）。

本书参考宋跃刚和郑磊（2020）的方法，使用企业销售收入增长率、企业总资产增长率和企业净利润增长率指标，在企业所从事行业中按从低到高排序进行赋值，最后按照企业总得分和企业年龄第25分位、第50分位、第75分位，将企业分为初创期、成长期、成熟期和衰退期。在对企业生命周期划分时，本书仅保留了连续五年以上持续经营的企业，并删除了企业成立年份小于2000年的企业（见表7-6）。

表7-5　不同生命周期下自主创新中介效应模型检验结果 I

解释变量	企业初创期				企业成长期			
	M1	M2	M3	M4	M1	M2	M3	M4
	quality	quality	lnapply	quality	quality	quality	lnapply	quality
	（1）	（2）	（3）	（4）	（5）	（6）	（7）	（8）
$du \times dt$	-0.0164		-0.1518	-0.0168	0.0247*		0.2013*	0.0227*
	（0.0302）		（0.2130）	（0.0309）	（0.0134）		（0.1054）	（0.0133）
lnapply		-0.0023		-0.0028		0.0106*		0.0097*
		（0.0112）		（0.0118）		（0.0056）		（0.0056）
Constant	0.9328***	0.9373***	-2.5506***	0.9256***	0.7142***	0.6993***	-0.5833	0.7199***
	（0.1029）	（0.1016）	（0.7568）	（0.1054）	（0.0757）	（0.0748）	（0.5171）	（0.0751）
N	1788	1788	1788	1788	3375	3375	3375	3375
Groups	1603	1603	1603	1603	2709	2709	2709	2709
R-squared	0.1121	0.1103	0.1888	0.1124	0.0888	0.0887	0.1678	0.0925

表7-6 不同生命周期下自主创新中介效应模型检验结果Ⅱ

解释变量	企业成熟期				企业衰退期			
	M1	M2	M3	M4	M1	M2	M3	M4
	quality	*quality*	*lnapply*	*quality*	*quality*	*quality*	*lnapply*	*quality*
	(1)	(2)	(3)	(4)	(5)	(6)	(7)	(8)
$du \times dt$	0.0166** (0.0072)		0.3001*** (0.1037)	0.0009 (0.0125)	0.0069 (0.0114)		0.0876 (0.0951)	0.0064 (0.0115)
lnapply		0.0130** (0.0052)		0.0130** (0.0052)		0.0051 (0.0041)		0.0051 (0.0042)
Constant	0.2945** (0.1307)	0.6403*** (0.0626)	−0.1743 (0.7029)	0.6408*** (0.0629)	0.7112*** (0.0401)	0.7101*** (0.0392)	0.9263** (0.4159)	0.7065*** (0.0398)
N	3287	3287	3287	3287	4546	4546	4546	4546
Groups	2680	2680	2680	2680	3606	3606	3606	3606
R-squared	0.0557	0.1028	0.0856	0.1028	0.0518	0.0529	0.0981	0.0532

表7-5和表7-6汇报了企业不同生命周期下自主创新中介效应模型的回归结果。在企业初创期，整体回归结果(M1~M4)均为负向影响，表明在企业初创期，OFDI对出口产品质量并不具有提升作用，自主创新也不具有中介效应。在企业成长期和成熟期，OFDI和企业自主创新均显著促进了出口产品质量的提升，OFDI对自主创新的影响也显著为正，在控制OFDI对出口产品质量的影响后，企业成长期OFDI的回归系数由0.0247下降至0.0227，企业成熟期OFDI的回归系数由0.0166下降至0.0009且不显著，在企业成长期和成熟期中介变量自主创新均显著促进了出口产品质量提升，这表明在企业成长期和成熟期，自主创新在对外直接投资提升出口产品质量过程中起到了中介作用，且在成熟期中介效应更明显。在企业衰退期，整体回归结果(M1~M4)在统计上虽为正但不显著，表明在企业衰退期，OFDI对出口产品质量并不具有提升作用，自主创新也不具有中介效应。

7.2.4 中介效应结果检验

上述对自主创新的中介效应检验只是在回归系数的显著性上进行了验证，但是否真正存在中介效应，仍需进一步检验。本书借鉴Sobel(1982)对中介效应检验的方法，测算了企业自主创新的中介效应比率，回归结果如表7-7所示。其中，c为对外直接投资对出口产品质量影响效应，a为对外直接投资对中介变量的影响效应，b为中介变量对出口产品质量的效应，s_a和s_b分别代表估计系数a

和 b 的标准误。效应比率的计算方法为 $a×b/c$，Z 用来检验效应比率的显著性，计算方法为 $Z=a×b\big/\sqrt{a^2s_b^2+b^2s_a^2}$。

表 7-7　自主创新中介效应 Sobel 检验

类型	检验类型	c	a	s_a	b	s_b	Z	效应比率
基准回归	OLS 估计	0.0108	0.2834	0.0250	0.0053	0.0004	8.61***	0.139
	DID 估计	0.0082	0.1791	0.0259	0.0040	0.0010	3.46***	0.087
自主创新异质性	发明专利	0.0082	0.1352	0.0185	0.0041	0.0016	2.42**	0.068
	外观设计专利	0.0082	0.0492	0.0168	0.0012	0.0012	—	—
	实用新型专利	0.0082	0.1358	0.0206	0.0056	0.0013	3.61***	0.093
OFDI投资动机	市场寻求型	0.0018	0.1544	0.0308	0.0040	0.0010	—	—
	技术寻求型	0.0132	0.1458	0.0402	0.0040	0.0010	2.69***	0.044
	资源寻求型	−0.0249	−0.3122	0.1051	0.0040	0.0010	—	—
生命周期	企业初创期	−0.0164	−0.1518	0.2130	−0.0023	0.0112	—	—
	企业成长期	0.0247	0.2013	0.1054	0.0106	0.0056	1.34	0.086
	企业成熟期	0.0166	0.3001	0.1037	0.0130	0.0052	1.89*	0.235
	企业衰退期	0.0069	0.0876	0.0951	0.0051	0.0041	—	—

　　通过对上述中介效应回归进行 Sobel 检验可以发现，OLS 估计和 DID 估计的自主创新中介效应比率分别为 0.139 和 0.087，且均在 1% 水平上显著，即企业自主创新具有偏中介效应，自主创新作为中介变量可以解释 8.7%~13.9% 的 OFDI 后出口产品质量提升，是企业 OFDI 促进出口产品质量升级的重要渠道。对自主创新异质性的 Sobel 检验显示，外观设计专利没有起到中介作用，实用新型专利起到的中介效果显著高于发明专利的中介效果。从 OFDI 动机来看，由于市场寻求型和资源寻求型 OFDI 在中介效应回归中没有达到中介效应条件，因此企业自主创新在市场寻求型和资源寻求型 OFDI 促进出口产品质量提升的过程中不具有中介效应；企业自主创新在技术寻求型 OFDI 促进出口产品质量提升的过程中起到了中介效应，中介效应比率为 0.044，且均在 1% 水平上显著。从企业不同生命周期来看，中介效应的实证检验显示，在企业成长期和成熟期，自主创新在 OFDI 对出口产品质量的提升过程中起到了中介作用，但通过 Sobel 检验发现，在企业成长期，中介效应比率 Z 值仅为 1.34，表明在企业成长期自主创新在 OFDI 对出口产品质量的提升过程中并没有起到中介作用；而在企业成熟期，自主创新的中介效应比率为 0.235，且在 10% 水平上显著，即在企业成长期自主创新在对

外直接投资对出口产品质量的提升过程中起到了中介作用,自主创新作为中介变量可以解释23.5%的对外直接投资后出口产品质量提升。

7.3 对外直接投资对出口产品质量的影响: 产业集聚效应的检验

7.3.1 基准回归结果分析

进一步地,本书对产业集聚效应是否在 OFDI 促进出口产品质量提升中起到中介作用进行了检验。本书首先对制造业四分位产业集聚(以下简称产业集聚)进行了测度,并同时使用固定效应模型(FE)和倍差法(DID)考察了产业集聚的中介效应(见表7-8)。

表7-8 产业集聚中介效应模型检验结果

解释变量	OLS 估计结果				DID 估计结果			
	M1	M2	M3	M4	M1	M2	M3	M4
	quality	*quality*	*eg4*	*quality*	*quality*	*quality*	*eg4*	*quality*
	(1)	(2)	(3)	(4)	(5)	(6)	(7)	(8)
ofdi/du×dt	0.0086 *** (0.0024)		0.0031 *** (0.0009)	0.0085 *** (0.0024)	0.0067 *** (0.0024)		0.0030 *** (0.0010)	0.0065 *** (0.0024)
*eg*4		0.0413 *** (0.0045)		0.0412 *** (0.0045)		0.0531 *** (0.0112)		0.0526 *** (0.0112)
Constant	0.3295 *** (0.0060)	0.3248 *** (0.0060)	0.1008 *** (0.0021)	0.3253 *** (0.0060)	0.3055 *** (0.0149)	0.2986 *** (0.0150)	0.1047 *** (0.0049)	0.3000 *** (0.0150)
N	398785	398785	398785	398785	57072	57072	57072	57072
Groups	118150	118150	118150	118150	36632	36632	36632	36632
R-squared	0.0205	0.0204	0.0525	0.0205	0.0279	0.0275	0.0520	0.0278

表7-8汇报了产业集聚中介效应模型的基准回归结果。从回归结果来看,无论是使用固定效应模型还是倾向得分匹配法,OFDI 有助于出口产品质量提升(M1),产业集聚显著促进了出口产品质量的提升(M2),OFDI 对中介变量产业集聚的影响在统计上也显著为正(M3),在控制了 OFDI 对出口产品质量的影响后,加入产业集聚后 OFDI 系数下降幅度较小,使用 DID 估计控制内生性后,

OFDI 的回归系数仍然具有较小的变动幅度(M4)。这说明产业集聚虽然在 OFDI 促进出口产品质量的提升过程中起到了中介效应,但中介效应可能较小,这一结论是否成立须在下文中介效应检验中进行验证。

7.3.2 异质性检验

产业集聚具有专业化集聚和多样化集聚的异质性特点。不同集聚类型在 OFDI 提升出口产品质量的过程中起到的效果具有差异性。本书参考 Ezcurra 等(2006)和 Combes(2000)对专业化集聚和多样化集聚的测度方法,对样本期间专业化集聚和多样化集聚进行测度。

借鉴 Ezcurra 等(2006)的方法,对专业化集聚(spe)进行测度,计算公式为:

$$S_i = \sum_s \left| \frac{E_{is}}{E_i} - \frac{E'_s}{E'} \right| \tag{7-8}$$

式中,S_i 为城市 i 的专业化指数,E_{is} 为城市 i 四分位制造业行业 s 的就业人数,E_i 为城市 i 制造业总就业人数,E'_s 为除城市 i 外全国制造业行业 s 的总就业人数,E' 为全国除城市 i 外的总就业人数。

借鉴 Combes(2000)对多样化指标的测度,多样化集聚(div)采用改进的赫芬达尔指数表示:

$$D_i = \sum_s \frac{E_{is}}{E_i} \left[\frac{1/ \sum_{s'=1,\ s' \neq s}^{n} (E_{is'}/(E_i - E_{is}))^2}{1/ \sum_{s'=1,\ s' \neq s}^{n} (E_{s'}/(E - E_s))^2} \right] \tag{7-9}$$

式中,D_i 为城市 i 的多样化指数,E_{is} 为城市 i 四分位制造业行业 s 的就业人数,E_i 为城市 i 的就业人数,$E_{is'}$ 为城市 i 中除行业 s 外其他行业 s' 的就业人数,E_s 为全国制造业行业 s 的就业人数,$E_{s'}$ 为除行业 s 外全国制造业行业 s' 的就业人数,E 为全国制造业总就业人数。

表 7-9 为产业集聚异质性下中介效应模型的实证检验结果,从回归结果来看,不同类型集聚对出口产品质量的影响在统计上均显著为正,但相比而言,无论是显著性还是回归系数大小,多样化集聚对出口产品质量作用效果均优于专业化集聚;OFDI 对不同类型集聚的回归结果也均显著为正,但回归系数也存在多样化集聚优于专业化集聚的情况;在控制了 OFDI 对出口产品质量的直接影响后,不同类型集聚对出口产品质量的影响仍显著为正,且基本保持不变,OFDI 的回归系数均有下降,但下降幅度较小,二者中介效应大小需进一步检验。

表 7-9　产业集聚异质性中介效应模型 DID 检验结果

解释变量	M1	M2		M3		M4	
	quality	quality		spe	div	quality	
	（1）	（2）	（3）	（4）	（5）	（6）	（7）
du×dt	0.0067 ***			0.0021 **	0.0151 ***	0.0066 ***	0.0065 ***
	（0.0024）			（0.0009）	（0.0011）	（0.0024）	（0.0024）
spe		0.0222 *				0.0218 *	
		（0.0121）				（0.0122）	
div			0.0798 ***				0.0799 ***
			（0.0123）				（0.0123）
Constant	0.3055 ***	0.3043 ***	0.2368 ***	−0.0065	0.8774 ***	0.3057 ***	0.2382 ***
	（0.0149）	（0.0150）	（0.0182）	（0.0040）	（0.0083）	（0.0149）	（0.0181）
N	57072	57072	57072	57072	57072	57072	57072
Groups	36632	36632	36632	36632	36632	36632	36632
R−squared	0.0279	0.0276	0.0276	0.0172	0.0230	0.0279	0.0279

7.3.3　稳健性检验

（1）基于不同对外直接投资动机的稳健性检验

本书进一步从 OFDI 动机视角对产业集聚的中介效应进行了稳健性检验。从表 7-10 回归结果来看，市场寻求型和技术寻求型 OFDI 显著促进了出口产品质量和产业集聚的提升，而资源寻求型 OFDI 对出口产品质量和产业集聚均没有起到促进作用。在控制了不同对外直接投资动机对出口产品质量的影响后，市场寻求型 OFDI 的回归系数由 0.0118 下降至 0.0044，且由 1% 水平上显著变为不显著，显著性明显下降；技术寻求型 OFDI 的回归系数由 0.0152 下降至 0.0078，显著性由 1% 水平上显著变为 5% 水平上显著，显著性下降，产业集聚与出口产品质量仍然显著正相关。由此可见，产业集聚在市场寻求型和技术寻求型 OFDI 提升出口产品质量的过程中起到了中介作用，而由于资源寻求型 OFDI 对出口产品质量的影响为负，因此产业集聚不具有中介效应。

（2）基于企业不同生命周期的稳健性检验

不同企业生命周期下，产业集聚的中介效果可能会具有差异。本书对企业初创期、成长期、成熟期和衰退期四个时期分别进行了中介效应检验，结果显示，无论哪个时期产业集聚均未起到中介作用。原因可能是在使用 DID 回归缩小样本

表 7-10　不同投资动机下产业集聚中介效应模型 DID 检验结果

解释变量	M1			M2		M3		M4		
	quality			quality		eg4		quality		
	(1)	(2)	(3)	(4)	(5)	(6)	(7)	(8)	(9)	(10)
du×dt_trade	0.0118*** (0.0029)				0.0027** (0.0013)			0.0044 (0.0029)		
du×dt_rd		0.0152*** (0.0039)				0.0027** (0.0013)			0.0078** (0.0039)	
du×dt_resource			-0.0093 (0.0429)				0.0052 (0.0043)			-0.0186 (0.0436)
eg4				0.0531*** (0.0112)				0.0529*** (0.0112)	0.0529*** (0.0112)	0.0532*** (0.0112)
Constant	0.3354*** (0.0137)	0.3348*** (0.0136)	0.3339*** (0.0137)	0.2986*** (0.0150)	0.1044*** (0.0049)	0.1041*** (0.0049)	0.1040*** (0.0049)	0.2992*** (0.0150)	0.2990*** (0.0150)	0.2985*** (0.0150)
N	57072	57072	57072	57072	57072	57072	57072	57072	57072	57072
Groups	36632	36632	36632	36632	36632	36632	36632	36632	36632	36632
R-squared	0.0089	0.0093	0.0082	0.0275	0.0517	0.0521	0.0518	0.0275	0.0279	0.0276

后，再次进行不同生命周期的检验，使得样本量进一步缩小，对此可能造成了回归结果的偏误。对此，本书对企业生命周期按照企业总得分和企业年龄第50分位进行分组，将企业分为成长期和成熟期。表7-11为生命周期重新分组下的回归结果。在企业成长期，OFDI和产业集聚促进了出口产品质量的提升，但OFDI对产业集聚的影响虽为正但不显著，表明产业集聚在企业成长期无法起到中介作用。在企业成熟期，OFDI和产业集聚在5%水平上显著促进了出口产品质量的提升，OFDI也显著影响了产业集聚，在控制了OFDI对出口产品质量的影响后，OFDI的回归系数减小甚至不显著，表明在企业成熟期，产业集聚在OFDI促进出口产品质量升级的过程中起到了中介作用。

表7-11　不同生命周期下产业集聚中介效应模型检验结果

解释变量	企业成长期				企业成熟期			
	M1	M2	M3	M4	M1	M2	M3	M4
	quality	*quality*	*eg4*	*quality*	*quality*	*quality*	*eg4*	*quality*
	（1）	（2）	（3）	（4）	（5）	（6）	（7）	（8）
du×dt	0.0146 ** (0.0063)		0.0024 (0.0023)	0.0154 ** (0.0067)	0.0112 ** (0.0054)		0.0042 ** (0.0020)	0.0066 (0.0054)
eg4		0.0645 * (0.0378)		0.0599 (0.0405)		0.0598 ** (0.0295)		0.0351 (0.0304)
Constant	0.2134 *** (0.0497)	0.3540 *** (0.0716)	0.0986 *** (0.0173)	0.3097 *** (0.0498)	0.3499 *** (0.0405)	0.4474 *** (0.0381)	0.1640 *** (0.0222)	0.3018 *** (0.0518)
N	5163	5163	5163	5163	7360	7360	7360	7360
Groups	3939	3939	3939	3939	5200	5200	5200	5200
R-squared	0.0239	0.0264	0.0444	0.0377	0.0114	0.0208	0.1192	0.0281

不同生命周期下，多样化集聚和专业化集聚在OFDI促进出口产品质量的过程中是否起到了中介作用，本书对此进行了中介效应检验。结果显示，专业化集聚仅在企业衰退期达到了中介效应条件，但通过Sobel检验发现，专业化集聚的中介效应比率并不显著，表明专业化集聚在企业不同生命周期下均没有起到中介作用。对多样化集聚的检验发现，多样化集聚在企业成长期、成熟期和衰退期均达到了中介效应条件，但通过Sobel检验发现，在企业成长期和衰退期，多样化集聚的中介效应比率Z值仅为1.51和1.41，不具有显著性，而在成熟期多样化集聚的中介效应比率Z值为1.63，通过了显著性检验。由此表明，在企业成熟

期阶段，多样化集聚在企业 OFDI 促进出口产品质量的提升过程中起到了中介作用。

7.3.4 中介效应结果检验

本书进一步对产业集聚的中介效应结果进行了 Sobel 检验，具体检验方法已在自主创新效应检验过程中进行了说明，在此不再赘述。本书对上述产业集聚中介效应检验的回归系数进行了统计，表 7-12 为产业集聚中介效应的 Sobel 检验结果。

通过对上述中介效应回归进行 Sobel 检验可以发现，OLS 估计和 DID 估计的产业集聚中介效应比率分别为 0.015 和 0.024，并在 1% 和 5% 水平上显著，表明产业集聚在对外直接投资促进出口产品质量的过程中起到了中介效应，但中介效应结果较小，产业集聚作为中介变量仅可解释 1.5%~2.4% 的 OFDI 后出口产品质量提升。在产业集聚异质性的中介效应检验中发现，虽然专业化集聚达到了中介效应的条件，但通过 Sobel 检验发现，专业化集聚的中介效应比率 Z 值仅为 1.44，表明专业化集聚不具有中介作用。而多样化集聚作为中介变量可以解释 18% 的 OFDI 后出口产品质量提升，表明多样化集聚在 OFDI 促进出口产品质量提升过程中起到了重要的中介作用。从 OFDI 动机来看，中介变量产业集聚在市场寻求型 OFDI 和技术寻求型 OFDI 促进企业出口产品质量提升过程中起到了中介效应，但中介效果较小；资源寻求型 OFDI 对出口产品质量的提升具有负向影响，因此产业集聚在此过程中不具有中介效应。从企业不同生命周期来看，重新分组后的回归结果依然不乐观，产业集聚在企业成长期不具有中介效应，在企业成熟期，虽然达到了中介条件，但中介效应比率 Z 值仅为 1.46，表明产业集聚的中介效应不显著，在 OFDI 对出口产品质量的提升过程中并没有起到中介作用。产业集聚在企业不同生命周期均没有起到中介效应，结果看似出乎意料，但也在情理之中。基准回归表明，产业集聚在 OFDI 促进出口产品质量的过程中起到的中介效应较小，区分了 OFDI 动机后中介效应更是微乎其微。按照企业不同生命周期进行回归后，样本量进一步被缩小，加上总体中介效果较小，因此得到了在各个生命周期中均没有起到中介效应的结果。由此表明，产业集聚虽能在 OFDI 促进出口产品质量升级过程中起到中介作用，但中介效果有限，并不是 OFDI 促进出口产品质量提升的有效渠道。

表 7-12　产业集聚中介效应 Sobel 检验

类型	检验类型	c	a	s_a	b	s_b	Z	效应比率
基准回归	OLS 估计	0.0086	0.0031	0.0009	0.0413	0.0045	3.22 ***	0.015
	DID 估计	0.0067	0.0030	0.0010	0.0531	0.0112	2.54 **	0.024

续表

类型	检验类型	c	a	s_a	b	s_b	Z	效应比率
产业集聚异质性	专业化集聚	0.0067	0.0021	0.0009	0.0222	0.0121	1.44	0.007
	多样化集聚	0.0067	0.0151	0.0011	0.0798	0.0123	5.87***	0.180
OFDI投资动机	市场寻求型	0.0118	0.0027	0.0013	0.0531	0.0112	1.90*	0.012
	技术寻求型	0.0152	0.0027	0.0013	0.0531	0.0112	1.90*	0.009
	资源寻求型	−0.0093	0.0052	0.0043	0.0531	0.0112	—	—
生命周期	企业成长期	0.0146	0.0024	0.0023	0.0645	0.0378	—	—
	企业成熟期	0.0112	0.0042	0.0020	0.0598	0.0295	1.46	0.022

7.4 对外直接投资对出口产品质量的影响：全球价值链嵌入效应的检验

7.4.1 基准回归结果分析

在理论分析中，本书认为企业对外直接投资可以通过全球价值链嵌入效应促进出口产品质量提升，但企业全球价值链嵌入是否可以起到中介效应，还需要通过实证进行检验。本书依旧使用固定效应模型和倍差法对企业全球价值链嵌入进行中介效应检验。表 7-13 汇报了全球价值链嵌入的中介效应模型检验结果。第(1)、第(5)列回归结果显示，企业 OFDI 显著促进了出口产品质量的提升；第(2)、第(6)列回归结果显示，中介变量企业全球价值链嵌入(dvar)有助于出口产品质量的提升，企业全球价值链嵌入每提高 1 个单位，可以带动出口产品质量就提升 0.0409~0.0440 个单位；第(3)、第(7)列回归结果显示，OFDI 能够显著影响企业全球价值链嵌入程度；第(4)、第(8)列回归结果显示，在控制了 OFDI 对出口产品质量的影响后，加入中介变量后，OFDI 的回归系数减小，下降幅度为 0.0015~0.0049 个单位，而中介变量全球价值链嵌入的回归系数基本保持不变。由此可以看出，无论是使用 OLS 估计还是 DID 估计，中介效应检验均显示全球价值链嵌入在 OFDI 提升出口产品质量的过程中起到了中介效应。由于使用 OLS 回归和 DID 回归结果并无太大差别，因此本书在接下来的实证检验中主要使用 DID 回归进行分析。

表 7-13　全球价值链嵌入中介效应模型检验结果

解释变量	OLS 估计结果				DID 估计结果			
	M1	M2	M3	M4	M1	M2	M3	M4
	quality	quality	dvar	quality	quality	quality	dvar	quality
	（1）	（2）	（3）	（4）	（5）	（6）	（7）	（8）
ofdi/du×dt	0.0127 ***		0.0210 ***	0.0112 ***	0.0125 ***		0.0488 ***	0.0076 ***
	（0.0023）		（0.0058）	（0.0023）	（0.0024）		（0.0059）	（0.0024）
dvar		0.0409 ***		0.0408 ***		0.0440 ***		0.0436 ***
		（0.0012）		（0.0012）		（0.0025）		（0.0026）
Constant	0.3498 ***	0.3086 ***	0.8642 ***	0.3098 ***	0.3428 ***	0.2659 ***	1.3023 ***	0.2688 ***
	（0.0274）	（0.0283）	（0.0498）	（0.0282）	（0.0132）	（0.0156）	（0.0269）	（0.0156）
N	343769	343769	343769	343769	50201	50201	50201	50201
Groups	100032	100032	100032	100032	31844	31844	31844	31844
R-squared	0.0097	0.0151	0.0053	0.0151	0.0143	0.0229	0.0002	0.0237

7.4.2　异质性检验

分工地位不同，使得企业在全球价值链的嵌入程度具有显著差别，企业全球价值链不同嵌入程度在 OFDI 促进出口产品质量提升的过程中起到的中介效应是否会具有显著差异？本书对测算的全球价值链嵌入程度进行分组，将低于全球价值链嵌入中位数的企业定义为全球价值链低端嵌入（dvar_low），将高于中位数的企业定义为全球价值高端嵌入（dvar_high），进一步检验不同全球价值链嵌入程度的中介效果。

表 7-14 汇报了全球价值链嵌入异质性下中介效应模型的 DID 估计结果，第（1）列回归结果与表 7-13 回归结果一致，OFDI 有助于出口产品质量的提升；第（2）列和第（3）列回归结果表明，不同嵌入程度均有助于出口产品质量提升；第（4）列和第（5）列回归结果表明，OFDI 有助于全球价值链高端嵌入，而对全球价值链低端嵌入的影响显著为负；第（6）列和第（7）列回归结果显示，在控制了 OFDI 对出口产品质量的影响后，加入中介变量后 OFDI 的回归系数减小，其中全球价值链高端嵌入下 OFDI 回归系数从 0.0125 下降至 0.0093，变动幅度较大，而中介变量的回归系数基本保持不变。从检验结果来看，全球价值链低端嵌入没有达到中介条件，因此在 OFDI 促进出口产品质量提升过程中不具有中介效应，而全球价值链高端嵌入在 OFDI 提升出口产品质量过程中具有中介效应。

表 7-14　全球价值链嵌入异质性中介效应模型 DID 检验结果

解释变量	M1	M2		M3		M4	
	quality	*quality*		*dvar_low*	*dvar_high*	*quality*	
	（1）	（2）	（3）	（4）	（5）	（6）	（7）
du×dt	0.0125 ***			−0.0146 ***	0.0622 ***	0.0109 ***	0.0093 ***
	（0.0024）			（0.0035）	（0.0070）	（0.0024）	（0.0024）
dvar_low		0.0600 ***				0.0603 ***	
		（0.0033）				（0.0033）	
dvar_high			0.0126 ***				0.0121 ***
			（0.0019）				（0.0019）
Constant	0.3428 ***	0.3269 ***	0.3079 ***	−0.0370 ***	1.3472 ***	0.3303 ***	0.3114 ***
	（0.0132）	（0.0154）	（0.0155）	（0.0120）	（0.0298）	（0.0154）	（0.0155）
N	50201	50201	50201	50201	50201	50201	50201
Groups	31844	31844	31844	31844	31844	31844	31844
R−squared	0.0143	0.0182	0.0155	0.0001	0.0001	0.0195	0.0165

7.4.3　稳健性检验

（1）基于不同对外直接投资动机的稳健性检验

表 7-15 展示了不同投资动机下全球价值链嵌入的中介效应检验结果。第（1）~第（3）列为不同投资动机 OFDI 对出口产品质量的影响，市场寻求型 OFDI 和技术寻求型 OFDI 有助于出口产品质量提升，资源寻求型 OFDI 对出口产品质量的影响在统计上为负且不显著；第（4）列检验了中介变量全球价值链嵌入对出口产品质量的影响，回归结果与上文相同，仍显著正相关；第（5）~第（7）列为不同投资动机 OFDI 对中介变量的影响，市场寻求型和技术寻求型 OFDI 显著促进了企业全球价值链嵌入，但资源寻求型 OFDI 对企业全球价值链嵌入的影响为负；第（8）~第（10）列回归结果显示，在分别控制了不同投资动机 OFDI 对出口产品质量的影响后，加入中介变量，市场寻求型 OFDI 和技术寻求型 OFDI 的回归系数减小，其中市场寻求型 OFDI 回归系数下降幅度较大，资源寻求型 OFDI 的回归系数仍然为负，中介变量全球价值链嵌入的回归系数变化幅度较小。由此可见，全球价值链嵌入在市场寻求型和技术寻求型 OFDI 提升出口产品质量的过程中起到了中介作用，而由于资源寻求型 OFDI 对出口产品质量提升无显著影响，因此全球价值链嵌入不具有中介效应。

表7-15 不同投资动机下全球价值链嵌入中介效应模型DID检验结果

解释变量	M1			M2	M3			M4		
	quality			quality	dvar			quality		
	(1)	(2)	(3)	(4)	(5)	(6)	(7)	(8)	(9)	(10)
du×dt_trade	0.0100*** (0.0029)				0.0507*** (0.0066)			0.0064** (0.0029)		
du×dt_rd		0.0135*** (0.0039)				0.0370*** (0.0098)			0.0100*** (0.0038)	
du×dt_resource			-0.0123 (0.0433)				-0.0010 (0.1233)			-0.0105 (0.0440)
dvar				0.0440*** (0.0025)				0.0437*** (0.0025)	0.0438*** (0.0025)	0.0440*** (0.0025)
Constant	0.3407*** (0.0133)	0.3404*** (0.0132)	0.3388*** (0.0133)	0.2659*** (0.0156)	1.2950*** (0.0269)	1.2876*** (0.0270)	1.2822*** (0.0269)	0.2674*** (0.0156)	0.2673*** (0.0156)	0.2658*** (0.0156)
N	50201	50201	50201	50201	50201	50201	50201	50201	50201	50201
Groups	31844	31844	31844	31844	31844	31844	31844	31844	31844	31844
R-squared	0.0132	0.0136	0.0127	0.0229	0.0001	0.0001	0.0001	0.0231	0.0236	0.0229

（2）基于企业不同生命周期的稳健性检验

表7-16和表7-17汇报了企业不同生命周期下全球价值链嵌入中介效应模型的回归结果。在企业初创期，企业对外直接投资对出口产品质量的影响在统计上为正但不显著（M1），即没有达到中间效应的首要条件，表明在企业初创期，全球价值链嵌入不具有中介效应。在企业成长期、成熟期和衰退期，全球价值链嵌入均通过了中介效应检验，加入中介变量后OFDI回归系数下降幅度分别为0.0028、0.0065和0.0045，表明在企业成熟期OFDI受到中介变量影响较大，但全球价值链嵌入是否在企业成熟期时的中介效应最大，还需进一步检验。

表7-16　不同生命周期下全球价值链嵌入中介效应模型检验结果 I

解释变量	企业初创期				企业成长期			
	M1	M2	M3	M4	M1	M2	M3	M4
	quality	quality	dvar	quality	quality	quality	dvar	quality
	（1）	（2）	（3）	（4）	（5）	（6）	（7）	（8）
$du \times dt$	0.0155 （0.0104）		0.0769 *** （0.0298）	0.0113 （0.0104）	0.0139 * （0.0078）		0.0601 *** （0.0172）	0.0111 （0.0077）
$dvar$		0.0449 *** （0.0135）		0.0441 *** （0.0135）		0.0625 *** （0.0097）		0.0618 *** （0.0098）
$Constant$	0.3074 *** （0.0772）	0.2333 *** （0.0782）	1.5769 *** （0.1320）	0.2395 *** （0.0783）	0.1996 *** （0.0543）	0.1080 * （0.0555）	1.5858 *** （0.0815）	0.1129 ** （0.0556）
N	1740	1740	1740	1740	3261	3261	3261	3261
Groups	1565	1565	1565	1565	2618	2618	2618	2618
R-squared	0.0078	0.0090	0.0004	0.0076	0.0550	0.0514	0.0001	0.0562

表7-17　不同生命周期下全球价值链嵌入中介效应模型检验结果 II

解释变量	企业成熟期				企业衰退期			
	M1	M2	M3	M4	M1	M2	M3	M4
	quality	quality	dvar	quality	quality	quality	dvar	quality
	（1）	（2）	（3）	（4）	（5）	（6）	（7）	（8）
$du \times dt$	0.0160 * （0.0085）		0.0424 *** （0.0144）	0.0095 （0.0084）	0.0116 ** （0.0059）		0.0545 *** （0.0128）	0.0071 （0.0058）
$dvar$		0.0420 *** （0.0099）		0.0415 *** （0.0100）		0.0581 *** （0.0084）		0.0576 *** （0.0084）

续表

解释变量	企业成熟期				企业衰退期			
	M1	M2	M3	M4	M1	M2	M3	M4
	quality	quality	dvar	quality	quality	quality	dvar	quality
	(1)	(2)	(3)	(4)	(5)	(6)	(7)	(8)
Constant	0.5397*** (0.0295)	0.2850*** (0.0650)	1.4238*** (0.0926)	0.2889*** (0.0646)	0.3354*** (0.0485)	0.2344*** (0.0491)	1.5436*** (0.0604)	0.2370*** (0.0493)
N	2696	2696	2696	2696	4378	4378	4378	4378
Groups	2226	2226	2226	2226	3474	3474	3474	3474
R-squared	0.0120	0.0469	0.0014	0.0421	0.0081	0.0243	0.0072	0.0250

7.4.4 中介效应结果检验

本书进一步对全球价值链嵌入的中介效应结果进行 Sobel 检验，具体检验方法已在自主创新效应检验过程中进行说明，在此不再赘述。本书对上述全球价值链嵌入中介效应检验的回归系数进行了统计，表 7-18 为全球价值链嵌入中介效应的 Sobel 检验结果。

表 7-18　全球价值链嵌入中介效应 Sobel 检验

类型	检验类型	c	a	s_a	b	s_b	Z	效应比率
基准回归	OLS 估计	0.0127	0.0210	0.0058	0.0409	0.0012	3.60***	0.068
	DID 估计	0.0125	0.0488	0.0059	0.0440	0.0025	7.49***	0.172
全球价值链嵌入异质性	低端嵌入	0.0125	-0.0146	0.0035	0.0600	0.0033	—	—
	高端嵌入	0.0125	0.0622	0.0070	0.0126	0.0019	5.31***	0.063
OFDI 投资动机	市场寻求型	0.0100	0.0507	0.0066	0.0440	0.0025	7.04***	0.223
	技术寻求型	0.0135	0.0370	0.0098	0.0440	0.0025	3.69***	0.121
	资源寻求型	-0.0123	-0.0010	0.1233	0.0440	0.0025	—	—
生命周期	企业初创期	0.0155	0.0769	0.0298	0.0449	0.0135	—	—
	企业成长期	0.0139	0.0601	0.0172	0.0625	0.0097	3.07***	0.270
	企业成熟期	0.0160	0.0424	0.0144	0.0420	0.0099	2.42**	0.111
	企业衰退期	0.0116	0.0545	0.0128	0.0581	0.0084	3.63***	0.273

通过对上述中介效应回归进行 Sobel 检验可以发现，OLS 估计和 DID 估计的

全球价值链中介效应比率分别为 0.068 和 0.172，且均在 1% 水平上显著，表明全球价值链嵌入具有偏中介效应，全球价值链嵌入作为中介变量能够解释 6.8% ~ 17.2% 的 OFDI 后出口产品质量提升，是企业 OFDI 提升出口产品质量的重要渠道。对企业全球价值链嵌入异质性的 Sobel 检验发现，价值链低端嵌入不具有中介效应，价值链高端嵌入作为中介变量能够解释 6.3% 的 OFDI 后出口产品质量提升。从 OFDI 动机来看，中介变量全球价值链嵌入在市场寻求型 OFDI 和技术寻求型 OFDI 提升出口产品质量的过程中起到了中介效应，效应比率分别为 0.223 和 0.121，且在 1% 水平上显著，表明全球价值链嵌入在市场寻求型 OFDI 促进出口产品质量提升过程中起到的中介作用更大。从企业不同生命周期来看，在企业初创期，全球价值链嵌入没有达到中介条件，因此不具有中介效应。在企业成长期、成熟期和衰退期，全球价值链嵌入的效应比率分别为 0.270、0.111 和 0.273，表明全球价值链嵌入在企业成长期和衰退期起到的中介效应大于在企业成熟期起到的中介效应。上述结果表明，全球价值链嵌入在 OFDI 促进出口产品质量升级过程中起到了中介作用，是 OFDI 促进出口产品质量提升的有效渠道。

7.5　对外直接投资对出口产品质量的影响：中间品进口效应的检验

7.5.1　基准回归结果分析

通过第 3 章数理模型推导和机理分析可以发现，OFDI 可以通过中间品进口效应提升企业出口产品质量，本节对此进行实证分析，以验证中间品进口是否可以起到中介效应，检验方法与上文相同。表 7-19 展示了中间品进口的中介效应模型检验结果，其中第（1）~ 第（4）列使用 OLS 进行估计，第（5）~ 第（8）列使用 DID 进行估计。第（1）列和第（5）列为模型 M1 的回归结果，OFDI 的回归系数显著为正；第（2）列和第（6）列以出口产品质量为被解释变量估计模型 M2，中介变量中间品进口（lnmedinput）的回归系数在 1% 水平上显著为正；第（3）列和第（7）列为模型 M3 的检验结果，OFDI 能够显著促进中介变量中间品进口的增加，OFDI 每增加 1 个单位，可以增加中间品进口 0.5525 ~ 0.6960 个单位；第（4）列和第（8）列为模型 M4 的检验结果，加入中介变量中间品进口后，OFDI 的回归系数显著下降，中介变量中间品进口的回归系数基本保持不变。从中介效应检验结果可以看出，中间品进口在 OFDI 促进出口产品质量提升过程具有中介效应，

OFDI 可以通过中间品进口效应促进出口产品质量的提升。鉴于使用 OLS 估计和 DID 估计的回归显著性并无太大差异，并考虑到可能存在的内生性问题，本书在接下来的实证检验均使用 DID 进行中介效应检验。

表 7-19 中间品进口中介效应模型检验结果

解释变量	OLS 估计结果				DID 估计结果			
	M1	M2	M3	M4	M1	M2	M3	M4
	quality	quality	lnmedinput	quality	quality	quality	lnmedinput	quality
	（1）	（2）	（3）	（4）	（5）	（6）	（7）	（8）
ofdi/du×dt	0.0103 ***		0.6960 ***	0.0085 ***	0.0082 ***		0.5525 ***	0.0070 **
	（0.0027）		（0.0989）	（0.0026）	（0.0029）		（0.1138）	（0.0029）
lnmedinput		0.0025 ***		0.0025 ***		0.0022 ***		0.0022 ***
		（0.0001）		（0.0001）		（0.0002）		（0.0002）
Constant	0.8820 ***	0.8611 ***	8.3336 ***	0.8608 ***	0.6106 ***	0.5987 ***	4.3438 **	0.6010 ***
	（0.0341）	（0.0333）	（0.7572）	（0.0334）	（0.0485）	（0.0476）	（1.7182）	（0.0476）
N	414970	414970	414970	414970	68033	68033	68033	68033
Groups	112666	112666	112666	112666	42537	42537	42537	42537
R-squared	0.0147	0.0208	0.0073	0.0208	0.0277	0.0331	0.0231	0.0334

7.5.2 异质性检验

不同的企业贸易形式，在进行中间品进口时会有差异，进而影响中间品进口在 OFDI 促进出口产品质量升级过程中起到的中介效果。本书按照企业贸易方式，将中间品进口分为一般贸易中间品进口（general_med）、加工贸易中间品进口（process_med）和混合贸易中间品进口（mix_med）三类，进一步检验不同中间品进口的中介效果。

表 7-20 汇报了中间品进口异质性下中介效应模型的 DID 回归结果，第（1）列为模型 M1 的检验结果，与表 7-19 回归结果一致，OFDI 有助于出口产品质量的提升；第（2）～第（4）列为模型 M2 的回归结果，一般贸易中间品进口的回归系数显著为负，加工贸易和混合贸易中间品进口显著促进了出口产品质量提升；第（5）～第（7）列为模型 M3 的回归结果，验证 OFDI 对中介变量的影响，结果显示 OFDI 对一般贸易中间品进口具有显著的负向影响，对加工贸易和混合贸易中间品进口具有显著的正向影响；第（8）～第（10）列为模型 M4 的回归结果，在控制了

表7-20 中间品进口异质性中介效应模型 DID 检验结果

解释变量	M1		M2		M3			M4		
	quality		quality		general_med	process_med	mix_med	quality	quality	quality
	(1)	(2)	(3)	(4)	(5)	(6)	(7)	(8)	(9)	(10)
du×dt	0.0082 *** (0.0029)				-0.3592 *** (0.1102)	0.3115 *** (0.0515)	0.6002 *** (0.1359)	0.0079 *** (0.0029)	0.0078 *** (0.0029)	0.0071 ** (0.0029)
general_med		-0.0008 *** (0.0002)						-0.0007 *** (0.0002)		
process_med			0.0014 *** (0.0004)						0.0014 *** (0.0004)	
mix_med				0.0018 *** (0.0002)						0.0017 *** (0.0002)
Constant	0.6106 *** (0.0485)	0.6093 *** (0.0482)	0.6056 *** (0.0484)	0.6067 *** (0.0471)	1.5705 (1.3052)	1.8386 *** (0.4283)	0.9346 (1.7143)	0.6117 *** (0.0482)	0.6081 *** (0.0484)	0.6090 *** (0.0471)
N	68033	68033	68033	68033	68033	68033	68033	68033	68033	68033
Groups	42537	42537	42537	42537	42537	42537	42537	42537	42537	42537
R-squared	0.0277	0.0280	0.0280	0.0327	0.1154	0.0305	0.1303	0.0284	0.0284	0.0330

OFDI 对出口产品质量的影响后，OFDI 的回归系数下降，其中混合贸易中间品进口下 OFDI 回归系数下降幅度最大。从中介效应的检验结果来看，一般贸易中间品进口没有达到中介条件，在 OFDI 促进出口产品质量的提升过程中不存在中介效应；加工贸易和混合贸易中间品进口通过了中介效应检验，在 OFDI 促进出口产品质量提升过程中具有中介效应。

7.5.3　稳健性检验

（1）基于不同对外直接投资动机的稳健性检验

表 7-21 展示了不同投资动机下中间品进口的中介效应检验结果。第（1）~第（3）列为不同投资动机 OFDI 对出口产品质量的影响，回归结果显示，只有技术寻求型 OFDI 有助于出口产品质量升级，市场寻求型和资源寻求型 OFDI 的回归系数不显著，无法通过中介效应的首要条件；第（4）列检验了中介变量对出口产品质量的影响，回归结果与上文相同，仍显著正相关；第（5）~第（7）列为不同投资动机 OFDI 对中介变量的影响，回归系数符号和显著性与 M1 相似，仅技术寻求型 OFDI 回归系数显著为正；第（8）~第（10）列回归结果显示，加入中介变量后，市场寻求型 OFDI 和资源寻求型 OFDI 的回归系数仍不显著，资源寻求型 OFDI 的回归系数仍然为负，技术寻求型 OFDI 的回归系数显著为正，中介变量中间品进口的回归系数无明显变化。由此可见，中间品进口仅在技术寻求型 OFDI 促进出口产品质量升级过程中起到了中介效应，而市场寻求型 OFDI 和资源寻求型 OFDI 不利于出口产品质量升级，因此中间品进口在这两类投资中不具有中介效用。

（2）基于企业不同生命周期的稳健性检验

不同企业生命周期下，中间品进口的中介效果可能会有差异。本书对企业初创期、成长期、成熟期和衰退期四个时期分别进行了中介效应检验，但结果显示，无论哪个时期中间品进口均未起到中介作用，原因可能是样本量缩小造成了回归结果的偏误。对此，本书对企业生命周期按照企业总得分和企业年龄第 50 分位进行分组，将企业分为成长期和成熟期。表 7-22 为生命周期重新分组下的回归结果。在企业成长期，OFDI 和中间品进口促进了出口产品质量提升，OFDI 也显著正向影响了中介变量，在控制了 OFDI 对出口产品质量的影响后，OFDI 的回归系数由 0.0240 减小到 0.0226，中间品进口的变动幅度较小，表明在企业成长期，中间品进口起到了中介作用。在企业成熟期，OFDI 对中介变量中间品进口的影响为负，表明在企业成熟期，中间品进口不具有中介效应，OFDI 无法通过中间品进口促进出口产品质量升级。

表 7-21 不同投资动机下中间品进口中介效应模型 DID 检验结果

解释变量	M1 quality			M2 quality	M3 lnmedinput			M4 quality		
	(1)	(2)	(3)	(4)	(5)	(6)	(7)	(8)	(9)	(10)
$du \times dt\_trade$	0.0018 (0.0034)				0.1396 (0.1322)			0.0015 (0.0033)		
$du \times dt\_rd$		0.0132*** (0.0042)				0.5992*** (0.1672)			0.0119*** (0.0042)	
$du \times dt\_resource$			-0.0249 (0.0522)				-1.4020 (1.4373)			-0.0218 (0.0545)
lnmedinput				0.0022*** (0.0002)				0.0022*** (0.0002)	0.0022*** (0.0002)	0.0022*** (0.0002)
Constant	0.6087*** (0.0485)	0.6084*** (0.0482)	0.6077*** (0.0485)	0.5987*** (0.0476)	4.2243** (1.7256)	4.1867** (1.7249)	4.1504** (1.7264)	0.5993*** (0.0477)	0.5991*** (0.0474)	0.5984*** (0.0476)
N	68033	68033	68033	68033	68033	68033	68033	68033	68033	68033
Groups	42537	42537	42537	42537	42537	42537	42537	42537	42537	42537
R-squared	0.0273	0.0278	0.0273	0.0331	0.0216	0.0224	0.0216	0.0331	0.0335	0.0331

表 7-22　不同生命周期下中间品进口中介效应模型检验结果

解释变量	企业成长期				企业成熟期			
	M1	M2	M3	M4	M1	M2	M3	M4
	quality	*quality*	*lnmedinput*	*quality*	*quality*	*quality*	*lnmedinput*	*quality*
	（1）	（2）	（3）	（4）	（5）	（6）	（7）	（8）
du×dt	0.0240***		0.5366*	0.0226***	0.0115**		-0.1061	0.0121**
	（0.0065）		（0.3054）	（0.0066）	（0.0055）		（0.2231）	（0.0055）
lnmedinput		0.0028***		0.0027***		0.0032***		0.0032***
		（0.0003）		（0.0003）		（0.0003）		（0.0003）
Constant	0.4245***	0.3316***	2.3677	0.3338***	0.4634***	0.5026***	2.3775*	0.5039***
	（0.0474）	（0.0810）	（1.5343）	（0.0812）	（0.0927）	（0.0486）	（1.2902）	（0.0487）
N	5163	5163	5163	5163	7360	7360	7360	7360
Groups	3939	3939	3939	3939	5200	5200	5200	5200
R-squared	0.0328	0.0235	0.0015	0.0280	0.0168	0.0192	0.0045	0.0180

7.5.4　中介效应结果检验

本书进一步对中间品进口的中介效应结果进行 Sobel 检验，对上述中间品进口中介效应检验的回归系数进行了统计，表 7-23 为中间品进口中介效应的 Sobel 检验结果。可以发现，OLS 估计和 DID 估计的中间品进口中介效应比率分别为 0.169 和 0.148，且均在 1% 水平上显著，表明中间品进口具有偏中介效应，中间品进口作为中介变量能够解释 14.8% ~ 16.9% 的 OFDI 后出口产品质量提升，是企业对外直接投资提升出口产品质量的重要渠道。对中间品进口异质性的 Sobel 检验发现，一般贸易中间品进口不具有中介效应，加工贸易中间品进口和混合贸易中间品进口具有显著的中介效应，分别能够解释 5.3% 和 13.2% 的 OFDI 后出口产品质量提升。从 OFDI 动机来看，中介变量中间品进口仅在技术寻求型 OFDI 提升出口产品质量的过程中起到了中介效应，效应比率为 0.100，且在 1% 水平上显著。从企业不同生命周期来看，重新分组后，中间品进口在企业成长期具有中介效应，中间品进口的效应比率为 0.063，而在成熟期不具有中介效应。上述结果表明，中间品进口在 OFDI 促进出口产品质量升级过程中起到了中介作用，是 OFDI 促进出口产品质量提升的有效渠道。

表 7-23 中间品进口中介效应 Sobel 检验

类型	检验类型	c	a	sa	b	sb	Z	效应比率
基准回归	OLS 估计	0.0103	0.6960	0.0989	0.0025	0.0001	6.77 ***	0.169
	DID 估计	0.0082	0.5525	0.1138	0.0022	0.0002	4.44 ***	0.148
中间品进口异质性	一般贸易	0.0082	-0.3592	0.1102	-0.0008	0.0002	—	—
	加工贸易	0.0082	0.3115	0.0515	0.0014	0.0004	3.03 ***	0.053
	混合贸易	0.0082	0.6002	0.1359	0.0018	0.0002	3.96 ***	0.132
OFDI 投资动机	市场寻求型	0.0018	0.1396	0.1322	0.0022	0.0002	—	—
	技术寻求型	0.0132	0.5992	0.1672	0.0022	0.0002	3.41 ***	0.100
	资源寻求型	-0.0249	-1.4020	1.4373	0.0022	0.0002	—	—
生命周期	企业成长期	0.0240	0.5366	0.3054	0.0028	0.0003	1.73 *	0.063
	企业成熟期	0.0115	-0.1061	0.2231	0.0032	0.0003	—	—

7.6 本章小结

本章使用中介效应模型对企业 OFDI 影响出口产品质量的四个传导机制进行了实证检验，结果表明自主创新、产业集聚、全球价值链嵌入和中间品进口均是 OFDI 影响出口产品质量的重要渠道，本书进一步对中介变量异质性进行了检验，并从企业投资动机和企业生命周期视角进行了稳健性检验，以验证中介效应是否稳健，由此分别验证了 H6~H9。

对自主创新的中介效应检验发现，企业自主创新具有偏中介效应，自主创新作为中介变量可以解释 8.7%~13.9% 的 OFDI 后出口产品质量提升，是企业 OFDI 促进出口产品质量升级的重要渠道；外观设计专利没有起到中介作用，实用新型专利起到的中介效果显著高于发明专利起到的中介效果；企业自主创新作为中介变量可以解释 4.4% 的 OFDI 后出口产品质量提升；从 OFDI 动机来看，企业自主创新仅在技术寻求型 OFDI 促进出口产品质量提升过程中起到了中介作用；在企业成长期，自主创新在 OFDI 对出口产品质量的提升过程中起到了中介作用，自主创新作为中介变量可以解释 23.5% 的 OFDI 后出口产品质量提升。

对产业集聚的中介效应检验发现，产业集聚作为中介变量仅可解释 1.5%~2.4% 的 OFDI 后出口产品质量提升；从产业集聚异质性来看，多样化集聚在 OFDI 促进出口产品质量提升过程中起到了重要的中介作用，而专业化集聚不具有中介效应；从 OFDI 动机来看，产业集聚在市场寻求型 OFDI 和技术寻求型 OFDI 提升出口产品质量的过程中起到了中介效应，但中介效果较小；从企业不同生命周期来看，产业集聚在企业不同生命周期均没有起到中介效应。总体来看，产业集聚虽能在对外直接投资促进出口产品质量升级过程中起到中介作用，但中介效果有限，并不是对外直接投资促进出口产品质量提升的有效渠道。

对全球价值链嵌入的中介效应检验发现，全球价值链嵌入具有偏中介效应，全球价值链嵌入作为中介变量能够解释 6.8% ~ 17.2% 的对外直接投资后出口产品质量提升，是企业 OFDI 提升出口产品质量的重要渠道；价值链高端嵌入作为中介变量能够解释 6.3% 的 OFDI 后出口产品质量提升；从 OFDI 动机来看，全球价值链嵌入在市场寻求型 OFDI 和技术寻求型 OFDI 提升出口产品质量的过程中起到了中介效应，但在市场寻求型 OFDI 促进出口产品质量提升过程中起到的中介作用更大；从企业不同生命周期来看，在企业成长期、成熟期和衰退期，全球价值链嵌入均具有中介效应，总体结果表明，全球价值链嵌入在 OFDI 促进出口产品质量升级过程中起到了中介作用。

对中间品进口的中介效应检验发现，中间品进口具有偏中介效应，作为中介变量能够解释 14.8% ~ 16.9% 的 OFDI 后出口产品质量提升，是企业 OFDI 提升出口产品质量的重要渠道；加工贸易中间品进口和混合贸易中间品进口具有显著的中介效应；从 OFDI 动机来看，中间品进口仅在技术寻求型 OFDI 提升出口产品质量的过程中起到了中介效应；从企业不同生命周期来看，中间品进口在企业成长期具有中介效应，而在成熟期不具有中介效应。上述结果表明，中间品进口在 OFDI 促进出口产品质量升级过程中起到了中介作用，是对外直接投资促进出口产品质量提升的有效渠道。

至此，本书已验证了对外直接投资影响出口产品质量的传导机制，检验结果与理论分析结果相符合，也体现了我国对外直接投资和出口发展的特征事实。

8 研究结论与政策启示

8.1 研究结论

在中国对外直接投资快速崛起与经济调整转型的背景下，本书以理论分析、现状分析和实证分析相互印证的范式，围绕"对外直接投资与出口产品质量"展开研究，旨在回答中国企业 OFDI 对出口产品质量"是否存在影响""影响效果在异质性下是否存在差异""通过哪些机制产生影响"这几个问题。通过对这些问题的研究，试图从国际和国内视角为我国对外直接投资结构调整与出口产品质量升级指明方向。本书使用微观样本匹配数据，对企业 OFDI 进行统计，并测算了企业微观层面出口产品质量。综合运用文献分析法、实证分析法和比较分析法等展开研究。在机理分析方面，明晰了 OFDI 与出口产品质量的内在联系；分析了 OFDI 对出口产品质量的异质性影响；并归纳了对外直接投资影响出口产品质量的具体路径。在事实特征方面，从行业分布、地区分布、东道国(目的国)分布和企业异质性视角较为全面地刻画了 OFDI 和出口产品质量。在实证分析方面，验证了 OFDI 对出口产品质量的提升作用，从不同视角比较了 OFDI 对出口产品质量异质性影响，并对 OFDI 影响出口产品质量的传导机制进行了检验。根据以上研究内容，本书主要得到以下结论：

首先，从特征事实分析来看，中国企业 OFDI 和出口产品质量在样本期内均呈现增长趋势，但变动情况因行业、地区、投资区位、出口目的国(地区)和企业类型不同具有明显差异。具体而言：①中国企业对外直接投资呈现"爆发式"增长，投资企业在 2003~2013 年增幅约 78 倍，投资项目 2003~2013 年年均增速高达 53%，受金融危机影响，OFDI 在 2009 年增长缓慢，但在 2010 年逐渐恢复了高速增长态势。总体上，企业出口产品质量呈现增长趋势，在 2000~2004 年呈现快速增长趋势；2004~2006 年呈现出"V"型快速调整阶段；受全球金融危机影响，2007~2011 年中国企业出口产品质量呈现波动调整阶段；2011 年后重新进入快速增长阶段。②从行业角度来看，技术密集型 OFDI 企业逐渐成为中国对外直接投资主力军，劳动密集型企业次之，资源获取并非企业进行对外直接投资的主要动机；出口产品质量排序高低依次为技术密集型行业、资本密集型行业、劳动密集型行业和资源密集型行业。③从地区角度来看，东部地区 OFDI 显著高于其他地区；各个省份出口产品质量在样本期内均有所增长。④从投资区位和出口目的国来看，中国对外直接投资在区位分布上存在极大的不平衡性，投资主要分布在亚洲地区，并且在单个地区上具有显著的集聚特征。从投资增长率来看，金融危机后，企业对共建"一带一路"国家投资增长率反超对发达国家（地区）和OECD 国家投资增长率，投资区位具有向共建"一带一路"国家转移的趋势；企业产品质量因出口目的国不同而存在差异，中国对发达国家（地区）的出口产品质量呈下降趋势，而对发展中国家（地区）的出口产品质量呈逐渐上升趋势。⑤从企业类型来看，民营企业和外资企业 OFDI 呈现逐年高速增长趋势，而国有企业OFDI 始终相对平缓；外资企业出口产品质量年平均值显著高于民营企业和国有企业，民营企业出口产品质量在样本期间增长较为平稳。虽然高生产率企业OFDI 始终高于低生产率企业，但低生产率企业投资年均增速高于高生产率企业，这表明中国低生产率企业从事对外投资活动步伐逐渐加快；高生产率企业出口产品质量年均值高于低生产率企业，但二者相差较小，并在增长趋势上无明显差别。资本密集型企业 OFDI 在总体上高于劳动密集型企业 OFDI；而劳动密集型企业出口产品质量年平均值略高于资本密集型企业。市场寻求型和技术寻求型企业OFDI 呈现逐年递增趋势，资源寻求型企业 OFDI 增速较缓。加工贸易企业出口产品质量年平均值显著高于一般贸易企业，但从整体变化趋势来看，加工贸易企业出口产品质量波动程度大于一般贸易企业。

其次，企业 OFDI 对出口产品质量提升具有显著的促进作用，随着时间推移，提升效果逐渐增强。通过实证分析发现，企业 OFDI 有助于出口产品质量提升，通过考察 OFDI 对出口产品质量提升效果是否存在滞后性发现，企业 OFDI 对出口产品质量的影响存在显著的滞后性，滞后效果表现为先上升再下降后又上升的状态，且在滞后 5 年时企业 OFDI 对出口产品质量的提升效果最为显著。并且企业 OFDI 对出口产品质量的影响为非对称条件分布，OFDI 对低分位出口产品质量正向影响效果最大，对高分位出口产品质量的影响接近为零，并没有起到提升效果，即企业 OFDI 对出口产品质量的影响并不是完全对称的条件分布。

再次，异质性视角下回归结果显示，OFDI 对出口产品质量提升的积极影响因投资行业、投资来源、投资区位、企业异质性等因素而具有显著差异。具体而言：①从行业异质性来看，高技术行业 OFDI 显著促进了出口产品质量提升，而低技术行业 OFDI 和中技术行业 OFDI 对出口产品质量的影响不显著。②从区位异质性来看，依据母国投资来源：东部地区 OFDI 显著促进了出口产品质量的提升，中部地区 OFDI 对出口产品质量的提升效果不稳健，西部地区 OFDI 对出口产品质量不具有提升作用。从城市群来看，中原城市群、珠三角城市群和长三角城市群 OFDI 显著促进了出口产品质量的提升，而京津冀城市群、长江中游城市群和关中平原城市群 OFDI 虽对出口产品质量的影响系数为正但不显著。依据东道国投资区位：对外直接投资对出口产品质量的提升效果具有明显的区位特征，投向非 OECD 国家的 OFDI 对出口产品质量的影响优于 OECD 国家；顺梯度投资对出口产品质量的提升效果优于逆梯度投资；"一带一路"国家 OFDI 对出口产品质量的提升效果要优于非"一带一路"国家；企业 OFDI 投向制度环境差的国家或地区对出口产品质量的影响效果显著优于投向制度环境好的国家。③从企业异质性来看，依据企业所有制：民营企业 OFDI 有助于出口产品质量提升，国有企业 OFDI 对出口产品质量影响为负且不显著，中外合资企业 OFDI 有助于出口产品质量提升，而外商独资企业 OFDI 对出口产品质量影响系数为正但不稳健。依据企业生产率：高生产率企业 OFDI 有助于出口产品质量提升，低生产率企业 OFDI 对出口产品质量没有显著促进作用。对生产率进行十等分后发现，每十分位劳动生产率对出口产品质量的影响呈现"M"型波动。依据要素密集度：资本密集型企业 OFDI 促进出口产品质量提升效果优于劳动密集型企业 OFDI。

最后，中介效应实证检验结果显示，自主创新、产业集聚、全球价值链嵌入和中间品进口能够作为 OFDI 促进出口产品质量提升的传导机制，但产生的促进效果会因投资动机和企业生命周期产生差异。具体而言，①自主创新作为中介变量可以解释 8.7%~13.9% 的 OFDI 后出口产品质量提升，外观设计专利没有起到中介作用，实用新型专利起到的中介效果显著高于发明专利的中介效果；全球价值链嵌入的作用占比为 6.8%~17.2%，价值链高端嵌入作为中介变量能够解释 6.3% 的 OFDI 后出口产品质量提升；中间品进口的作用占比为 14.8%~16.9%，加工贸易中间品进口和混合贸易中间品进口具有显著的中介效应；产业集聚的作用占比仅为 1.5%~2.4%，中介作用相对较小。②区分企业不同投资动机后结果显示，四个中介变量在技术寻求型 OFDI 提升出口产品质量过程均具有中介效应；产业集聚和全球价值链嵌入在市场寻求型 OFDI 促进出口产品质量过程中具有中介效应；四个中介变量在资源寻求型 OFDI 促进出口产品质量提升过程中不存在中介效应。③区分企业生命周期后回归结果显示，在企业成长期，自主创新、全球价值链嵌入和中间品进口在 OFDI 促进出口产品质量提升过程中具有中介效应；在企业成熟期，自主创新、产业集聚、全球价值链嵌入在 OFDI 提升出口产品质量过程中具有中介效应；在企业衰退期，仅全球价值链嵌入在 OFDI 提升出口产品质量过程中起到了中介作用，而在企业初创期，四个中介变量均不具备中介效应。

8.2　政策启示

基于国际投资环境背景，在已有研究基础上，本书围绕对外直接投资对出口产品质量影响这一主题展开了特征事实分析、理论机理分析以及实证分析。研究结论印证了企业对外直接投资对出口产品质量提升的积极作用。为更好促进我国企业 OFDI 持续健康发展结合研究结论，针对我国企业在对外直接投资过程中仍存在的问题，本书提出以下政策建议：

(1)政府层面

第一，在投资行业上，引导企业加大高技术行业对外直接投资。2020 年，我国制造业对外直接投资流量为 258.4 亿美元，同比增长 27.7%，投资行业主要集中在汽车制造、医药制造、计算机通信和其他电子设备制造、专用设备制造等。我国政府应继续实施资本鼓励政策，进一步扩大资本密集型行业和技术密集型行业 OFDI，加快对制造业中边际产业的对外转移速度，为具有竞争优势的行业提供更多要素和资源，带动相关产业发展。此外，中国出口贸易多数来自于加工贸易，因此出口产品质量的提升取决于中国工业水平，尤其是制造业企业生产技术水平的高低，在实证分析中证实了企业对外直接投资能显著促进出口产品质量的提升，尤其是在高资本、高研发的资本密集型行业和技术密集型行业领域，因此，政府可以通过政策引导企业向资本密集型行业和技术密集型行业进行投资。鼓励本身具有比较优势的行业进行对外直接投资，并通过 OFDI 逆向技术溢出扩大比较优势，通过技术迭代实现产业升级。对于具有较高技术要求的行业，例如，3D 打印、信息通信技术(ICT)、人工智能、云计算等，政府在制定产业政策时应给予相应扶持，充分了解这些行业的技术能力以及发展瓶颈，支持企业通过对外直接投资方式提升技术能力，保持产品在国际市场竞争力。

第二，在投资来源上，引导各地区合理规划对外直接投资活动。中国对外直接投资在地区分布上具有显著的差异性，对外直接投资活动主要集中在东部地区，导致这一现象的原因既有地理优势的因素，也有开放程度和制度环境的政策因素，以及各个省份对外直接投资产业水平差异。区域间长期发展不均衡不利于经济稳定发展，各省在开展对外直接投资活动时应结合自身实际情况，开展具有针对性的对外直接投资。例如，东部地区优秀企业较为集聚，并且具有较高的生产率以及较强的吸收能力，政府可以引导企业多开展技术寻求型 OFDI，有效促进企业核心技术的开发与应用，推动东部地区产业升级，集中力量发展高新技术产业，为其他地区起到良好的示范作用。中西部地区应依靠劳动力成本优势，抓住中国产业转移的契机，主动承接东部地区劳动密集型产业的转移，提高企业生产水平，促进制造业出口产品质量的提升。鼓励中部地区 OFDI 企业尝试向发达国家(地区)进行技术寻求型 OFDI，并为投资企业提供良好的政策环境，在政策上鼓励企业向发达国家(地区)进行对外直接投资。西部地区产业基础较为薄弱，可以抓住"一带一路"机遇，扩大对外开放程度，主动参与"一带一路"对外直接投资。中西部地区政府机构应重视城市群营商环境的改善，为高水平对外直接投资企业在中西部城市群集聚提供便利条件。目前，我国对外直接投资企业高度集中在长三角城市群和珠三角城市群，除了地理位置优越外，沿海城市良好的营商环境和税收优惠等政策也是吸引对外直接投资企业集聚的原因。中西部城市群应在充分考虑当地实际情况基础上，通过政府扶持等优惠政策有意吸引对外直接投资企业在中西部城市群集聚，带动城市群整体创新能力提升，促进出口产品质量升级。

第三，在投资区位上，在保持对发展中国家(地区)对外直接投资的同时，加强向发达国家(地区)对外直接投资。从样本期内对外直接项目总数来看，中国企业 OFDI 投向发达国家(地区)的数目要多于投向发展中国家(地区)的 OFDI，但是从 OFDI 存量来看，投向发达国家(地区)OFDI 存量远小于投向发展中国家(地区)OFDI 存量①。中国在技术水平上与发达国家(地区)仍存在一定差距，企业对发达国家(地区)直接投资规模越大，获得逆向技术溢出的可能性越高，通过政府引导企业向发达国家(地区)进行技术寻求型 OFDI，有助于我国企业获取东道国先进技术与管理能力，以实现自身技术水平的提高，为我国高新技术产业发展提供支撑。同时，应保持对发展中国家(地区)的 OFDI，实证回归结果表明，企业向发展中国家(地区)进行对外直接投资同样可以显著促进出口产品质量的提升，政府应积极与发展中国家(地区)建立多边合作，为企业向发展中国家(地区)对外直接提供便利。我国企业对发展中国家(地区)投资主要为资源寻求型 OFDI，其满足了我国经济发展对资源的需求，同时也缓解了国内的资源压力，但也造成了向发展中国家(地区)对外直接投资布局的单一性。因此，可以适当减弱资源寻求型 OFDI，并通过对外直接投资向发展中国家(地区)转移边际产业，不仅优化了对外直接投资的空间布局，也实现了国内产业结构的升级。同时，引导企业有效规避东道国制度环境等因素产生的投资风险。通过与投资东道国签署共建合作备忘录、双边投资协定等形式，弥补东道国制度环境的不足，为中国

---

① 2020 年中国对外直接投资统计公报显示，2020 年末中国在发达经济体的直接投资存量为 2539 亿美元，占整体对外直接投资存量的 9.8%，在发展中经济体的直接投资存量为 22998.3 亿美元，占整体对外直接投资存量的 89.1%。

OFDI 企业提供良好的国际投资环境。积极与行业商会、协会合作建立信息交流与共享平台，使对外直接投资企业之间建立联系，形成信息网络，提升信息使用效率，减少 OFDI 企业的信息搜寻成本，实现企业间的互利共赢。

第四，在投资主体上，加大对民营企业 OFDI 的扶持力度，鼓励国内企业积极与外资企业合作。国有企业是中国企业 OFDI 的"先行者"，对外直接投资活动主要由国有企业发起，但是国有企业政治依附性强，投资目的更多带有国家战略意义，这可能会导致对东道国的市场考量不足，造成投资损失。因此，国有企业应意识到自身对外投资能力与国外成熟跨国公司的差距，通过学习提高企业自身投资效率，避免走弯路。与国有企业相比，虽然民营企业在政策、融资和所有权方面处于相对劣势，但其能够灵活调整经营战略和产品策略，且相当一部分民营企业拥有"专精特新"的生产技术，较高的灵活性可以使民营企业对市场做出快速反应，并且具有较高的适应能力，逐渐成为中国 OFDI 的主力军。实证结果也证实了民营企业 OFDI 的重要性，为进一步扩大民营企业对外直接投资优势，促进民营对外直接投资企业健康发展，政府应对民营企业在投资政策、融资渠道、人才招募方面提供精准扶持，为民营企业构建良好的营商环境，简化融资审批程序，主动为民营企业与高校、科研机构搭建平台，对主动进行创新活动的民营企业给予政策优惠。积极引进外资，鼓励中国企业与外资企业合作。实证分析表明，中外合资企业 OFDI 对出口产品质量提升具有显著促进作用。外商直接投资在中国缩小与国际技术差距过程中起到了不可替代的作用，中国企业与外资企业合作可以通过学习效应和示范效应提高本国企业技术水平，同时为本国企业"走出去"提供了跨国投资经验。因此，应引导地方政府在招商引资过程中，加大对中外合资企业的政策支持。

（2）企业层面

第一，主动融入全球创新网络，为技术创新寻求"新动力"。全球创新网络是创新由封闭式转向开放式、网络化发展之后出现的一种新的创新组织形式。融入全球创新网络在企业技术创新过程中扮演着不可替代的重要角色，尤其是后发企业可以凭借海外网络为跳板，通过 OFDI 形式主动融入全球创新网络，更广泛地获得丰富的国际化知识与创新资源，通过研发人员合作与交流，传递先进技术与思想，激发企业创新动力，帮助企业更好地获取和整合外部知识与研发资源，提升企业自主创新能力。现阶段众多前沿技术由多个国家的多种创新主体合作、共同研发，并形成了集成创新。这些创新主体合作、共同申请专利，共享收益。2000 年，全球发明专利中个人和团队比例均约为 50%；2010 年，个人发明占38.7%，团队协作发明占 61.3%；2017 年，协作创新的比例高达 67.7%，而个人发明则下降到了32.3%。在此背景下，对外直接投资企业应积极通过建立海外研发中心等形式，加强与东道国高校与科研机构合作，主动融入全球创新网络，构建全球研发体系，多渠道增强研发能力。

第二，提高对外直接投资企业在母国的集聚优势。现阶段，由于国际市场竞争激烈，技术更新迭代不断加快，企业不能仅依靠东道国子公司逆向技术溢出实现技术提升。基于对外直接投资产业集聚效应分析表明，对外直接投资形成的产业集聚效应使得集聚区内产生规模经济，通过上下游企业的集聚，可以降低企业交易成本，提升企业生产效率，同时OFDI母公司为集聚区企业提供示范效应，集聚区企业通过获得的技术溢出产生模仿效应，企业之间相互合作，既能够为不同企业人才交流提供交流通道，又能够降低企业信息搜寻成本，促进企业研发。但是通过实证分析发现，对外直接投资的产业集聚效应并没有充分发挥出来，即存在很大的发展空间。对此，企业应充分挖掘母公司的产业集聚优势，因地制宜打造专业化集聚区，并加大集聚区基础设施建设，打造优厚的待遇与科研环境，对高水平人才提供奖励措施，吸收国际技术前沿领域人员，为逆向技术溢出的吸收做好准备，充分发挥劳动力潜能，提高企业的生产效率。

第三，企业应积极参与全球价值链上游生产环节，向全球价值链高端嵌入。企业技术水平决定了其全球价值链嵌入位置，企业若向全球价值链高端嵌入，提升自身技术水平是关键因素。通过机制分析表明，企业可通过OFDI近距离接触东道国研发机构，获得上游企业技术溢出，促进企业新产品研发，缩小与发达国家（地区）技术差距，提高企业全球价值链嵌入位置，进一步促进出口产品质量提升。实证分析也表明企业全球价值链高端嵌入在OFDI促进出口产品质量提升过程中起到了中介作用。但随着中国企业与发达国家（地区）企业技术水平差距不断缩小，通过对外直接投资实现逆向技术溢出会因东道国政府干预而越发困难。因此，企业需要拓宽技术获取渠道，通过嵌入全球创新网络等形式提高自主创新能力，实现核心技术突破。同时，积极通过对外直接投资寻求产品生产过程使用技术的可替代性，避免技术获取渠道单一而受到东道国技术封锁。

第四，企业应加大对高质量中间品进口。中间品进口在中国企业技术创新和生产率提升过程中起到了积极作用。高质量中间品所含技术水平较高，企业使用高质量中间品进行生产能够有助于出口产品质量提升。企业在对外直接投资过程中可以深入了解东道国市场，获得海外产品生产信息，为母国企业寻找高质量中间品，降低企业对中间品进口的搜寻成本。本书实证分析表明，中间品进口效应在对外直接投资促进出口产品质量提升过程中起到了中介效应，因此可以适度加大高质量中间品进口。但是，技术含量高的中间品进口容易引致"卡脖子"风险，导致企业在生产过程中出现中间品"断供"情况,企业应在对外直接投资的同时进行中间品采购的全球布局,寻找可靠的中间品供应商。此外,企业通过对外直接投资获得高质量中间品进口,满足自身高质量产品生产的同时,会对国内中间品生产商造成冲击,这虽然对中间品厂商的国内市场产生不利影响,但也会倒逼中间品厂商在竞争中不断进行技术升级,逐渐实现核心技术中间品的国内供给,为国内企业提供更高质量中间品,实现出口产品质量升级。

8.3 研究展望

由于理论、数据以及笔者学术水平有限,本书存在一些不足之处,针对这些不足,笔者希望对在进一步研究中对这些问题进行完善,继续挖掘本研究课题的潜力。具体而言,主要包括以下三方面内容:

第一,完善企业对外直接投资提升出口产品质量的理论分析。本书虽然通过数理模型分析了对外直接投资如何促进出口产品质量的提升,以及自主创新效应、产业集聚效应、全球价值链嵌入效应和中间品进口效应对出口产品质量的数理分析,但是并没有将 OFDI 和影响机制纳入同一模型中。如果能在同一均衡模型中分析 OFDI 对出口产品质量的影响以及作用机制,可以更精确地分析传导机制。

第二,完善和补充企业数据资源。本书数据来源于中国工业企业数据库、中国进出口海关数据库和境外投资企业(机构)名录,文章只研究了规模以上工业企业对外直接投资问题,而规模以上企业只是我国对外直接投资企业的一部分,并不能完全代表全部对外直接投资企业。并且,目前对外直接投资企业数据缺乏投资金额、海外子公司经营状况等数据,无法更加深入探讨对外直接投资对出口产品质量的影响。在进一步研究中,将结合上市公司数据以及中国工业企业普查数据,完善样本数据,深化研究内容,以期得到更有价值的结论。

第三,完善出口产品质量测算方法。本书使用需求信息回归推断法测算企业层面出口产品质量,虽然克服了单位价值法的局限性,但该方法仅考虑了企业需求层面因素,并没有考虑供给层面的影响,仍然存在很大的改进空间。在进一步研究中,需构建同时包含供给和需求两个因素的理论模型,并充分考虑可能存在的内生性问题,构建能够同时测算一般贸易企业和加工贸易企业出口产品质量的模型。

参考文献

［1］ Aghion P, Bergeaud A, Lequien M, et al. The Impact of Exports on Innovation: Theory and Evidence［R］. Working Papers, 2018.

［2］ Akamatsu K. The Trade Trend of Woolen Products in Our Country［J］. Review of Business and Economy, 1935.

［3］ Altuzarra A, Bustillo R, Rodríguez C. Much Ado about Nothing: No Fear of Becoming a Multinational［J］. International Business Review, 2018, 27(1): 56-65.

［4］ Antoniades A. Heterogeneous Firms, Quality, and Trade［J］. Journal of International Economics, 2015, 95(2): 263-273.

［5］ Antràs P, Yeaple S R. Multinational Firms and the Structure of International Trade［J］. Handbook of International Economics, 2014, 4: 55-130.

［6］ Anwar S, Sun S. Foreign Direct Investment and Export Quality Upgrading in China's Manufacturing Sector［J］. International Review of Economics and Finance, 2018, 54: 289-298.

［7］ Baldwin R, Harrigan J. Zeros, Quality, and Space: Trade Theory and Trade Evidence［J］. American Economic Journal Microeconomics, 2011, 3(2): 60-88.

［8］ Baron R M, Kenny D A. The Moderator-Mediator Variable Distinction in Social Psychological Research: Conceptual, Strategic, and Statistical Considerations ［J］. Journal of Personality and Social Psychology, 1999, 51(6): 1173.

［9］ Bas M, Strausskahn V. Input-Trade Liberalization, Export Prices and Quality Upgrading［J］. Journal of International Economics, 2015, 95(2): 250-262.

［10］ Bastos P, Silva J. The Quality of a Firm's Exports: Where you Export to Matters［J］. Journal of International Economics, 2010, 82(2): 99-111.

［11］ Bekkers E, Francois J, Manchin M. Import Prices, Income, and Inequality ［J］. European Economic Review, 2012, 56(4): 848-869.

［12］ Bellone F, Musso P, Nesta L, et al. Financial Constraints and Firm Export Behavior［J］. The World Economy, 2010, 33(3): 347-373.

［13］ Bellone F, Musso P, Nesta L, et al. International Trade and Firm-level

Markups When Location and Quality Matter[J]. Journal of Econometrics, 2016, 16 (1): 67-91.

[14] Blomstrm M, Kokko A. Multinational Corporations and Spillovers[J]. Journal of Economic Surveys, 1998, 12(3): 247-277.

[15] Brainard S L. A Simple Theory of Multinational Corporations and Trade with a Trade-off Between Proximity and Concentration[J]. Social Science Electronic Publishing, 1992, 87(2): 118-124.

[16] Brandt L, Biesebroeck J V, Zhang Y. Creative Accounting or Creative Destruction? Firm-Level Productivity Growth in Chinese Manufacturing[R]. NBER Working Papers, 2012, 97(2): 339-351.

[17] Branstetter L. Is Foreign Direct Investment a Channel of Knowledge Spillovers? Evidence from Japan's FDI in the United States[J]. Journal of International Economics, 2006.

[18] Buckley P J, Clegg L J, Cross A R, et al. The Determinants of Chinese Outward Foreign Direct Investment[J]. Journal of International Business Studies, 2007, 38(2): 499-518.

[19] Cantwell J A, Tolentino P E E. Technological Accumulation and Third World Multinationals[Z]. Paper Presented at the Annual Meeting of the European International Business Association, Antwerp, 1987.

[20] Cantwell J A, Tolentino P E E. Technological Accumulation and Third World Multinationals[R]. University of Reading, Discussion Papers in International Investment and Business Studies, 1990.

[21] Catherine S, Chaney T, Huang Z, et al. Aggregate Effects of Collateral Constraints[J]. Social Science Electronic Publishing, 2016.

[22] Chen H, Pan J, Xiao W. Chinese Outward Foreign Direct Investment and Industrial Upgrading from the Perspective of Differences among Countries[J]. China & World Economy, 2020, 28(3): 1-28.

[23] Chen H, Swenson D L. Multinational Firms and New Chinese Export Transactions[J]. Canadian Journal of Economics, 2007, 41(2): 596-618.

[24] Choi Y C, Hummels D, Xiang C. Explaining Import Quality: The Role of the Income Distribution[J]. Journal of International Economics, 2009, 78(2): 293-303.

[25] Choudhury P, Khanna T M. Firms and within-Country Migration: Evidence from India[J]. Economics, 2014.

[26] Cozza C, Rabellotti R, Sanfilippo M. The Impact of Outward FDI on the Performance of Chinese Firms[J]. China Economic Review, 2015(36): 42-57.

[27] Crinò R, Paolo E. Productivity, Quality and Export Behaviour[J]. The Economic Journal, 2012(565): 1206-1243.

[28] Crozet M, Head K, Mayer T. Quality Sorting and Trade: Firm-Level Evidence for French Wine[J]. Review of Economic Studies, 2012, 79(2): 609-644.

[29] Damijan J, Kostevc C, Rojec M. Not Every Kind of Outward FDI Increases Parent Firm Performance: The Case of New EU Member States[J]. Emerging Markets Finance and Trade, 2017, 53(1-3): 74-97.

[30] Djankov S, Freund C L, Pham C S. Trading on Time[J]. Review of Economics and Statistics, 2010, 92(1): 166-173.

[31] Doh J, Rodrigues S, Saka-Helmhout A, et al. International Business Responses to Institutional Voids[J]. Journal of International Business Studies, 2017, 48(3): 293-307.

[32] Driffield N, Love J H. Foreign Direct Investment, Technology Sourcing and Reverse Spillovers [J]. The Manchester School, 2003, 71(6): 659-672.

[33] Dunning J H, Dilyard J R. Towards a General Paradigm of Foreign Direct and Foreign Portfolio Investment [J]. Transnational Corporations, 1999, 8(1): 1-52.

[34] Dunning J H. Trade, Location of Economic Activity and the MNE: A Search for an Eclectic Approach [J]. The International Allocation of Economic Activity, 1977.

[35] Ellison G, Glaeser E L. Geographic Concentration in U. S. Manufacturing Industries: A Dartboard Approach[J]. Journal of Political Economy, 1997, 105(5): 889-927.

[36] Ezcurra R, Pascual P, Rapún M. Regional Specialization in the European Union[J]. Regional Studies, 2006, 40(6): 601-616.

[37] Fan H, Lai E L, Li Y A, et al. Credit Constraints, Quality, and Export Prices: Theory and Evidence from China [J]. Journal of Comparative Economics, 2015, 43(2): 390-416.

[38] Faruq H A. Impact of Technology and Physical Capital on Export Quality[J]. The Journal of Developing Areas, 2010, 44(1): 167-185.

[39] Feenstra R C, Romalis J. International Prices and Endogenous Quality[J]. Quarterly Journal of Economics, 2014, 129(2): 477-527.

［40］Feng L, Li Z, Swenson D L. The Connection Between Imported Intermediate Inputs and Exports: Evidence from Chinese Firms［J］. Journal of International Economics, 2016, 101: 86-101.

［41］Flach L, Janeba E. Income Inequality and Export Prices across Countries ［J］. Munich Reprints in Economics, 2017, 50(1): 162-200.

［42］Fu S. Foreign Direct Investment from Developing Countries and Its Implications for Domestic Investment Rates［D］. Georgetown University, 2016.

［43］Garvin D A. What Does "Product Quality" Really Mean? ［J］. MIT Sloan Management Review, 1984, 26(1): 25-43.

［44］Gervais A. Product Quality and Firm Heterogeneity in International Trade［J］. Canadian Journal of Economics, 2015, 48(3): 1152-1174.

［45］Griffith R, Harrison R, Van Reenen J. How Special is the Special Relationship? Using the Impact of US R&D Spillovers on UK Firms as a Test of Technology Sourcing［J］. American Economic Review, 2006, 96(5): 1859-1875.

［46］Grossman G, Helpman E. Innovation and Growth in the Global Economy ［M］. Cambridge: The MIT Press, 1991.

［47］Hallak J C, Schott P K. Estimating Cross-Country Differences in Product Quality［J］. Quarterly Journal of Economics, 2011, 126(1): 417-474.

［48］Hallak J C, Sivadasan J. Product and Process Productivity: Implications for Quality Choice and Conditional Exporter Premia［J］. Journal of International Economics, 2013, 91(1): 53-67.

［49］Hallak J C. Product Quality and the Direction of Trade［J］. Journal of International Economics, 2006, 68(1): 238-265.

［50］Harding T, Javorcik B S. A Touch of Sophistication: FDI and Unit Values of Exports［J］. Social Science Electronic Publishing, 2009.

［51］Hausmann R, Hidalgo C A. Country Diversification, Product Ubiquity, and Economic Divergence［J］. Social Science Electronic Publishing, 2010, 69(35): 78-81.

［52］Hausmann R, Rodrik D. Economic Development as Self-Discovery［J］. Journal of Development Economics, 2002, 72(2): 603-633.

［53］Helpman E, Melitz M J, Yeaple S R. Export versus FDI with Heterogeneous Firms［J］. American Economic Review, 2004, 94(1): 300-316.

［54］Hong J, Zhou C, Wu Y, et al. Technology Gap, Reverse Technology

Spillover and Domestic Innovation Performance in Outward Foreign Direct Investment: Evidence from China[J]. China and World Economy, 2019, 27(2): 1-23.

[55] Hopenhayn H. Exit, Selection, and the Value of Firms[J]. Journal of Economic Dynamics and Control, 1992, 16(3-4): 621-653.

[56] Hymer S H. The International Operation of National Firms: A Study of Direct Foreign Investment [J]. Economics, 1976.

[57] Jensen J B, Bernard A B. Firm Structure, Multinationals, and Manufacturing Plant Deaths[J]. Review of Economics and Statistics, 2007, 89(2): 193-204.

[58] Kee H L, Tang H. Domestic Value Added in Exports: Theory and Firm Evidence from China[J]. American Economic Review, 2016, 106(6): 1402-1436.

[59] Kenwood A G, Lougheed A L. The Growth of the International Economy, 1820-2000[M]. New York: Routledge, 1999.

[60] Khandelwal A K, Schott P K, Wei S, et al. Trade Liberalization and Embedded Institutional Reform: Evidence from Chinese Exporters[J]. The American Economic Review, 2013, 103(6): 2169-2195.

[61] Khandelwal A. The Long and Short of Quality Ladders[J]. The Review of Economic Studies, 2010, 77(4): 1450-1476.

[62] Kindleberger C P. American Business Abroad[J]. Thunderbird International Business Review, 1969, 11(2): 11-12.

[63] Klapper L, Singer D, Ansar S, et al. Financial Risk Management in Agriculture: Analyzing Data from a New Module of the Global Findex Database[R]. Policy Research Working Paper Series, 2019.

[64] Kogut B, Chang S J. Technological Capabilities and Japanese Foreign Direct Investment in the United States[J]. The Review of Economics and Statistics, 1991, 73(3): 401-413.

[65] Kojima K. Direct Foreign Investment: A Japanese Model of Multinational Business Operations [J]. Review of World Economics, 1978, 151(3): 433-460.

[66] Koopman R, Powers W, Wang Z, Wei S J. Estimating Domestic Content in Exports When Processing Trade is Pervasive[J]. Journal of Development Economics, 2012, 99(1): 178-189.

[67] Krugman P R. Intraindustry Specialization and the Gains from Trade[J]. Journal of Political Economy, 1981, 89(5): 959-973.

［68］Kugler M, Verhoogen E. Prices, Plant Size, and Product Quality［J］. Review of Economic Studies, 2011, 79(1): 307-339.

［69］Lall S. The New Multinationals［M］. New York: John Wiley, 1983.

［70］Lall S. The Technological Structure and Performance of Developing Country Manufactured Exports, 1985-1998［J］. Oxford Development Studies, 2000, 28(3): 337-369.

［71］Latzer H, Mayneris F. Income Distribution and Vertical Comparative Advantage［J］. Discussion Papers (IRES - Institut de Recherches Economiques et Sociales), 2012, 39(3): 187-205.

［72］Linden S B. An Essay on Trade and Transformation［M］. Sweden: Boktryckeri Company, 1961.

［73］Lipsey R E, Ramstetter E D, Blomstrom M. Outward FDI and Home Country Exports: Japan, the United States, and Sweden［J］. SSE/EFI Working Paper in Economics and Finance, 2000(369): 7623.

［74］Lu J, Liu X, Wang H. Motives for Outward FDI of Chinese Private Firms Firm Resources, Industry Dynamics, and Government Policies［J］. Management and Organization Review, 2011, 7(2): 223-248.

［75］Lu Y, Tao Z, Zhu L. Identifying FDI Spillovers［J］. Journal of International Economics, 2017, 107: 75-90.

［76］Mandel B R. Heterogeneous Firms and Import Quality: Evidence from Transaction-Level Prices［J］. International Finance Discussion Papers, 2010.

［77］Maskell P, Lorenzen M. The Cluster as Market Organization［R］. Druid Working Paper, 2003.

［78］Mathews J A. Dragon Multinationals: New Players in 21st Century Globalization［J］. Asia Pacific Journal of Management, 2006, 23(1): 5-27.

［79］Mayer T, Melitz M J, Ottaviano G. Market Size, Competition, and the Product Mix of Exporters［J］. American Economic Review, 2014, 104(2): 495-536.

［80］McGregor N F, Isaksson A, Kaulich F. Importing Productivity and Absorptive Capacity in Sub-Suharan African Manufacturing Firms［R］. The Vienna Institute for International Economics Studies Working Papers, 2013.

［81］Meeusen W, Broeck J V D. Efficiency Estimation from Cobb-Douglas Production Functions with Composed Error［J］. International Economic Review, 1977, 18(2): 435-444.

［82］ Melitz M J. The Impact of Trade on Intra-industry Reallocations and Aggre-gate Industry Productivity［J］. Econometrica, 2003, 71(6)：1695-1725.

［83］ Melitz M J, Ottaviano G I. Market Size, Trade, and Productivity［J］. The Review of Economic Studies, 2008, 75(1)：295-316.

［84］ Minhas S, Remmer K L. The Reputational Impact of Investor-State Disputes ［J］. International Interactions, 2018, 44(5)：1-26.

［85］ Nicholson. The Impact of Industry Characteristics and IPR Policy on Foreign Direct Investment［J］. Review of World Economics, 2007, 143(1)：27-54.

［86］ Ozawa T. Foreign Direct Investment and Economic Development［J］. Transna-tional Corporations, 1992, 1(1)：27-54.

［87］ Papageorgiadis N, Xu Y, Alexiou C. The Effect of European Intellectual Property Institutions on Chinese Outward Foreign Direct Investment［J］. Management and Organization Review, 2019, 15(1)：81-110.

［88］ Potterie B P, Lichtenberg F. Does Foreign Direct Investment Transfer Technology across Borders? ［J］. Review of Economics and Statistics, 2001, 83 (3)：490-497.

［89］ Raff H, Ryan M, Stähler F. Whole vs. Shared Ownership of Foreign Affili-ates［J］. International Journal of Industrial Organization, 2009, 27(5)：572-581.

［90］ Ramasamy B, Yeung M, Laforet S. China's Outward Foreign Direct Invest-ment：Location Choice and Firm Ownership［J］. Journal of World Business, 2012, 47 (1)：17-25.

［91］ Rehman F U, Ding Y, Phillips A. The Nexus between Outward Foreign Di-rect Investment and Export Sophistication：New Evidence from China［J］. Applied Eco-nomics Letters, 2019, 27(5)：357-365.

［92］ Ruan Z, Liu W, Na S, et al. Regional Marketization, OFDI, and Sus-tainable Employment：Empirical Analysis in China ［J］. Sustainability, 2019, 11 (15)：23-45.

［93］ Schott P K. Across-Product Versus within-Product Specialization in Interna-tional Trade［J］. Quarterly Journal of Economics, 2004, 119(2)：647-678.

［94］ Schott P K. The Relative Sophistication of Chinese Export ［J］. Economic Policy, 2008(53)：5-49.

［95］ Shaked A, Sutton J. Multiproduct Firms and Market Structure ［J］. The RAND Journal of Economics, 1990, 21(1)：45-62.

[96] Shaked A. Natural Oligopolies[J]. Econometrica, 1983, 51(5): 1469-1483.

[97] Sobel M E. Asymptotic Confidence Intervals for Indirect Effects in Structure Equation Models[J]. Social Methodology, 1982, 13: 290.

[98] Stiebale J, Vencappa D. Acquisitions, Markups, Efficiency, and Product Quality: Evidence from India [J]. Journal of International Economics, 2018, 112: 70-87.

[99] Tinbergen J. Shaping the World Economy: A Suggestions for an International Economic Policy[M]. New York: Twentieth Century Fund, 1962.

[100] Upward R, Wang Z, Zheng J H. Weighing China's Export Basket: The Domestic Content and Technology Intensity of Chinese Exports [J]. Journal of Comparative Economics, 2013, 41(2): 527-543.

[101] Verhoogen E A. Trade, Quality Upgrading and Wage Inequality in the Mexican Manufacturing Sector[J]. Quarterly Journal of Economics, 2008, 123(2): 489-530.

[102] Vernon R. International Investment and International Trade in the Product Cycle[J]. Quarterly Journal of Economics, 1966, 80(2): 190-207.

[103] Wells L T. Third World Multinationals: The Rise of Foreign Investments from Developing Countries[M]. Cambridge: MIT Press, 1983.

[104] Xu B. The Sophistication of Exports: Is China Special? [J]. China Economic Review, 2010, 21(3): 482-493.

[105] Yeaple S R. A Simple Model of Firm Heterogeneity, International Trade, and Wages[J]. Journal of International Economics, 2005, 65(1): 1-20.

[106] Yoo D, Reimann F. Internationalization of Developing Country Firms into Developed Countries: The Role of Host Country Knowledge-Based Assets and IPR Protection in FDI Location Choice [J]. Journal of International Management, 2017, 23(3): 242-254.

[107] Zedtwitz M V, Gassmann O, Boutellier R. Organizing Global R&D: Challenges and Dilemmas[J]. Journal of International Management, 2004, 10(1): 21-49.

[108] 白洁. 对外直接投资的逆向技术溢出效应——对中国全要素生产率影响的经验检验[J]. 世界经济研究, 2009(8): 65-69+89.

[109] 蔡冬青, 周经. 对外直接投资对出口技术水平的提升研究——理论与基于中国省际面板数据的实证[J]. 世界经济研究, 2012(12): 52-57+85.

[110] 陈怀超, 田晓煜, 张月婷. 制度落差影响中国对外直接投资的不对称效应——基于扩展引力模型的实证分析[J]. 中央财经大学学报, 2021(8): 111-128.

［111］陈俊聪，黄繁华．对外直接投资与出口技术复杂度［J］．世界经济研究，2013（11）：74-79+89.

［112］陈培如，冼国明，马骆茹．制度环境与中国对外直接投资——基于扩展边际的分析视角［J］．世界经济研究，2017（2）：50-61+136.

［113］程惠芳，阮翔．用引力模型分析中国对外直接投资的区位选择［J］．世界经济，2004（11）：23-30.

［114］程凯，杨逢珉．FDI、OFDI 对出口产品质量的影响研究［J］．经济经纬，2019，36（3）：49-57.

［115］程锐，马莉莉．高级人力资本扩张与制造业出口产品质量升级［J］．国际贸易问题，2020（8）：36-51.

［116］程衍生．影响中国对外直接投资区位选择因素研究［J］．华东经济管理，2019，33（5）：91-97.

［117］崔新健，章东明．跨国研发中心逆向技术流动绩效的影响因素——基于系统动力学的建模与仿真研究［J］．南开管理评论，2020，23（3）：109-120.

［118］代智慧．供给侧改革下出口质量提升对产出波动的影响研究［D］．中南财经政法大学博士学位论文，2019.

［119］代中强，王安妮，李娜．OLI 框架下知识产权保护对外商直接投资的影响研究：来自全球分行业的证据［J］．国际贸易问题，2018（9）：95-107.

［120］戴翔．中国制造业国际竞争力——基于贸易附加值的测算［J］．中国工业经济，2015（1）：78-88.

［121］邓富华，贺歌，姜玉梅．"一带一路"沿线国家外资政策协调对中国对外直接投资的影响——基于双边、多边政策协调的分析视角［J］．经济与管理研究，2019，40（12）：43-58.

［122］邸玉娜，由林青．中国对一带一路国家的投资动因、距离因素与区位选择［J］．中国软科学，2018（2）：168-176.

［123］杜威剑，李梦洁．对外直接投资会提高企业出口产品质量吗——基于倾向得分匹配的变权估计［J］．国际贸易问题，2015（8）：112-122.

［124］樊海潮，郭光远．出口价格、出口质量与生产率间的关系：中国的证据［J］．世界经济，2015，38（2）：58-85.

［125］封肖云．中国 OFDI 影响出口的质量效应与成本效应研究——基于异质性产品价格分解模型［J］．贵州财经大学学报，2019（3）：12-22.

［126］高晓娜，彭聪．产业集聚对出口产品质量的影响——基于规模效应和拥挤效应视角［J］．世界经济与政治论坛，2019（5）：62-76.

［127］葛顺奇，罗伟．中国制造业企业对外直接投资和母公司竞争优势［J］．管理世界，2013（6）：28-42.

［128］顾雪松，韩立岩，周伊敏．产业结构差异与对外直接投资的出口效应——"中国—东道国"视角的理论与实证［J］．经济研究，2016，51（4）：102-115.

［129］洪俊杰，林建勇，王星宇．新常态下"引进外资"与"对外投资"两大战略关系再思考与协调研究［J］．国际贸易，2016（3）：22-26+39.

［130］黄先海，蔡婉婷，宋华盛．金融危机与出口质量变动：口红效应还是倒逼提升［J］．国际贸易问题，2015（10）：98-110.

［131］黄先海，金泽成，余林徽．出口、创新与企业加成率：基于要素密集度的考量［J］．世界经济，2018，41（5）：125-146.

［132］黄友星，韩婷，赵艳平．东道国知识产权保护与中国对外直接投资：直接效应与空间溢出效应的分析［J］．世界经济研究，2021（9）：81-98+135-136.

［133］黄远浙，钟昌标，叶劲松，胡大猛．跨国投资与创新绩效——基于对外投资广度和深度视角的分析［J］．经济研究，2021，56（1）：138-154.

［134］蒋冠宏，蒋殿春．绿地投资还是跨国并购：中国企业对外直接投资方式的选择［J］．世界经济，2017，40（7）：126-146.

［135］蒋冠宏，蒋殿春．中国对发展中国家的投资——东道国制度重要吗？［J］．管理世界，2012（11）：45-56.

［136］蒋冠宏，蒋殿春．中国工业企业对外直接投资与企业生产率进步［J］．世界经济，2014a，37（9）：53-76.

［137］蒋冠宏，蒋殿春．中国企业对外直接投资的"出口效应"［J］．经济研究，2014b，49（5）：160-173.

［138］蒋冠宏，曾靓．融资约束与中国企业对外直接投资模式：跨国并购还是绿地投资［J］．财贸经济，2020，41（2）：132-145.

［139］蒋冠宏．我国企业跨国并购真的失败了吗？——基于企业效率的再讨论［J］．金融研究，2017（4）：46-60.

［140］景光正，李平．OFDI是否提升了中国的出口产品质量［J］．国际贸易问题，2016（8）：131-142.

［141］孔群喜，彭丹，王晓颖．开放型经济下中国ODI逆向技术溢出效应的区域差异研究——基于人力资本吸收能力的解释［J］．世界经济与政治论坛，2019（4）：113-132.

［142］郎丽华，刘新宇．中国对外直接投资对出口规模的影响——基于2003—2014年143个国家的面板数据模型［J］．经济与管理研究，2016，37（9）：

3-10.

[143] 李坤望, 蒋为, 宋立刚. 中国出口产品品质变动之谜: 基于市场进入的微观解释[J]. 中国社会科学, 2014(3): 80-103+206.

[144] 李坤望, 王有鑫. FDI 促进了中国出口产品质量升级吗? ——基于动态面板系统 GMM 方法的研究[J]. 世界经济研究, 2013(5): 60-66+89.

[145] 李磊, 白道欢, 冼国明. 对外直接投资如何影响了母国就业? ——基于中国微观企业数据的研究[J]. 经济研究, 2016, 51(8): 144-158.

[146] 李梅, 柳士昌. 对外直接投资逆向技术溢出的地区差异和门槛效应——基于中国省际面板数据的门槛回归分析[J]. 管理世界, 2012(1): 21-32+66.

[147] 李梅. 人力资本、研发投入与对外直接投资的逆向技术溢出[J]. 世界经济研究, 2010(10): 69-75+89.

[148] 李蕊. 跨国并购的技术寻求动因解析[J]. 世界经济, 2003(2): 19-24+79.

[149] 李瑞琴, 王汀汀, 胡翠. FDI 与中国企业出口产品质量升级——基于上下游产业关联的微观检验[J]. 金融研究, 2018(6): 91-108.

[150] 李夏玲, 王志华. 对外直接投资的母国贸易结构效应——基于我国省际面板数据分析[J]. 经济问题探索, 2015(4): 138-144.

[151] 李小平, 肖唯楚. 期望落差如何影响了企业出口质量——基于中国微观企业数据的分析[J]. 宏观质量研究, 2020, 8(3): 31-46.

[152] 李秀芳, 施炳展. 中间品进口多元化与中国企业出口产品质量[J]. 国际贸易问题, 2016(3): 106-116.

[153] 李玉梅. 对外直接投资区位选择对我国出口产品质量的影响[J]. 山东社会科学, 2016(7): 142-147.

[154] 刘海洋, 林令涛, 高璐. 进口中间品与出口产品质量升级: 来自微观企业的证据[J]. 国际贸易问题, 2017(2): 39-49.

[155] 刘海云, 毛海欧. 制造业 OFDI 对出口增加值的影响[J]. 中国工业经济, 2016(7): 91-108.

[156] 刘海云, 聂飞. 中国 OFDI 动机及其对外产业转移效应——基于贸易结构视角的实证研究[J]. 国际贸易问题, 2015(10): 73-86.

[157] 刘宏, 刘玉伟, 陈字旺. 外商直接投资、营商环境与出口产品质量升级[J]. 当代财经, 2020a(11): 100-112.

[158] 刘宏, 刘玉伟, 张佳. 对外直接投资、创新与出口产品质量升级——

基于中国微观企业的实证研究[J]. 国际商务(对外经济贸易大学学报)，2020(3)：100-114.

[159] 刘宏，张蕾. 中国ODI逆向技术溢出对全要素生产率的影响程度研究[J]. 财贸经济，2012b(1)：95-100.

[160] 刘青，陶攀，洪俊杰. 中国海外并购的动因研究——基于广延边际与集约边际的视角[J]. 经济研究，2017，52(1)：28-43.

[161] 刘文勇. 对外直接投资研究新进展[J]. 经济学动态，2020(8)：146-160.

[162] 刘信恒. 产业集聚与出口产品质量：集聚效应还是拥挤效应[J]. 国际经贸探索，2020，36(7)：33-51.

[163] 刘永辉，赵晓晖. 中东欧投资便利化及其对中国对外直接投资的影响[J]. 数量经济技术经济研究，2021，38(1)：83-97.

[164] 吕越，罗伟，刘斌. 异质性企业与全球价值链嵌入：基于效率和融资的视角[J]. 世界经济，2015，38(8)：29-55.

[165] 罗丽英，齐月. 技术创新效率对我国制造业出口产品质量升级的影响研究[J]. 国际经贸探索，2016，32(4)：37-50.

[166] 马述忠，吴国杰. 中间品进口、贸易类型与企业出口产品质量——基于中国企业微观数据的研究[J]. 数量经济技术经济研究，2016，33(11)：77-93.

[167] 毛海欧，刘海云. 中国OFDI如何影响出口技术含量——基于世界投入产出数据的研究[J]. 数量经济技术经济研究，2018，35(7)：97-113.

[168] 毛海欧，刘海云. 中国对外直接投资促进了产业升级吗？——基于出口劳动结构视角的研究[J]. 世界经济研究，2018(6)：94-108+137.

[169] 毛海欧，刘海云. 中国对外直接投资对贸易互补关系的影响："一带一路"倡议扮演了什么角色[J]. 财贸经济，2019，40(10)：81-94.

[170] 毛其淋，许家云. 政府补贴对企业新产品创新的影响——基于补贴强度"适度区间"的视角[J]. 中国工业经济，2015(6)：94-107.

[171] 毛其淋，许家云. 中国对外直接投资促进抑或抑制了企业出口？[J]. 数量经济技术经济研究，2014a，31(9)：3-21.

[172] 毛其淋，许家云. 中国企业对外直接投资是否促进了企业创新[J]. 世界经济，2014b，37(8)：98-125.

[173] 聂名华. 境外投资股权参与方式的选择[J]. 国际贸易问题，1999(4)：42-44+5.

[174] 欧阳艳艳，黄新飞，钟林明. 企业对外直接投资对母国环境污染的影响：本地效应与空间溢出[J]. 中国工业经济，2020(2)：98-121.

［175］彭书舟，李小平，刘培．服务业外资管制放松与制造业企业出口产品质量升级［J］．国际贸易问题，2020(11)：109-124．

［176］彭馨，蒋为．税收竞争与出口产品质量：企业迁移还是效率提升？［J］．经济评论，2021(3)：126-144．

［177］皮建才，李童，陈旭阳．中国民营企业如何"走出去"：逆向并购还是绿地投资［J］．国际贸易问题，2016(5)：142-152．

［178］曲如晓，臧睿．自主创新、外国技术溢出与制造业出口产品质量升级［J］．中国软科学，2019(5)：18-30．

［179］沙文兵．对外直接投资、逆向技术溢出与国内创新能力——基于中国省际面板数据的实证研究［J］．世界经济研究，2012(3)：69-74+89．

［180］邵朝对，苏丹妮．产业集聚与企业出口国内附加值：GVC升级的本地化路径［J］．管理世界，2019，35(8)：9-29．

［181］沈国兵，于欢．中国企业出口产品质量的提升：中间品进口抑或资本品进口［J］．世界经济研究，2019(12)：31-46+131-132．

［182］沈能，赵增耀，周晶晶．生产要素拥挤与最优集聚度识别——行业异质性的视角［J］．中国工业经济，2014(5)：83-95．

［183］施炳展，邵文波．中国企业出口产品质量测算及其决定因素——培育出口竞争新优势的微观视角［J］．管理世界，2014(9)：90-106．

［184］施炳展，王有鑫，李坤望．中国出口产品品质测度及其决定因素［J］．世界经济，2013，36(9)：69-93．

［185］施炳展，冼国明．要素价格扭曲与中国工业企业出口行为［J］．中国工业经济，2012(2)：47-56．

［186］施炳展，曾祥菲．中国企业进口产品质量测算与事实［J］．世界经济，2015，38(3)：57-77．

［187］史青，赵跃叶．中国嵌入全球价值链的就业效应［J］．国际贸易问题，2020(1)：94-109．

［188］宋跃刚，杜江．制度变迁、OFDI逆向技术溢出与区域技术创新［J］．世界经济研究，2015(9)：60-73+128．

［189］宋跃刚，郑磊．中间品进口、自主创新与中国制造业企业出口产品质量升级［J］．世界经济研究，2020(11)：26-44+135．

［190］苏丹妮，盛斌，邵朝对．产业集聚与企业出口产品质量升级［J］．中国工业经济，2018(11)：117-135．

［191］苏二豆，薛军．服务型对外直接投资与中国企业出口［J］．产业经济

研究，2020(2)：1-15.

[192] 苏汝劼，李玲. 制造业对外直接投资的逆向技术溢出效应——基于技术差距的影响分析[J]. 宏观经济研究，2021(7)：66-78+126.

[193] 隋月红，赵振华. 我国 OFDI 对贸易结构影响的机理与实证——兼论我国 OFDI 动机的拓展[J]. 财贸经济，2012(4)：81-89.

[194] 孙楚仁，何茹，刘雅莹. 对非援助与中国企业对外直接投资[J]. 中国工业经济，2021(3)：99-117.

[195] 孙楚仁，于欢，赵瑞丽. 城市出口产品质量能从集聚经济中获得提升吗[J]. 国际贸易问题，2014(7)：23-32.

[196] 孙灵希，储晓茜. 跨国并购与绿地投资的逆向技术溢出效应差异研究[J]. 宏观经济研究，2018(10)：141-153.

[197] 孙浦阳，陈璐瑶，刘伊黎. 服务技术前沿化与对外直接投资：基于服务企业的研究[J]. 世界经济，2020，43(8)：148-169.

[198] 孙晓华，王昀. R&D 投资与企业生产率——基于中国工业企业微观数据的 PSM 分析[J]. 科研管理，2014，35(11)：92-99.

[199] 孙学敏，王杰. 全球价值链嵌入的"生产率效应"——基于中国微观企业数据的实证研究[J]. 国际贸易问题，2016(3)：3-14.

[200] 田巍，余淼杰. 汇率变化、贸易服务与中国企业对外直接投资[J]. 世界经济，2017，40(11)：23-46.

[201] 田巍，余淼杰. 企业出口强度与进口中间品贸易自由化：来自中国企业的实证研究[J]. 管理世界，2013(1)：28-44.

[202] 田巍，余淼杰. 企业生产率和企业"走出去"对外直接投资：基于企业层面数据的实证研究[J]. 经济学(季刊)，2012，11(2)：383-408.

[203] 万淑贞，葛顺奇，罗伟. 跨境并购、出口产品质量与企业转型升级[J]. 世界经济研究，2021(6)：18-31+61+135.

[204] 王峰，方瑞，曾振宇. 行业吸收能力差异如何影响中国 OFDI 的逆向技术溢出？[J]. 南京审计大学学报，2019，16(2)：100-111.

[205] 王桂军，张辉. "一带一路"与中国 OFDI 企业 TFP：对发达国家投资视角[J]. 世界经济，2020，43(5)：49-72.

[206] 王杰，刘斌，孙学敏. 对外直接投资与企业出口行为——基于微观企业数据的经验研究[J]. 经济科学，2016(1)：89-101.

[207] 王明益. 中国出口产品质量提高了吗[J]. 统计研究，2014，31(5)：24-31.

[208] 王培志, 孙利平. 对外直接投资能否提高企业出口国内附加值率[J]. 经济与管理评论, 2020, 36(5): 147-160.

[209] 王恕立, 向姣姣. 对外直接投资逆向技术溢出与全要素生产率: 基于不同投资动机的经验分析[J]. 国际贸易问题, 2014(9): 109-119.

[210] 王晓颖. 东道国自然资源禀赋、制度禀赋与中国对 ASEAN 直接投资[J]. 世界经济研究, 2018(8): 123-134+137.

[211] 王雅琦, 张文魁, 洪圣杰. 出口产品质量与中间品供给[J]. 管理世界, 2018, 34(8): 30-40.

[212] 王永进, 施炳展. 上游垄断与中国企业产品质量升级[J]. 经济研究, 2014, 49(4): 116-129.

[213] 王永钦, 杜巨澜, 王凯. 中国对外直接投资区位选择的决定因素: 制度、税负和资源禀赋[J]. 经济研究, 2014, 49(12): 126-142.

[214] 温忠麟, 叶宝娟. 中介效应分析: 方法和模型发展[J]. 心理科学进展, 2014, 22(5): 731-745.

[215] 文东伟, 冼国明. 中国制造业产业集聚的程度及其演变趋势: 1998~2009 年[J]. 世界经济, 2014, 37(3): 3-31.

[216] 吴昌南, 曾小龙. 西方跨国公司逆向知识转移研究综述[J]. 经济评论, 2013(1): 145-151.

[217] 吴先明, 黄春桃. 中国企业对外直接投资的动因: 逆向投资与顺向投资的比较研究[J]. 中国工业经济, 2016(1): 99-113.

[218] 吴先明, 苏志文. 将跨国并购作为技术追赶的杠杆: 动态能力视角[J]. 管理世界, 2014(4): 146-164.

[219] 吴先明, 张楠, 赵奇伟. 工资扭曲、种群密度与企业成长: 基于企业生命周期的动态分析[J]. 中国工业经济, 2017(10): 137-155.

[220] 吴艳芳, 王明益. 我国出口产品质量升级: 基于中间品价格扭曲的视角[J]. 南开经济研究, 2018(1): 124-139.

[221] 武娜, 刘晶. 知识产权保护影响了中国对外直接投资吗? [J]. 世界经济研究, 2013(10): 69-74+89.

[222] 冼国明, 明秀南. 海外并购与企业创新[J]. 金融研究, 2018(8): 155-171.

[223] 肖文, 林高榜. 海外研发资本对中国技术进步的知识溢出[J]. 世界经济, 2011, 34(1): 37-51.

[224] 徐美娜, 彭羽. 外资垂直溢出效应对本土企业出口产品质量的影响

[J]. 国际贸易问题，2016(12)：119-130.

[225] 许家云，毛其淋，胡鞍钢. 中间品进口与企业出口产品质量升级：基于中国证据的研究[J]. 世界经济，2017，40(3)：52-75.

[226] 许家云，张俊美. 知识产权战略与中国制造业企业出口产品质量——一项准自然实验[J]. 国际贸易问题，2020(11)：1-14.

[227] 许立伟，王跃生. 绿地投资抑或跨国并购——中国对外直接投资选择方式的东道国因素分析[J]. 郑州大学学报(哲学社会科学版)，2018，51(4)：67-71.

[228] 薛军，常露露，李磊. 中国企业对外绿地投资与企业创新[J]. 国际贸易问题，2021(5)：32-48.

[229] 闫周府，李茹，吴方卫. 中国企业对外直接投资的出口效应——基于企业异质性视角的经验研究[J]. 统计研究，2019，36(8)：87-99.

[230] 严佳佳，刘永福，何怡. 中国对"一带一路"国家直接投资效率研究——基于时变随机前沿引力模型的实证检验[J]. 数量经济技术经济研究，2019，36(10)：3-20.

[231] 杨娇辉，王伟，王曦. 我国对外直接投资区位分布的风险偏好：悖论还是假象[J]. 国际贸易问题，2015(5)：133-144.

[232] 杨连星，刘晓光. 中国 OFDI 逆向技术溢出与出口技术复杂度提升[J]. 财贸经济，2016(6)：97-112.

[233] 杨连星，牟彦丞，张迪. 对外直接投资如何影响企业收益？[J]. 世界经济研究，2021(1)：104-116+136.

[234] 杨柳，潘镇. 地区制度发展的动态变化与企业对外直接投资：来自中国上市公司的经验证据[J]. 世界经济研究，2020(4)：77-94+136-137.

[235] 杨忠敏，杨小辉，王玉. 知识产权制度距离与外向对外直接投资——以"一带一路"沿线国家为例[J]. 科研管理，2019，40(5)：193-202.

[236] 叶娇，崔传江，和珊. 企业 OFDI 与出口产品技术提升：基于微观企业数据研究[J]. 世界经济研究，2017(12)：81-93+134.

[237] 殷德生. 中国入世以来出口产品质量升级的决定因素与变动趋势[J]. 财贸经济，2011(11)：31-38.

[238] 尹斯斯，高云舒. 国外增加值率对企业出口产品质量的非线性影响：理论与实证研究[J]. 世界经济研究，2020(8)：56-70+136.

[239] 余静文，彭红枫，李濛西. 对外直接投资与出口产品质量升级：来自中国的经验证据[J]. 世界经济，2021，44(1)：54-80.

[240] 余淼杰，高恺琳. 进口中间品和企业对外直接投资概率——来自中国

企业的证据[J]. 经济学(季刊)，2021，21(4)：1369-1390.

[241] 余淼杰，张睿. 中国制造业出口质量的准确衡量：挑战与解决方法[J]. 经济学(季刊)，2017，16(2)：463-484.

[242] 张海波. 对外直接投资对母国出口贸易品技术含量的影响——基于跨国动态面板数据模型的实证研究[J]. 国际贸易问题，2014(2)：115-123.

[243] 张纪凤，黄萍. 替代出口还是促进出口——我国对外直接投资对出口的影响研究[J]. 国际贸易问题，2013(3)：95-103.

[244] 张杰，陈志远，刘元春. 中国出口国内附加值的测算与变化机制[J]. 经济研究，2013，48(10)：124-137.

[245] 张杰，李勇，刘志彪. 制度对中国地区间出口差异的影响：来自中国省际层面4分位行业的经验证据[J]. 世界经济，2010，33(2)：83-103.

[246] 张杰，翟福昕，周晓艳. 政府补贴、市场竞争与出口产品质量[J]. 数量经济技术经济研究，2015，32(4)：71-87.

[247] 张杰，郑文平，翟福昕. 中国出口产品质量得到提升了么？[J]. 经济研究，2014，49(10)：46-59.

[248] 张凌霄，王明益. 企业对外投资动机与母国出口产品质量升级[J]. 山东社会科学，2016(9)：116-121.

[249] 张铭心，汪亚楠，郑乐凯，石悦. 数字金融的发展对企业出口产品质量的影响研究[J]. 财贸研究，2021，32(6)：12-27.

[250] 张夏，汪亚楠，施炳展. 事实汇率制度、企业生产率与出口产品质量[J]. 世界经济，2020，43(1)：170-192.

[251] 张晓冬，李斌，卢娟. 进口国制度质量、知识产权保护与中国创意产品出口[J]. 产业经济研究，2019(4)：61-74.

[252] 张友棠，杨柳. "一带一路"国家金融发展与中国对外直接投资效率——基于随机前沿模型的实证分析[J]. 数量经济技术经济研究，2020，37(2)：109-124.

[253] 赵春明. 构建全方位开放新格局背景下中国对外直接投资的发展趋势[J]. 国际贸易问题，2018(1)：8-9.

[254] 赵锦春，谢建国. 收入分配与进口需求——基于我国省际面板数据的门限回归分析[J]. 国际贸易问题，2013(8)：13-24.

[255] 周茂，陆毅，陈丽丽. 企业生产率与企业对外直接投资进入模式选择——来自中国企业的证据[J]. 管理世界，2015(11)：70-86.

[256] 朱荃，张天华. 中国企业对外直接投资存在"生产率悖论"吗——基于上市工业企业的实证研究[J]. 财贸经济，2015(12)：103-117.

［257］诸竹君，黄先海，王煌. 产品创新提升了出口企业加成率吗［J］. 国际贸易问题，2017(7)：17-26.

［258］祝树金，段凡，邵小快，钟腾龙. 出口目的地非正式制度、普遍道德水平与出口产品质量［J］. 世界经济，2019，42(8)：121-145.

［259］邹衍. 对外直接投资与内资企业成长——基于出口产品质量的视角［J］. 世界经济与政治论坛，2016(6)：83-103.

附　录

附表 1　2000 年平衡性检验结果

		变量均值		标准偏差	偏差减少	t 统计量	p 值
		处理组	控制组	（%）	幅度（%）		
ln*labor*	匹配前	5.5575	5.0852	45.6000		5.2800	0.0000
	匹配后	5.5575	5.6306	−7.1000	84.5000	−0.5600	0.5740
ln*kint*	匹配前	0.9366	0.4110	47.4000		5.4400	0.0000
	匹配后	0.9366	0.9727	−3.3000	93.1000	−0.2600	0.7930
manage	匹配前	1.2205	1.3849	−14.8000		−1.4700	0.1400
	匹配后	1.2205	1.2659	−4.1000	72.4000	−0.4100	0.6800
age	匹配前	14.0730	11.0800	23.5000		3.0100	0.0030
	匹配后	14.0730	12.6570	11.1000	52.7000	0.8600	0.3880

附表 2　2001 年平衡性检验结果

		变量均值		标准偏差	偏差减少	t 统计量	p 值
		处理组	控制组	（%）	幅度（%）		
ln*labor*	匹配前	5.4960	5.0942	41.5000		5.2400	0.0000
	匹配后	5.4960	5.5010	−0.5000	98.8000	−0.0500	0.9630
ln*kint*	匹配前	0.8631	0.4023	42.2000		5.3900	0.00
	匹配后	0.8631	0.8679	−0.4000	99.0000	−0.0400	0.9680
manage	匹配前	1.2466	1.3683	−10.5000		−1.1900	0.2330
	匹配后	1.2466	1.2216	2.2000	79.5000	0.2400	0.8070
age	匹配前	13.2920	11.1640	16.4000		2.5300	0.0120
	匹配后	13.2920	13.0250	2.1000	87.5000	0.1700	0.8650

附表3　2002年平衡性检验结果

		变量均值		标准偏差	偏差减少	t 统计量	p 值
		处理组	控制组	（%）	幅度(%)		
ln*labor*	匹配前	5.5417	5.1645	41.8000		5.9600	0.0000
	匹配后	5.5417	5.5687	-3.0000	92.9000	-0.3300	0.7420
ln*kint*	匹配前	0.7266	0.3842	32.3000		4.8600	0.0000
	匹配后	0.7266	0.7563	-2.8000	91.3000	-0.3100	0.7550
manage	匹配前	1.4211	1.4168	0.3000		0.0500	0.9590
	匹配后	1.4211	1.4216	0.0000	88.2000	0.0000	0.9960
age	匹配前	12.9720	10.9210	17.1000		3.1500	0.0020
	匹配后	12.9720	12.4330	4.5000	73.7000	0.4500	0.6500

附表4　2003年平衡性检验结果

		变量均值		标准偏差	偏差减少	t 统计量	p 值
		处理组	控制组	（%）	幅度(%)		
ln*labor*	匹配前	5.5438	5.2310	33.7000		5.7900	0.0000
	匹配后	5.5438	5.5644	-2.2000	93.4000	-0.2900	0.7690
ln*kint*	匹配前	0.7016	0.3874	29.7000		5.2900	0.0000
	匹配后	0.7016	0.6937	0.7000	97.5000	0.1000	0.9220
manage	匹配前	1.4445	1.5013	-4.0000		-0.6500	0.5160
	匹配后	1.4445	1.4688	-1.7000	57.2000	-0.2600	0.7920
age	匹配前	12.2190	10.7800	13.2000		2.7400	0.0060
	匹配后	12.2190	11.7890	3.9000	70.1000	0.4800	0.6340

附表5　2004年平衡性检验结果

		变量均值		标准偏差	偏差减少	t 统计量	p 值
		处理组	控制组	（%）	幅度(%)		
ln*labor*	匹配前	5.5756	5.2772	32.1000		6.6600	0.0000
	匹配后	5.5756	5.5514	2.6000	91.9000	0.4200	0.6780
ln*kint*	匹配前	0.6945	0.3500	32.1000		6.9000	0.0000
	匹配后	0.6945	0.6521	3.9000	87.7000	0.6400	0.5250
manage	匹配前	1.4221	1.5787	-13.4000		-2.4700	0.0140
	匹配后	1.4221	1.4112	0.9000	93.0000	0.1900	0.8490
age	匹配前	11.2100	10.4420	7.6000		1.8900	0.0580
	匹配后	11.2100	11.5070	-2.9000	61.2000	-0.4300	0.6640

附表6　2005年平衡性检验结果

		变量均值		标准偏差（%）	偏差减少幅度(%)	t统计量	p值
		处理组	控制组				
ln*labor*	匹配前	5.6895	5.3441	37.2000		10.3200	0.0000
	匹配后	5.6838	5.6933	−1.0000	97.2000	−0.2100	0.8320
ln*kint*	匹配前	0.7695	0.3476	40.1000		11.2500	0.0000
	匹配后	0.7644	0.7619	0.2000	99.4000	0.0500	0.9600
manage	匹配前	1.5421	1.7609	−14.1000		−3.4600	0.0010
	匹配后	1.5421	1.5586	−1.0000	92.4000	−0.2800	0.7760
age	匹配前	10.5000	9.4781	11.7000		3.6900	0.0000
	匹配后	10.5050	10.4160	1.0000	91.2000	0.1900	0.8470

附表7　2006年平衡性检验结果

		变量均值		标准偏差（%）	偏差减少幅度(%)	t统计量	p值
		处理组	控制组				
ln*labor*	匹配前	5.7756	5.4279	38.3000		10.6700	0.0000
	匹配后	5.7775	5.7873	−1.1000	97.2000	−0.2300	0.8180
ln*kint*	匹配前	0.8275	0.4206	39.5000		11.2100	0.0000
	匹配后	0.8333	0.8323	0.1000	99.7000	0.0200	0.9820
manage	匹配前	1.6491	1.8081	−8.4000		−2.4900	0.0130
	匹配后	1.5977	1.6303	−1.7000	79.5000	−0.5400	0.5880
age	匹配前	10.8300	9.9253	10.1000		3.3100	0.0010
	匹配后	10.8380	10.7520	1.0000	90.5000	0.1900	0.8510

附表8　2007年平衡性检验结果

		变量均值		标准偏差（%）	偏差减少幅度(%)	t统计量	p值
		处理组	控制组				
ln*labor*	匹配前	5.8711	5.5266	37.8000		12.0500	0.0000
	匹配后	5.8711	5.8627	0.9000	97.6000	0.2100	0.8340
ln*kint*	匹配前	0.9443	0.4468	48.6000		15.7900	0.0000
	匹配后	0.9443	0.9562	−1.2000	97.6000	−0.2700	0.7840
manage	匹配前	1.6146	1.9878	−18.4000		−5.0900	0.0000
	匹配后	1.6146	1.5746	2.0000	89.3000	0.6500	0.5170
age	匹配前	11.4400	9.9256	17.1000		6.3700	0.0000
	匹配后	11.4400	11.1190	3.6000	78.8000	0.7900	0.4320

附表 9　2008 年平衡性检验结果

		变量均值		标准偏差	偏差减少	t 统计量	p 值
		处理组	控制组	（%）	幅度(%)		
ln*labor*	匹配前	5.8697	5.5152	38.7000		14.2200	0.0000
	匹配后	5.8697	5.8736	-0.4000	98.9000	-0.1100	0.9130
ln*kint*	匹配前	0.9414	0.4201	50.4000		18.9500	0.0000
	匹配后	0.9414	0.9484	-0.7000	98.7000	-0.1800	0.8560
manage	匹配前	1.6450	1.9887	-17.4000		-5.6100	0.0000
	匹配后	1.6450	1.6246	1.0000	94.0000	0.3400	0.7350
age	匹配前	11.5120	9.9327	19.3000		8.3200	0.0000
	匹配后	11.5120	11.3170	2.4000	87.6000	0.5700	0.5710

附表 10　2009 年平衡性检验结果

		变量均值		标准偏差	偏差减少	t 统计量	p 值
		处理组	控制组	（%）	幅度(%)		
ln*labor*	匹配前	5.9491	5.6188	36.3000		12.7400	0.0000
	匹配后	5.9491	5.9434	0.6000	98.3000	0.1500	0.8770
ln*kint*	匹配前	1.0824	0.5649	50.2000		18.4200	0.0000
	匹配后	1.0824	1.0847	-0.2000	99.6000	-0.0600	0.9550
manage	匹配前	1.5831	1.9674	-17.1000		-5.3300	0.0000
	匹配后	1.5831	1.5808	0.1000	99.4000	0.0300	0.9750
age	匹配前	12.5280	10.8710	19.8000		8.5100	0.0000
	匹配后	12.5280	12.5000	0.3000	98.4000	0.0700	0.9410

附表 11　2010 年平衡性检验结果

		变量均值		标准偏差	偏差减少	t 统计量	p 值
		处理组	控制组	（%）	幅度(%)		
ln*labor*	匹配前	6.0380	5.6977	36.4000		12.4400	0.0000
	匹配后	6.0380	6.0404	-0.3000	99.3000	-0.0600	0.9510
ln*kint*	匹配前	0.3673	-0.0782	36.2000		13.1100	0.0000
	匹配后	0.3673	0.3788	-0.9000	97.4000	-0.2400	0.8140
manage	匹配前	3.1403	3.6769	-8.9000		-3.0700	0.0020
	匹配后	3.1403	3.2036	-1.0000	88.2000	-0.2900	0.7690
age	匹配前	10.3660	9.0135	15.4000		6.2300	0.0000
	匹配后	10.3660	10.2720	1.1000	93.0000	0.2500	0.8060

附表 12　2011 年平衡性检验结果

| | | 变量均值 | | 标准偏差 | 偏差减少 | t 统计量 | p 值 |
		处理组	控制组	（%）	幅度（%）		
ln*labor*	匹配前	6. 3024	6. 0036	27. 1000		12. 3000	0. 0000
	匹配后	6. 3024	6. 3131	−1. 0000	96. 4000	−0. 3000	0. 7620
ln*kint*	匹配前	1. 4472	0. 7851	53. 6000		24. 8700	0. 0000
	匹配后	1. 4472	1. 4544	−0. 6000	98. 9000	−0. 1800	0. 8540
manage	匹配前	1. 6717	2. 4471	−23. 6000		−10. 0600	0. 0000
	匹配后	1. 6717	1. 6959	−0. 7000	96. 9000	−0. 3000	0. 7660
age	匹配前	13. 5010	11. 6120	21. 5000		11. 0400	0. 0000
	匹配后	13. 5010	13. 3760	1. 4000	93. 4000	0. 4000	0. 6910

附表 13　2012 年平衡性检验结果

| | | 变量均值 | | 标准偏差 | 偏差减少 | t 统计量 | P 值 |
		处理组	控制组	（%）	幅度（%）		
ln*labor*	匹配前	6. 1882	5. 7382	40. 8000		19. 8300	0. 0000
	匹配后	6. 1882	6. 1912	−0. 3000	99. 3000	−0. 0800	0. 9350
ln*kint*	匹配前	1. 4053	0. 5580	66. 9000		32. 4900	0. 0000
	匹配后	1. 4053	1. 4193	−1. 1000	98. 3000	−0. 3400	0. 7330
manage	匹配前	1. 5074	2. 2956	−24. 3000		−8. 8500	0. 0000
	匹配后	1. 5074	1. 4524	1. 7000	93. 0000	0. 9500	0. 3430
age	匹配前	13. 8730	11. 7630	25. 3000		13. 2700	0. 0000
	匹配后	13. 8730	13. 4170	5. 5000	78. 4000	1. 6000	0. 1100

后 记

本书是在我博士论文基础上修改完善而成的。在本书即将付样之际，我不禁回想起四年的博士求学生涯。如今我已步入而立之年，历经了人生中的诸多喜悦与彷徨，褪去了曾经的热血澎湃，留下了沉稳与坦然。曾经自信过，也曾经迷茫过，庆幸身边有老师、同学、亲友和家人给予的帮助与支持，对于他们，我心中充满了感激。借此机会，谨代表我向他们表达无限的感激之情，并致以最诚挚的谢意。

感谢我的导师刘宏教授。在博士学习的这段生涯中，承蒙刘老师的悉心指导和言传身教，使我的科研能力获得了巨大的进步。感谢在本书写作过程中其他老师的指导和帮助。他们对本书所研究的问题提出了具有针对性的修改意见，拓宽了我的研究思路和视野，对本书的修改与成文具有重要意义。

感谢我的家人。在我求学道路上提供了物质和精神的双重保障，我取得的任何收获和进步，都离不开父母的辛苦付出。感谢岳父、岳母对我的关心和支持，他们给了我无限的温暖和爱意，替我分担了生活上太多的压力。在这里，我衷心地祝愿我的家人们身心健康，平安幸福！

感谢我的妻子范梦茜。感谢她的陪伴，在我踌躇不前时给予我肯定，在我骄傲时给予我警醒，我们彼此见证了对方的成长，共同分享着每一分喜悦，承担着每一分痛苦。感谢我的儿子淘淘，他的到来为我的生活增添了众多色彩和快乐，他是我完成学业最大的动力，愿他永远健康快乐！

值此本书出版之际，感谢为本书出版给予热情帮助的人们。在本书的出版过程中，得到了河南财经政法大学国际经济与贸易学院的资助，在此表示感谢。同时，还要感谢经济管理出版社为本书的顺利出版保驾护航。

"玉不琢，不成器。"求学生涯一路崎岖，但幸好没有放弃，终究繁花盛开，希望在新的征程上坚守本心，谨记老师、家人对我的鞭策和教诲，继续前行！

刘玉伟
2023 年 6 月于建树楼